취향의 시대는 산업과 소비를 어떻게 바꾸는가

취향의 경제

취향의 경제

취향의 시대는 산업과 소비를 어떻게 바꾸는가

초판 1쇄 발행 | 2021년 11월 30일
초판 2쇄 발행 | 2022년 10월 5일

지은이 | 유승호

펴낸곳 | 도서출판 따비
펴낸이 | 박성경
편   집 | 신수진
디자인 | 이수정

출판등록 | 2009년 5월 4일 제2010-000256호
주소 | 서울시 마포구 월드컵로28길 6(성산동, 3층)
전화 | 02-326-3897
팩스 | 02-6919-1277
메일 | tabibooks@hotmail.com
인쇄 · 제본 | 영신사

ISBN 978-89-98439-96-5 93300
값 18,000원

취향의 시대는 산업과 소비를
어떻게 바꾸는가

취향의 경제

유승호 지음

따비

그나마 노래하는 사람들만이 괜찮은 삶을 누릴 것이다.
일에 치여 노래하지 못하는 사람이 얼마나 많은가.

– 존 메이너드 케인스John Maynard Keynes,
〈우리 손자세대의 경제적 가능성Economic Possibilities for Our Grandchildren〉

들어가며

유럽인이 좋아하는 말horse은 머리가 작고 다리가 길다. 몽골인이 좋아하는 말은 머리가 크고 다리가 짧다. 미국인이 좋아하는 개는 커다랗고 다리가 길고, 한국인이 좋아하는 개는 작고 귀엽다. 몽골인은 거친 황야에서 무거운 짐을 묵묵히 나르는 말을 좋아하고 유럽인은 빠르게 달리며 유연한 말을 좋아한다. 미국인은 집이 커서 집을 지킬 수 있고 또 자기와 함께 조깅할 수 있는 개여야 한다. 한국인은 아파트에서 엘리베이터를 함께 타며 데리고 다닐 수 있는 개여야 한다.

취향은 이처럼 환경의 절대적인 영향을 받는다. 쩝쩝 소리 내며 게걸스럽게 밥을 먹어야 맛있게 먹는다고 말하는 곳이 있고, 반찬을 헤집지 않고 차분히 먹어야 매너 있는 사람이라고 인정받는 곳이 있다. 꼭 지역이 아니고 세대 간에도 문화적인 차이는 크게 난다. 문화는 시대와 환경에 영향을 받아 사람들의 사고습관, 행동 습관을 만든다. 그런 습관은 또 서로 다른 해석을 만든다. 일본 사람은 상 위에 밥그릇이나 국그릇을 놓고 숟가락으로 떠먹는 한국 사람을 개처럼 그릇에 코를 박고 먹는다고 말하고, 한국 사람은 밥그릇을 들고 입 가까이 가져가서 먹는 일본 사람들을 보고 거지처럼 먹는다고 말한다.

우리는 취향을 자유로운 선택이라고 생각하지만 사실은 선택에 구속된 결과일 수 있다. 그래서 관건은 선택 자체보다는 그런 선택의 환경을 어떻게 만드느냐다. 또한 선택의 구속을 받으면서도 개인의 자율성을 어떻게 발휘할 것인가, 어떤 환경에서 그런 선택의 자율성이 확장되는가를 살펴볼 필요가 있다. 보편성의 구속에서 자신의 특수성을 관철시킨 사람들이 어떤 사람인지 봐야 하는 것이다.

선택을 하려면 선택지가 다양해야 한다. 환경의 구속을 받는다는 것은 선택지가 한두 개밖에 없다는 것이고, 구속을 적게 받는다는 것은 선택지가 다양하다는 것이다. 어떤 집단 구성원의 선택이 한 방향으로만 간다면 환경이 가하는 구속에 선형적으로 반응한다는 것이고, 반면 여러 방향으로 뻗어가는 비선형적인 반응이 많다는 것은 그 사회가 그만큼 복잡하고 다양하다는 의미다. 이것은 개인의 지위가 어떻게 결정되는가와 관련된다. 지위란 명예가 부여되는 것이며, 뭇사람들로부터 '부럽다'는 말을 들을 수 있는 위치에 있다는 것이다. 부럽다는 말을 듣는 요인이 다종다양할수록 그 사회는 다른 사회보다 더 많은 관용성이 보장되어 있는 것이다.

어떤 집단 구성원의 선택이 다양하다면 환경이 가하는 구속에서 그만큼 자유롭다는 뜻이다. 좋은 사회란 서로 가지고 싶어하는 재화나 성과가 풍부하고 종류가 많은 사회다. 좋은 대학이 많을수록 입시 경쟁률은 줄어들고, 좋은 직업이 많을수록 취업 경쟁이 줄어들며, 좋은 동네가 많을수록 비싼 동네로 이사 가려는 부동산 경쟁이 약화될 것이다. 좋은 대학이 많으려면 단일한 잣대로 대학들의 서열을 매기지 않아야 한다. 좋은 직업이 많으려면 좋은 대우를 제공하는 서로 다른 직업이 많아야 한다. 좋은 동네가 많으려면 서로 다른 좋은 점을 내세우는 동네가 많아야 한다. 그런데 우리 사회는 소위 좋은 대학은 다 비슷비슷하고 특징이 없다. 좋은 직업도, 좋은 동네도 다 비슷비슷하다. 그래서 좋은 대학도 적고, 좋은 직업도 적고, 좋은 동네도 적다. '좋은 것'이 희소재가 된 사회에서는 경쟁의 격화가 불가피하다.

우리 사회의 문제는 좋은 것의 개수를 계속 줄여감으로써 좋은 것을 차지하기 위한 제로섬 경쟁이 더욱 격화되어왔다는 점이다. 좋은 것들의 희소성은 능력주의meritocracy에 대한 맹신으로 이어졌다. 희소한 것을 차지하는 수단이 경쟁밖에 없기 때문에 공정성이 중요해지고, 경쟁에서 중요한 공정성은 형식적 공정성으로 치우

치게 된다. 결국 능력주의 이외에는 의지할 것이 없다는 뜻이다. 능력주의에 대한 맹신은 희소재에 대한 경쟁을 더욱 가속화한다. 능력 있는 사람이 더 많이 가져가는 것을 정당화하기 때문이다. 이 능력주의 경쟁사회에서는 희소재가 왜 희소해야 하는가에 대한 문제제기 자체가 불가능하다. 명문대에 입학한 학생은 모든 학교를 명문대처럼 만들겠다는 걸 허용할 수 없다. 자신의 노력에 대한 보상을 받을 수 없기 때문이다. 차후 그들이 정책결정 엘리트가 되었을 때 모든 학교를 좋은 학교로 만드는 정책이 채택되기 어려운 것은 이런 이치다.

그러다 MZ세대*가, 정확하게는 MZ세대의 시대가 새로운 태도를 배양시키기 시작했다. 기존의 강압적인 서열집단의 선택을 거부하고 개인을 중심에 내세우며 취향을 외치기 시작한 것이다. 이들은 또한 디지털 네이티브로서, 디지털이 구현한 가상세계를 무기로 자신의 개성을 자유롭게 표출하는 태도를 체화하고 있다. 개성화를 구현하는 취향이라는 개념이 나타난 것이다. 취향은 개인들에게 자유로움의 느낌을 부여한다. 과거 직장 같은 소속집단에서 부여받았던 것과 같은 심리적 통제감을 이제는 취향을 통해 부여받고 있으며, 이런 심리적 통제감은 심리적 안전감을 동반한다.

---

* 1980년대 초에서 2000년대 초 사이에 출생한 밀레니얼 세대와 1990년대 중반에서 2000년대 초반 사이 출생한 Z세대를 통칭하는 말.

이제 직업은 표준과 안정이 아닌 불안정의 상징이다. 삶은 유동성에 지배되고 있다. 이에 순응하듯 긱잡, 프리터, N잡러 같은 저고용 방식들이 확산되고 있다. 직업이 그 사람의 삶의 안정성을 대표하는 시대였을 때, 사람들은 취향을 그리 중요하게 생각하지 않았다. 그러다 이제 유연하고 다양한 저고용의 상태에 이르러, 개인들은 더 이상 직업에서 삶의 의미를 찾지 않는다. 불안정한 고용 '덕택에' 취향도 그 위상이 달라지고 있다. 자신을 표현하고 이를 통해 주변의 지지로부터 안전감을 획득하는 수단으로 취향이 떠오르기 시작한 것이다.

취향은 곧 자기 삶의 '스타일'이다. 이로써 개인은 정체성의 위기를 해소한다. 직업에서 찾지 못한 자신의 자아상을 취향에서 찾을 수 있기 때문이다. 모임의 중심도 회사에서 취향으로 옮겨간다. 회사 회식은 싫지만 취향 모임에는 기꺼이 참석한다. 취향은 새로운 공동체의 조직원리가 되어 일상에 착근되고 나의 정체성을 형성한다. 자기표현의 욕망을 취향 공동체를 통해 해소하게 된 것이다. 이러한 '취향을 통한 자기표현'은 대중자아 기술mass-self communication technology 덕분에 가능했다. 사람들은 이제 취향으로써 스스로 공동체를 형성하고 그곳에서 자신감과 성취감을 얻는다. 불안정한 저고용의 직업은 더 이상 자신감과 성취감을 얻는 장이 아니다.

그렇게 취향 중심의 라이프스타일을 가꿔온 MZ세대는 기대를 접었던 기존 직업에 다시 변형을 가한다. 이들의 취향 중심적 사고가 전통적 기업에 혁신의 영향력을 만들어내고 있는 것이다. 수평적이고 친밀함을 추구하는 취향적 마음가짐mindset은 권위적이고 관료적인 기업문화와 충돌하면서 기존 노동 방식에 문제를 제기하고 새로운 노동과 조직 방식을 요구하고 있다. 불안정한 고용으로 취업 시장에서 늘 불리하고 위축되어 있는 이들이지만, 미래를 희망할 수 있는 취향의 삶에 기대 기업의 위계적 문화에 균열을 내고 있는 것이다.

일상에서 취향이 중요한 이슈로 등장하면서 개인은 자신의 욕망을 드러내고 불만을 표출하는 새로운 아비투스abitus를 획득하고 있다. 취향은 스스로 선택했다는 기억을 강화시키고 그것을 자기 삶의 서사로 계속 확대시키기 때문이다. 인간은 스스로 선택하는 것이 많을수록 기억하는 것도 많아진다. 사람들은 스스로가 선택하고 개척한 것에 대해서는 그것이 부여한 장애들 때문에 더 많은 애착을 느끼고 더 많은 이야기를 만들어낸다. 내가 지도를 보며 찾아간 곳은 다시 찾아갈 수 있지만, 내비게이션이나 다른 안내자의 손에 이끌려 간 곳은 다시 찾아가려 해도 기억이 나지 않는 것과 같은 원리다. 기억은 진정한 체험으로부터 유래하며, 기억에 남는 체험이란 내가 스스로 기획하고 선택하고, 실패하고 성공했던 경험들이다.

물론 현대사회에서 취향이 부상하게 된 큰 이유 중의 하나는 스스로의 선택만은 아닌, 소비의 권유 때문이다. 커스텀 서비스 등이 소비 행위를 취향의 향유인 듯이 만들었다. 소비를 통해 취향을 드러내는 메커니즘은 취향을 경제적 자본에 구속시키려 하고 있다. TV에서 출연진이 직접 해준 요리를 맛있다고 평가할 때 "최고급 호텔의 코스 요리를 먹는 것 같다", "파리에서 먹은 것보다 더 맛있다"고 표현하는 말은 호텔 요리와 파리 여행을 전제로 한다. 대중매체가 내뱉는 문화표현의 강압적 비교는 소비자를 결국은 한쪽 방향으로만 동질화시켜 수동적인 아비투스를 내면화한다.

그러나 커스터마이징에 따라 유사한 취향을 가진 소비자들이 쉽게 드러나면서 그들 간의 소통이 늘어나고, 이것이 소비자의 해석 수준에 영향을 미치기도 한다. 소비자의 해석은 취향을 소비에만 가둬두지 않고 소비를 변화시키고, 심지어 생산에까지 영향을 미치려는 시도로 나아간다. 시장의 압도적인 압력에도 불구하고 자신의 신념을 투영할 수 있는 가치재를 선택하는 소비자들이 대표적이다. 오히려 이들에 의해 새로운 시장이 생성되기도 한다. 동물보호나 친환경 가치관에 기반한 신념이 취향에 스며들어 소비 영역을 윤리적 소비의 흐름으로 확장하는 것이다.

소비 영역에 적극적으로 참여하여 소비의 흐름을 가치 지향적으로 바꾸는 이들을 우리는 '이야기 실천가'라고 부른다. 이야기 실천가들은 자신의 취향을 기반으로 타인과의 공감을 공명으로 바꾸는 사람들이다. 공명은 약한 진동을 증폭시켜 강력한 진동으로 뒤

바꾼다. 스피노자의 말처럼, 자유로운 인간들은 홀로 고독 속에서 살아가는 것보다 협력하며 살아가는 사회 안에서 더욱 자유롭다. 외로움의 시대에 공명 전략은 자유로운 공동체를 만들고 물질적인 힘을 만들어낸다.

이 책은 취향의 시대에 취향과 관련된 경제적 활동들이 새로운 가치 창출의 중심이 되고 있으며, 취향을 추구하는 개인들이 자유로운 공동체를 형성하며 새로운 기회를 만들어가고 있음을 보여주려 한다. 특히 스크린 플랫폼을 기반으로 콘텐츠를 생성하는 '이야기 실천가'들의 확산과 이들이 추구하는 취향의 심도가 산업 전 영역으로 확장하면서 산업의 생산 구조와 자본의 재생산 구조가 바뀌고 있음을 여러 사례를 통해 논증하려 한다.

이러한 취향경제로의 전환을 가능케 한 환경은 무엇보다 2000년 이후 본격화된 인터넷과 스마트폰, 유튜브 등 대중자아 기술의 등장이다. 개인 미디어로 대중과 직접 연결되는 대중자아 기술은 개인이 자신의 취향을 곧바로 콘텐츠로 만들 수 있는 인프라를 제공했다. 이러한 콘텐츠의 생산 구조는 문화자본과 경제자본의 상호 전환을 가속화한다. 강고한 경제자본의 불평등 구조 속에서 '경제력은 빈약하지만 개인의 욕망과 인정을 추구하는 취향인'의 등장과 이들의 인정욕구가 새로운 문화자본을 만들어내는 데 성공한 것이다. 이들이 만들어낸 문화자본이 경제자본으로 전환하면서 동시에 새로 구축된 문화자본은 기존 산업의 구조에도 혁신을 일으키고 있다. 또한 이러한 문화자본 세력들의 거점인 콘텐츠 산업은 '한국의 핵심 산업'으로 등장하면서 노동과 여가 그리고 소비에 대한 관념까지도 바꾸고 있다.

이 책의 구성을 구체적으로 살펴보면 다음과 같다. 1부에서는 개인의 취향이 부상하면서 기존 산업의 틀을 깨고 새로운 산업을 견인하는 모습을 보여줄 것이다. 취향을 기반으로 혁신을 전파하는 얼리어답터들의 부상은 새로운 수요를 창출하며 시장을 성장시키는데, 이 얼리어답터들이 갖고 있는 두드러진 특성은 자발성과 자신감이다(1, 2장). 그리고 이들이 갖는 자발성과 자신감의 유래를 소유효과의 관점에서 찾아볼 것이다(3장). 그리고 얼리어답터들이 갖고 있는 이러한 마음의 능력은 개인의 내면에서 자동적으로 생성되는 것이 아닌 공동체와 타인의 인정에서 연유하고 있으며, 특히 개인 취향에 대한 관심과 인정을 즉각적으로 현재화할 수 있는 스트리밍이 그 환경을 강력하게 제공하고 있다. 이로써 스트리밍과 스트리밍의 콘텐츠는 인정이라는 문화자본 형성의 플랫폼이 되며 스트리밍을 중심으로 새로운 관계와 경쟁의 형식이 나타난다(4장). 팬덤의 부상이 이처럼 변화된 관계와 경쟁을 보여주는 대표적인 현상이다. 팬덤 현상은 외로움의 시대에 느슨한 관계를 제공하면서도 동시에 지지와 위로를 얻을 수 있는 공동체를 대변한다. 즉, 팬덤은 느슨한 공동체이지만 호혜적이고 수평적인 관계를 통해 자체 내에 회로를 만들고 개인에게 정서적 에너지를 공급하는 거점이다(5장). 그리고 현대 문명의 상징, 제조업의 꽃이라 불리는 자동차 산업을 사례로, 취향으로 인해 하나의 상품이 정서적 에너지의 상징으로 전환하는 과정을 살펴본다(6장).

2부에서는 취향의 확산이 한국사회와 산업을 바꾸는 과정을 다룬다. 취향 소비가 과시적이고 속물적인 상품 소비와 일방적으로 결합되었던 과거로부터, 1990년대 이후 점차 문화표현 콘텐츠인 음악, 게임, 영화와 결합하면서 취향 소비가 개인의 정체성을 형성하는 수단이 되었고, 더 나아가 취향 중심의 콘텐츠가 수평적이고 반위계적인 이념적 영역으로 옮겨 가게 된 과정을 살펴본다. 이 과정에서 소비력 부족으로 시장에서 배제되었던 청년층은 자신들의 개성표현과 지위상승 욕망을 동시에 충족시킬 수 있는 콘텐츠 영역으로 대거 이전했고 그곳에서 새로운 시장과 지위를 생산하게 된다(7장).

2010년 이후로는 스마트폰에 기반한 SNS와 유튜브라는 개인 미디어를 중심으로 취향 기반의 시장이 급속하게 확대되었고, 이러한 산업이 고용 창출에서 중요한 위상을 점하게 된다. 개성과 취향에 대한 배려와 존중이 사회현상으로 자리 잡고 새로운 공동체와 조직이 취향 중심적 원리를 채택하면서 기존 산업도 개인과 취향 중심 사회에 적응하느냐가 경쟁력으로 등장하게 된 것이다. 인공지능과 빅데이터의 부상도 취향 중심 경제에서 개인의 취향을 찾아내고, 호소하고, 매력적으로 만들어내는 데 필요한 핵심 기술이 된다.

새로운 가치의 창출 과정에서 우리가 눈여겨봐야 할 것은 취향을 생산하고 조직화하는 팬덤의 영역이다. 팬덤은 취향을 보호하는 전위대로서, 콘텐츠의 수요를 창출하고 확대하는 매개 역할을 해왔다(8장). 콘텐츠를 통해 한국사회의 가치 창출의 중심이 제조 영역에서 문화 영역으로 옮겨 가게 된 것이다. 이제는 글로벌 거대 기업으로 군림하고 있는 기업들의 시작은 대부분 문화 영역이었다. 아마존은 책에서, 애플은 디자인과 음악에서, 구글은 도서관에서, 유튜브는 동영상과 음악에서, 넷플릭스는 영화에서, 트위치는 게임에서, 페이스북은 친교에서 자신의 사업을 시작했고, 여기서 확보된 취향 중심의 고객을 기반으로 거대기업으로 성장할 수 있었다. 한국의 경우도 음악과 게임, 채팅 같은 콘텐츠 영역이 미래의 유망 산업과 갖는 연관성이 더욱 심화되고 있다. 데이터와 인공지능, 친환경 같은 신산업의 성장이 취향경제와 밀접히 연결되는 것이다 (9장).

그러나 콘텐츠 중심의 취향경제가 불평등을 완화하는 데 기여할 것인지는 양면적이다. 콘텐츠 분야로 기존에 배척당한 자들이 새로운 기회를 엿보며 대거 유입되고 있지만, 또한 취향의 경제에 적응하지 못하고 쇠퇴하는 개인과 조직도 많다. 축출되는 이들은 사실상 기존의 자본으로부터도 소외받아온 사람들이다. 이들은 취향이 가져오는 새로운 자본에 참여할 기회조차 얻지 못한 채 고립될 가능성이 높다. 문화의 자본화로 인해 '배척당한 자들이 배척한 자를 배척exclusion of the excluders by the excluded할 수 있는' 기회조차 부여받지 못하고, 배척한 자에 의해 또다시 배척당한다(10장). 이들은 취향의 시대에 취향의 심도를 계발할 수 있는 기회보다는, 소모적이고 퇴락한 취향에 빠져 타락하거나 속물적이고 과시적인 취향을 답습할 가능성이 높다. 이들이 취향을 심화시키고 이를 일과 일상으로 연결할 수 있는 인프라나 매개체는 여전히 부실하다. 향후 새로운 문화자본에 의한 불평등의 심화를 어떻게 완화하느냐의 문제는 취향의 경제가 당면한 중요한 과제가 될 것이다. 이는 한국의 경제가 지속적인 경쟁력을 가질 수 있는가의 문제와도 긴밀히 연결된다. 이민자, 이주민, 소수자, 열패자 등 배척당한 자들이 지식과 기술을 습득할 수 있는 기회가 풍부하게 주어진다면 취향의 경제가 갖는 경쟁력도 그만큼 커질 것이기 때문이다. 이제 취향이 여는 세계가 어떠할지 구체적으로 살펴보자.

1부

취향의 산업화

1장

취향, 내기물이 되다

사람들은 서로 내기물을 가지려고 한다. 내기물은 게임에 참여하는 모든 사람의 목표다. 게임의 승자는 내기물을 갖는다. 우리 사회에서 승자는 좋은 집, 좋은 차, 좋은 학벌과 좋은 직업이라는 내기물을 갖는다. 경쟁사회에 사는 우리는 내기물을 획득하기 위해 모든 열정을 바친다. 꿈을 이룬다는 것도 결국 내기물을 획득하는 일이다. 물론 최고의 내기물은 돈이다. 좋은 집과 차는 돈으로 살 수 있다. 그러나 돈만으로는 한계가 있다. 학력과 직업은 돈으로 직접 획득하는 게 불가능하다. 돈이 학력과 직업 획득에 유리한 고지를 선점하게 해주는 것은 사실이지만, 돈만으로 직업이나 관계에서 원하는 것을 얻는다는 보장은 없다. 따라서 돈 이외의 내기물을 얻기 위한 경쟁도 지속된다.

내기물은 사회마다 시대마다 달라진다. 높은 신분이 내기물이 되기도 하고, 명예가 내기물이 되기도 한다. 이제 취향도 내기물이 되기 시작했다. 자신만의 취향을 드러내고 과시하는 시대가 되었다. 취향은 돈으로 살 수 없는 것이다. 물론 돈이 많이 있으면 더 고급스러운 취향을 가질 수 있지만, 돈이 취향의 수준을 온전히 결정할 수는 없다. 수준 높은 취향의 획득에는 순전히 자신의 신체와 정신을 몰입시키는 학습과 경험이 필요하기 때문이다. 그런 학습과 경험의 반복이 쌓여 자신의 아비투스를 형성한다.

취향은 자신만의 경험을 전제로 하고 또 경험에는 시간이 필요하기 때문에 경제자본 획득과는 일정 부분 대립한다. 학교에서 공부하는 동안은, 클래식 음악을 즐겁게 들을 수 있으려면, 미술관을 둘러보며 화가의 화풍을 느껴볼 수 있으려면 절대적인 시간이 필요하고, 그 시간 동안은 재화 획득에 투자할 시간이 없기 때문이다. 그래서 취향은 성공과도 일정 부분 대립한다. 성공은 '다른 사람이 좋아하는 것으로 내가 인정받는 것'이지만, 취향은 '내가 좋아하는 것으로 다른 사람에게 인정받는 것'이다. 성공과 취향에서 '인정받고 싶은 타인'은 서로 다르다. 성공을 통해 인정받고 싶은 타인은 세인世人이지만, 취향을 통해 인정받고 싶은 타인은 나와 같은 취향을 가졌거나 나의 취향을 존중해주는 사람이다.

성공과 취향이 서로 대립하는 이유는 또 있다. 일정 시간이 지나면, 성공을 위해 투자하는 시간은 '경험을 위한 시간'을 침해한다. 그래서 취향 지향 사회로 가고 있다는 것은 한국인에게 깊게 박힌 성공이라는 이데올로기, 즉 출세주의와 물질주의적 가치관이 느슨해지고 있다는 신호이기도 하다.

그렇다면, 취향 지향 사회는 어쩌다 갑자기 우리에게 가까이 다가온 것일까? 그것은 내기물을 둘러싼 우리 사회의 과도한 경쟁과 불평등 그 자체가 헐벗은 개인에게 부여한 인지부조화 때문이다. 인지부조화는 스스로가 앞날의 희망을 기대할 수 없을 때 행복해지기 위해서 선택하는 정당화의 과정이다. 우리 사회의 내기물은 '여우의 포도'처럼 되었다. 이솝 우화 〈여우와 포도〉에서 여우는 높은 곳에 있는 포도송이를 따지 못한다. 그래서 그 여우는 포도가 너무 시어서 먹을 만하지 못할 것이라고 생각한다. 여기서 이 포도가 정말로 신 포도인지는 알 길이 없다. 하지만 여우는 여전히 포도를 원한다. 이런 인지부조화에서 벗어날 수 있는 방법은 부조화를 줄이고 조화를 달성하는 것뿐이다.* 자신이 하고자 했던 일이 좌절되었을 때 '애당초 나는 그걸 바라지 않았다'고 생각함으로써 실패

---

* 리처드 세넷, 《짓기와 거주하기》, 김병화 옮김, 2019, 김영사, 234쪽.

를 합리화하는 것이다.

여우는 포도를 먹고 싶지만 자신의 열망에 거짓말을 한다. "난 별로 포도를 좋아하지 않는다"고. 채용 시험에 실패해본 사람은 이 마음을 다 안다. 그는 여우처럼 내기물을 아예 바꿔버린다. 남들이 모두 바라보는 포도가 아니라 내가 스스로 찾을 수 있는 것으로 바꾸는 것이다. 그렇다고 여우를 측은하게 바라볼 필요는 없다. 포도가 떨어지면 여우는 그것을 게걸스럽게 먹겠지만 떨어지기 전까지는 그것이 신 포도인지 아닌지 여전히 아무도 모르기 때문이다.

취향을 중시하는 사회에서는 사람들의 우선순위도 바뀐다. 취향은 다양성과 아름다움의 추구를 속성으로 한다. 직업 선택이 다양해지고, 소득과 소비에 대한 인식도 바뀐다. 살고 싶은 지역도 바뀌고, 하루 일상의 시간 배분도 바뀐다. 취향을 경험하고 향유하는 삶은 개인의 삶 차원에서 끝나는 것이 아니라 사회 전체의 프레임 전환을 이끈다. 지금까지의 전통이 해체되고 새로운 삶의 양식으로 대체되는 것이다.

인생에서 가장 중요한 선택 중 하나인 직업관의 변화를 보자. 초·중·고생을 대상으로 한 희망 직업 조사는 2007년부터 시작되었는데, 해마다 중·고생 희망 직업 1위는 교사였다. 소득의 안정성과 평판 면에서 교사는 부동의 1위를 차지하고 있다. 그런데 교사를 희망 직업으로 선택하는 학생의 수는 점점 줄어들고 있다. 지난 10년간 교사를 선택한 비율이 중학생은 18.1%에서 10.9%로, 고등학생은 12.4%에서 7.4%로 감소했다.[*] 또한 상위 10개 희망 직업에서 교사와 의사가 차지하는 비율도 감소하고 있다. 그 자리를 대체한 희망 직업은 유튜버, 프로게이머다. 2020년 초등학생의 희망 직업 10위권에 유튜버와 프로게이머가 있다. 그만큼 학생들이 선호하는 직업이 다양해지고 있는 것이다. 물론 수입 등이 안정된 직업을 선호하는 경향은 여전하지만, 새로운 변화의 흐름 또한 분명하다.

이러한 직업관의 변화는 실제 대학입시의 판도를 바꾸고 있다. 물론 학벌과 서열의 대학입시는 여전하지만, 지난 20년의 기간을 보면 변화의 모습이 포착된다. 1980년대와 2000년대를 비교해보면 대학 이름 중심에서 취업과 직업, 수입을 중심으로 변화했고,[**] 2000년 이후부터는 여기에 새로운 경향이 덧붙었다. 자기가 좋아하는 것을 전공으로 삼는 비율의 증가다. 최근 10년 사이 대학 평판이나 취업률과는 관련 없는 실용음악과의 경쟁률이 급등한 것

[*] 《중앙일보》 2019년 12월 11일 참조. 학생 희망 직업 상위 10위까지의 누계 비율을 보면 교사를 선택하는 학생의 수가 지속적으로 감소추세를 보이고 있는 것으로 나타났다. 초등학생은 ('09) 56.2% → ('15) 52.7% → ('19) 51.2% (5.00%p ↓), 중학생은 ('09) 48.8% → ('15) 41.8% → ('19) 40.9% (7.90%p ↓), 고등학생은 ('09) 40.1% → ('15) 40.9% → ('19) 32.3% (7.80%p ↓)로 나타났다. 10년 전에 비해 초등학생은 크리에이터, 생명·자연과학자 및 연구원, 중학생은 심리상담사/치료사, 작가, 일러스트레이터, 고등학생은 화학공학자, 연주가/작곡가, 마케팅·홍보 관련 전문가가 20위권에 등장하는 등 희망 직업이 다양화되었다.

[**] 김두환, 〈한국의 대학에서 직업교육의 문제〉, 《지역사회학》 21(3): 137-68, 2020.

이 한 예다. 2020학년도 기준 실용음악과의 경쟁률은 최소 100 대 1을 훌쩍 넘긴다.

물론 실용음악과의 경쟁률을 대박신화와 유명세를 쫓는 '철없는 청년들'의 선택으로 보는 사람도 많다. 케이팝의 인기에 힘입어 스타의 꿈을 안고 지원하는 이들 때문이라고 판단하는 것이다. 그러나 심층인터뷰 결과는 달랐다. 취업이 어려운 걸 알고도 실용음악과에 들어오고 있는 것이다.[*] 실용음악과에 지원한 이유의 대부분이 젊은 시절 자기가 하고 싶은 것에 모든 것을 걸고 싶다는 일념이었다. 기성세대는 실용음악과를 졸업한 후 그들에게 닥칠 불행을 예상하며 연민의 시선으로 바라보지만, 학생들에게 실용음악과는 자신의 취향과 인생을 결합시켜보려는 소중한 선택이다.

실용음악과의 경우가 특수하고 예외적인 사례라고 주장할 수도 있다. 그러나 이미 명문 대학의 전통적인 전공 배치도 달라지고 있다. 대표적으로 컴퓨터공학과의 부상이다. 물론 컴퓨터공학과의 부상을 개발자의 연봉조건이 좋아졌기 때문이라고 말하는 사람들도 많다. 그런 면도 없지 않을 것이다. 그러나 구체적으로 분석해보면 그것은 사실과 다르다.

2021년에 불어닥친 '개발자 연봉 인상' 이전에는 컴퓨터공학과를 졸업하면 3D업종에 취업하게 된다고 비아냥거리던 것이 사회적

---

[*] 《중앙일보》 2018년 11월 8일 참조.

분위기였다. 그럼에도 컴퓨터공학과는 2010년 이후부터 꾸준히 인기 있었고, 그러다가 2018년 입시에서부터 뚜렷하게 그 인기가 드러났다. 2018년 서울대 공대 수시경쟁률에서 9.34 대 1로 컴퓨터공학과가 공대 내 최고 경쟁률을 보인 것이다.[*] 그해에 서울대만이 아니라 다른 주요 대학들도 컴퓨터 관련 학과가 합격선에서 가장 높은 상승률을 보이며 의대 합격선을 추월하기 시작했다. 이러한 현상을 4차 산업혁명 시대이기 때문이라고 간단히 얘기할 수 있지만, 이런 추세는 학생들의 사고체계가 바뀌고 있음을 보여주는 근거이기도 하다. 즉 '안정되고 수입이 좋은 직종'과 '불안정하지만 도전하고 성취감을 느낄 수 있는 직종'의 비교에서 후자가 그만큼 부상하고 있다는 의미다.

물론 여전히 취업의 기준은 수입이지만, 대학 졸업장과 수입 자체보다는 내가 좋아하는 일에서 도전해보겠다는 의지가 시대적인 흐름을 형성하고 있는 것이다.

취향족의 등장

취향의 시대는 결혼관의 변화에서도 나타난다. 전통적으로 결혼이라는 제도는 우리에게 안정감, 즉 예측 가능성을 제공했다. 결혼

---

[*] 홍정아, 〈컴퓨터공학과의 부상 바로 알기〉, 《내일교육(고등)》, 2019년 4월 3일(901호).

은 집안일과 바깥일의 분업과 육아를 통해 가정으로 하여금 노동력과 사회 구성원의 재생산을 담당하게 하는 제도였다. 결혼 제도 하에서 경제적 안정과 심리적 안정이 모두 충족되었다. 그러나 여성의 사회 참여가 늘어나면서 가부장적인 성별 역할분업은 사라지고 있으며, 그 과정에서 전통적인 결혼 관습은 역할 갈등을 야기하고 있다. 특히 경제적 불평등이 고착화되고 있는 한국사회에서 중산층 가정에서의 육아는 조기교육과 사교육까지 해내야 하는 부담으로 작용하고 있으며, 불안정 고용에 시달리는 저소득층 가정에서는 결혼 제도가 더 이상 안전판 역할을 하지 못한다. 이제 결혼은 안전판으로서의 제도가 아닌 예측 불가능한 사건이 되었다.

청년세대는 결혼의 예측 불가능성을 굳이 감내하려 들지 않는다. 이제 그 안전판은 다른 곳에서 얻어야 한다. 직업과 가족이 아니라 자기 자신과 자신의 네트워크로부터 얻는다. 자신의 네트워크는 친구와 지인, 동물, 사물, SNS와 게임의 친구들이다. 이들과 소통하며 자기 일상의 정신적 지지를 얻는다. 취향과 취미는 그런 면에서 네트워킹을 촉진하는 수단이다.* 어느새 취향은 철저히 보호받고 지지받고 인정받고 싶은 무의식의 욕망에서 생성된 결과물

---

* 취향과 취미를 대개는 구분 없이 쓰지만, 여기서는 취미는 음악과 게임 등 좋아하는 특정 영역을 지칭할 때, 취향은 좋아하는 영역이 내면과 연결되는 경향을 지칭할 때 사용하고 있다. 그래서 취향과 취미는 문맥에 따라 혼용해서 사용했으며, 인용의 경우에는 인용 서적의 단어를 그대로 표기했다.

이 되었다.

　청년세대의 취향의 아비투스*는 이제 결혼생활을 대체하는 능력의 일부분이 되었다. 바뀌지 않는 결혼 파트너보다 자주 바뀌는 여행 파트너가 더 중요한 시대다. 평생직장보다는 파이어족**이나 디지털 노마드를 꿈꾼다. 직장이 위압적인 분위기라면 언제든 그만두고 자신의 일을 하려는 개인들이 자신의 목소리를 높일 수 있는 시대가 되었다. 위계적인 방송국에 입사하려 애쓰는 이도 여전히 많지만 랩톱 컴퓨터와 스마트폰, 소셜미디어로 무장한 채 자신의 개인 방송국을 운영할 수도 있다. 개인이 온라인을 통해 백화점보다 더 많은 상품을 진열하고 판매할 수 있게 되었다. 지식과 정보에 쉽게 접근할 수 있는 시대가 되면서 비물질 콘텐츠와 관련된 일의 기회가 일반 대중에게도 열린 것이다. 안정적인 취업이 필수가 아니라 하나의 선택지로 전환되었다. 하나의 유형뿐이었던 결혼과 직업, 직장은 수많은 범주로 분해되고 있다. 이러한 개인적 취향이 취향끼

---

* 인간의 행동은 엄격한 합리성과 계산에 근거해 행해지기보다 일정한 기억과 습관 그리고 사회적 전통의 영향을 받는데, 아비투스(abitus)란 그때의 기억과 습관 또는 사회적 전통을 일컫는 말이다.

** '파이어족'(FIRE: Financial Independence, Retire Early)은 30대 후반이나 늦어도 40대 초반까지는 조기 은퇴하겠다는 목표로 직장생활을 하고, 그를 위해 20대부터 은퇴 자금을 마련하는 이들을 말한다. 취업포털 인크루트는 2020년 회원 825명을 대상으로 파이어족에 대한 설문조사를 진행했는데, 응답자의 27.4%가 '나는 파이어족'이라고 답했다. 여성(23.8%)보다 남성(32.4%)이, 20대(21.3%)보다는 30대(29.5%)에서 응답 비율이 각각 높은 것으로 집계됐다. 《동아닷컴》 2020년 7월 6일.

리 모이면 시장의 플랫폼이 되어 산업의 지형 또한 바꾼다.*

코로나19 대유행 이전부터 혼밥족은 점점 늘어나고 있었다. 1인 가구가 늘어나니 당연한 것일 수도 있지만 자발적인 취향일 수도 있다. 한 연구에 의하면, 혼밥의 자발성은 20대가 가장 높고 50대가 가장 낮다. 직업으로 봤을 때는 학생과 전업주부가 혼밥을 가장 많이 했다. 미혼이 기혼보다 혼밥 자발성 동기가 높았다. 흥미로운 점은 미혼집단이 기혼집단에 비해 체면이나 눈치에 민감하지 않았다는 것이다.** 미혼집단—물론 20대가 많겠지만—이 혼밥을 자발적으로 한다는 것은 그만큼 체면이나 눈치 보기를 하지 않는다는 것으로 해석할 수 있다. 미혼에게 혼밥은 하나의 선택지로 자리 잡았다. 혼자 먹으면 자기가 좋아하는 음식을 골라 자신의 속도대로 먹으니 식도락의 여유를 가질 수 있다. 물론 자신의 스마트폰이 한 편을 차지하며 반려자가 되고 있지만. 웹에 떠도는 말로는 '만렙 수준의 혼밥족'으로 판정되려면 고깃집에서 홀로 삼겹살을 굽고 소주를 들이켤 수 있어야 한다.

---

* 산업연구원에서 발표한 자료에 의하면, 향후 서비스 산업의 혁신은 개별 고객의 데이터에 기초한 특화된 서비스의 제공으로 향할 것이며 미래의 가장 번성하는 비즈니스 모델로는 음식부터 유통, 문화와 금융까지 고객 맞춤형 큐레이션이다. 박정수 외,《비즈니스모델 혁신 관점에서 본 서비스업 발전을 위한 중장기 로드맵 연구》(연구보고서), 산업연구원, 2020.

** 조미란,《혼밥족의 혼밥자발성, 혼밥동기 및 사회심리적 특성이 혼밥만족도에 미치는 영향》, 이화여대 문헌정보학과 석사학위논문, 2018.

그러나 혼밥족의 현실은 그런 드라마 같은 장면들보다는 현실의 장막들에 둘러싸여 있다. 혼밥족들은 자신의 취향을 즐기기 위한 한 방편으로 가정간편식에 많이 의존한다. 가정간편식이 늘어난 이유에는 한국음식의 특성도 한몫을 한다. 한국음식은 손이 많이 가고 요리에도 시간이 꽤 걸린다. 또 특성이 다른 여러 가지 식재료를 배합해야 해서 어렵기도 하다. 시간과 조리법 두 가지 모두가 불편했다. 그 사이에 백종원이 나타났다. 백종원은 이 두 가지를 일거에 해결했다. 시간도 짧게 걸리고 조리법도 간단한, 그러면서도 맛있는 음식 레시피를 전 국민에게 알려주었다. 물론 문제도 있었다. 설탕이다. 그는 우리 음식에 설탕 들어가는 걸 두려워 말라며 주부들의 맛내기에서 죄책감을 덜어주었다.

백종원에 열광한 사람들은 혼자 사는 자취생, 시간외 근무에 지친 노동자, 맞벌이를 해야 하는 가정 등 음식에 특별한 가치를 부여하기보다는 '한 끼를 때워야 하지만 그저 때우기보다는 내가 좋아하는 음식을 해 먹고 싶은 사람들'이었다. 이로써 백종원과 반조리 음식은 '음식은 때우면 된다'는 기능성과 '음식은 내 취향대로 해 먹어야 맛이다'라는 정서성의 대립을 해소했다. 백종원의 요리나 가정간편식은 현대판 '말하지 않는 며느리'*로서 빠듯한 시간에도 불구하고 자신의 시간을 요리에 투자하려는 월급쟁이들에 기반하고 있다. 백종원의 비즈니스적 성공은 시간빈곤time famine의 상황에서도 식도락의 욕망을 충족시키고자 하는 계층에 의지해 만들어진 것이다. 어쩔 수 없이 구매 선택은 해야 하지만 선택할 때는 자신의 취향을 시장에 반영하려는, '기획하는' 소비자들이다.

---

* 말하지 않는 며느리(Daughter-in-law who doesn't speak)는 로저스(Everett M. Rogers)의《개혁의 확산》에서 언급된 것으로, 서부 아프리카 말리의 사난코로니 마을에 도입된 땅콩 분쇄기를 가리킨다. 이 땅콩 분쇄기가 마을에 도입되기 전에는 땅콩 한 자루를 두들기고 빻는 데 하루 종일 걸렸으나 그 후에는 10분밖에 걸리지 않았다. '말하지 않는 며느리' 덕분에 마을의 여성들은 일할 시간에 낮잠을 즐길 수도 있었다. 그 결과 이전에는 집안일을 하기 위해 집에 머물러야 했던 소녀들이 학교에 갈 수 있었고, 주부들은 자유시간을 얻어 문학 강좌 등록이나 소규모 사업을 시작할 수 있게 되었다. 사난코로니 남성들은 여성들의 발전을 인정했다. 한 남성은 "내 아내가 더 이상 각종 집안일로 지치지 않으며 손의 굳은살도 많이 없어져 부드럽게 되어 좋다"고 말했다. 개인이 구매할 수 없었던 값비싼 기계인 '말하지 않는 며느리'가 이 마을에 도입될 수 있었던 이유는 서부 아프리카 마을의 가치, 즉 협업을 중시하는 관행이 있었기 때문이었다. 에버렛 M. 로저스,《개혁의 확산》, 김영석 외 옮김, 커뮤니케이션북스, 2005, 263쪽.

2장

누가 얼리어답터가 되는가

소비자들이 상품을 구매하는 이유는 제각각이다. 그래서 상품을 기획해서 판매하려고 할 때는 소비자가 그 상품을 구매하는 이유, 즉 수요를 파악하는 게 기본이다. 그렇지만 상품을 구매하는 이유를 묻는 것만큼 중요한 게 있다. 누가 '먼저' 사는가이다. 상품이 출시되면 빨리 구매하는 사람이 있고 늦게 구매하는 사람이 있다. 다른 사람의 평가를 듣고 사는 사람이 있고, 내가 먼저 사서 써보고 다른 사람에게 평가를 전하는 사람이 있다. 다른 사람의 평가를 듣고 사는 신중한 사람이 있고, 내가 먼저 써보고 평가를 전달하고 싶은 '안달난 사람'이 있다.

상품 판매자는 당연히 안달난 사람에게 초점을 맞춘다. 입소문을 내는 사람들이기 때문이다. 소위 얼리어답터다. 이들의 존재는 중요하다. 입소문 때문이기도 하지만, 상품의 구매 이유를 이들이 바꾸기도 하기 때문이다. 먼저 상품을 써본 사람이 상품의 구매 이유를 상품 제작자의 의도와 다르게 사용하면서 새롭게 활용하는 경우다. 예컨대 귀를 덮는 실내용 헤드폰을 출시 직후 구매한 사람이 실내가 아닌 실외에서 끼고 다니면, 차후 업그레이드된 제품에는 소음 차단용 스위치 기능도 넣는 것이다. 얼리어답터들이 상품을 다른 방식으로 활용함에 따라 제품의 내용도 바꿔서 제작해야 하는 것이다.

이렇게 입소문의 주체일 뿐 아니라 상품의 제작에까지 영향을 미치는 얼리어답터들은 해당 상품 영역의 소비자 중 대략 14%를 차지하는 것으로 알려져 있다. 그렇다면 이들 얼리어답터는 누구인가? 일단 해당 상품에 관심이 많은 사람들이다. 헤드폰을 보자면 헤드폰에 관심이 많은 사람들이다. 헤드폰에 관심이 많다는 것은 헤드폰 자체에 우위의 가치를 부여한다는 것이다. 헤드폰에 우위의 가치를 부여한다는 것은 좋은 헤드폰에 더 많은 가격을 지불할 수 있다는 의미다. 이들 소비자는 헤드폰의 질적 차이에 민감도가 높으며, 다른 이들이 보기엔 사소한 기능 차이에도 더 높은 가격을 지불할 수 있다. 예를 들어, 헤드폰 얼리어답터들에게 헤드폰이란 가격탄력성이 낮은 필수재와 같은 것이다. 자기가 좋아하는 음악을 언제 어디서든지 꼭 듣고 싶은 사람에게 헤드폰이란 필수품이 된다.

누가 얼리어답터가 되는가

얼리어답터라는 말을 처음 개념화한 에버렛 로저스Everett M. Rogers는 농촌사회학자다. 그의 연구 주제는 농촌에서 신기술을 채택하고 새로운 기술이 확산하는 메커니즘이었다. 로저스는 1928년부터 1941년까지 13년 동안 미국 아이오와에서 새로운 교잡종 옥수수 종자를 채택한 농민들과 그 옥수수가 번져나가는 통계를 일반화했다.* 그는 신기술을 얼마나 일찍 받아들이느냐에 따라 혁신가innovator, 얼리어답터early adopter, 초기 다수early majority, 후기 다수late majority, 굼벵이laggards로 분류했다.

로저스는 신기술의 확산에 얼리어답터의 역할이 대단히 중요하다고 밝혔다. 신기술이 혁신가를 거쳐 얼리어답터에게 받아들여지고 이들이 신기술의 충성 고객으로 확보되면 신기술은 초기 다

---

* 아이오와의 교잡종 옥수수 확산 연구는 라이언과 그로스의 연구(Ryan & Gross, 1943)로서, 로저스는 이들의 연구를 확산의 설명 모델로 삼았다.

수, 후기 다수로 확대될 수 있다. 그러나 얼리어답터에게 매력적이지 않은 새로운 기술은 거기서 끝난다. 상품 확산이 중지되는 마케팅 캐즘chasm이 발생하는 것이다. 캐즘을 뛰어넘느냐가 바로 얼리어답터에 의해 결정된다.

그렇다면 신기술 도입에 적극적인 농민은 어떤 특성을 가졌을까? 로저스에 의하면, 이들 얼리어답터는 초기 다수, 후기 다수, 굼벵이인 후기 채택자들에 비해 큰 규모의 농장을 가지고 있었고, 높은 수입에 정규 교육을 받은 기간도 길었다. 그리고 무엇보다도 이들은 범지역적인 사람들이었다. 자기 지역 안에서만 정보를 얻으려고 하기보다는 외부 세상에서의 경험을 참고하려 했던 사람들이었다. 로저스는 세상 경험에 대한 측정지표를 연구 대상인 두 마을에서 75마일 떨어진 곳에 위치한 디모인Des Moines을 다녀온 횟수로 측정했다.* 얼리어답터들은 예외 없이 정보 획득을 위해 멀리까지 여행하는, 정보 획득에 아주 민감한 사람들이었다.

---

* 에버렛 M. 로저스, 앞의 책, 36쪽. 로저스에게 얼리어답터, 즉 초기 채택자가 혁신가보다 중요한 이유는 초기 채택자가 혁신가보다 일반 대중과의 유사성이 높아 전파가 쉽게 일어나기 때문이다. 소수의 혁신가는 대중과의 격차 때문에 그들 행동에 대한 모방이 잘 일어나지 않는다.

취향인과 얼리어답터

얼리어답터는 동기가 극대화된 사람들이다. 자기가 좋아하는 것을 하는 취향인taste makers이라고 할 수 있다. 자기의 취향이 상품 소비에 그대로 묻어나는 사람들이다. 상품 구매에서 가성비價性比보다는 가심비價心比, 즉 취향을 만족시키는 것이 더 중요한 사람들이다. 허즈버그Frederick Herzberg의 2요인 이론으로 말하면, 위생요인보다는 동기요인이 극대화된 사람들이다. 위생요인은 불행을 막아주고, 동기요인은 행복을 증진시킨다. 이 둘은 처음에는 상호 보완관계이지만 어느 지점을 지나면 상쇄관계로 전환한다. 위생요인이 동기요인을 침범하기 시작하는 것이다.

그것은 마치 친구들과 간 여행에서 오래 샤워하는 것과 같다. 여행지에 도착해 친구들과 게임을 하기로 했는데, 자기 몸을 깨끗하게 하느라 샤워에만 두세 시간을 보내는 것이다. 샤워는 십 분이면 충분한데, 샤워에 두 시간을 보내면 그만큼 친구들과 게임을 하며 즐겁게 보내는 시간은 줄어든다. 위생요인인 샤워는 꼭 필요하지만 어느 정도 하면 더 이상 할 필요가 없다. 이런 샤워는 현실에서는 돈이나 보상과 같다. 보상은 꼭 필요하고 나의 불행을 막아주지만, 이런 보상을 위해 너무 많은 시간을 쓰다 보면 내가 즐길 수 있는 시간, 예를 들어 친구나 가족과 함께 보내는 시간이나 내가 좋아하는 일에 몰두하는 행복한 시간을 침범한다.

파괴적 혁신을 주창한 크리스텐슨Clayton Christensen은 《당신의 인생을 어떻게 평가할 것인가》에서 하버드 MBA 졸업생들 중에서 불행해지는 사람들의 공통점을 밝혔다. 이들은 많은 돈을 벌게 되면서 오히려 돈에 과도하게 집착했기 때문에, 시간이 갈수록 자기가 뭘 좋아하는지, 뭘 해야 즐거운지를 모르게 되었다는 것이다. 그런 상태는 이들의 모든 관계를 파탄에 이르게 했다.

잉여인간, 자본에 봉직하다

좋아하는 일을 한다고 해서 늘 기분 좋은 상태가 유지되지는 않는다. 얼핏 보기에는 멋있어 보이지만, 오히려 비경제성과 동일한 의미를 내포할 때가 많다. 경제적인 측면에서 보자면 타인의 수요를 만족시켜야 가치가 발생하는데, 자신의 기호에 충실하면 타인의 수요에 아무래도 미흡하게 반응하게 되기 때문이다. "좋아하는 일을 하고 사니 참 좋겠다"라는 말을 들을 때 종종 개운치 않은 느낌이 드는 이유도, 그로 인한 궁핍에 대한 비아냥이 깔려 있기 때문일 것이다. 그래서 좋아하는 일을 하느라 돈을 벌지 못하는 사람에게 세인은 '잉여'라는 말을 붙여 부정적 인식의 대상으로 만든다.

그러나 잉여 개인들이라도 집단을 이루면 달라진다. 오히려 '잘나가는 개인들'은 서로 경쟁하느라 집단 에너지를 만들어낼 시간과 공간이 없지만, 잉여들은 새로운 놀이터를 만들어 서로 집단을 이루어 노는 데 익숙하다. 인터넷, 웹, 앱 같은 개인 미디어들이 이들 잉여에게는 놀이터이고 바로 그 잉여라는 조건 때문에 이들은 함께 모여 에너지를 방출할 수 있다. 이것저것 스스로 많이 놀아봐서 기억할 것이 많은 사람은 이야기를 많이 만들어내며, 이런 이야기들은 인터넷을 타고 퍼지면서 세력을 형성한다. 그리고 이들의 놀이터가 만든 최고 스타 기업 중 하나가 바로 아마존이다. 아마존을 무수히 많은 상품을 파는 건조한 전자상거래 공간으로만 보면 큰 오해다. 오히려 아마존은 기억과 이야기의 저장고와 같다. 시애틀의 집 창고에서 시작한 아마존이 단 10년 만에 세계 최고의 기업으로 등극할 수 있었던 이유도 사실 잉여들의 기억과 이야기에 있다. 이들 잉여가 모여 뿜어내는 집합적 에너지가 온라인 아케이드장터와 결합된 것이다.

아마존에서 잉여인간들이 하는 일은 흥미 있는 분야의 상품을 써보고 후기를 남기는 일이다. 이들은 키보드와 마우스로 무장하고 인터넷의 얼리어답터가 되었다. 1920년대에 교잡종 신품종 옥수수를 받아들인 농민들이 얼리어답터였다면, 한 세기가 지난 2020년대에는 키보드와 마우스를 쓰는 잉여인간들이 얼리어답터다. 2020년대 잉여인간들의 입소문은 1920년대 농민들의 입소문과는 완전히 다르다. 1920년대 아이오와주 농민들의 입소문이 바로 옆의 주로 건너가는 데에만 수년이 걸렸다면 2020년대 잉여인간들의 입소문은 비행기보다 더 빨리 지구 반대편으로 확산된다. 이제 소비자들은 자신이 아마존에서 구매할지 고민하는 상품에 적어도 100개 이상의 리뷰가 달려 있기를 기대한다. 20대는 200개 이상의 리뷰를 기대한다. 온라인 시대 얼리어답터의 입소문 권력은 단순히 타인의 구매에 정보를 제공하는 것을 넘어 글로벌 시장을 흔들고 있다. 이들은 한국의 늙은 장인이 만든 재래 호미를 전 세계 히트작으로 만들었다. 아무도 거들떠보지도 않던 것을 순식간에 세계적인 상품으로 만들었다. 얼리어답터의 입은 거대한 자본의 기사가 되어 그들의 성역을 지키고 있는 것이다.

취향은 비슷한 사람들을 묶어준다. 온라인 서비스에서 추천 기능이 영향력을 갖는 이유가 이 때문이다. 아마존의 시작이었던 아마존북스의 독자 리뷰는 아마존이 소비자의 신뢰를 획득한 중요한 기반이었다. 아마존에 리뷰를 적극적으로 올리는 취향인들은 소비의 얼리어답터다. 얼리어답터는 꼭 필요해서 구매하는 기능적 소비보다는 좋아서 구매하는 감성적 구매자들이다. 소비는 기능적일 때보다 감성적일 때 타인에게 큰 영향력을 미친다. 감성적인 소비는 익명의 타인들과 경험을 공유하고 싶어하는 욕구에서 비롯된다.*

---

* McGuire M and Slater D, "Consumer Taste sharing is Driving the Online Music Business and Democratizing Culture", Gartner Group and Harvard Law School Berkman Center for Internet & Society Report, 2005 Dec 13.

이제 아마존은 책만 팔지 않는다. 한국산 호미를 비롯해 온갖 것을 팔고 있다. 아마존 리뷰어 중에는 바인보이스Vine voice라 불리는 이들이 있다. 탑 리뷰어를 가리키는 말이다. 언젠가 미국 공영라디오방송은 아마존의 탑 리뷰어 중 한 명인 마이클 얼브Michael Erb 사례를 소개했는데, 그는 블루투스 스피커부터 여행용 컴퓨터까지 엄청나게 많은 제품을 리뷰한다.* 그는 어떤 날은 아침 8시부터 5시까지 리뷰를 작성하기도 한다. 13년 전 주식에 관한 책을 샀을 때 처음으로 아마존 리뷰를 시작했고 지금은 하루에 평균 2~3개의 제품을 리뷰하고 있다. 그가 리뷰를 열심히 올리는 이유는 다른 소비자들에게 정보를 제공하기 위해서이기도 하고, 또 리뷰어들 사이의 경쟁 때문이기도 하다. 또 다른 이유는 신제품을 소유하기 위해서다.

아마존은 2008년부터 바인Vine이라고 불리는 클럽에 가입한 이들에게 매달 리뷰가 필요한 제품의 리스트를 제공한다. 이 제품은 싼 것부터 100만 원이 넘는 자전거까지 다양하다. 마이클은 바인의 회원으로 활동하면서 자신이 리뷰한 제품의 가격을 다 합하면 수백만 원 이상일 것이라고 말한다. 아마존의 바인 회원은 아마존 경쟁력의 핵심이자 아마존의 신뢰자본을 축적하는 전위병이다. 아

---

* 〈아마존의 주요 리뷰어가 되면 공짜로 제품을 받는다〉,《뉴스 패퍼민트》2013년 11월 5일.

마존에 접속할 때는 단순히 호기심만 가지고 있다가 그 호기심은 바인보이스들에 의해 해소된다. 중세 귀족의 비블리오테크 같은 취향의 공간을 바인보이스들은 자신의 개인 공간에 마련했고, 평범한 사람들은 그들의 방을 구경하기 바쁘다. 취향의 과시는 중세 귀족의 욕망이었지만 이제 바인보이스들이 취향의 욕망을 드러내며 자신들의 위세를 자랑할 수 있게 되었다.

취향은 어떻게 도시를 발전시키는가

몇몇 사람의 취향이 도시의 색깔을 만들어내는 경우를 간혹 볼 수 있다. 이탈리아 밀라노의 신발 산업은 신발에 관심 있는 사람들이 이것저것 신어보고 품평을 한 데서 출발했다. 이들에 의해 개성 있는 신발의 수요가 창출되고, 생산자들이 그것에 대응하고자 세련되고 질 좋은 신발을 만들어내면서 신발 산업이 발달한 것이다. 도시의 성장이 교통이나 항만 같은 지정학적 위치, 대기업의 유입이나 정책자금의 투자 같은 공급의 측면에서 이루어지는 경우도 많지만 그곳에서 사는 주민들의 특성이 반영되어 성장하기도 하는 것이다.

지금 가장 성장하는 도시를 대표하는 곳은 단연 미국 텍사스주의 주도 오스틴이다. 오스틴은 실리콘힐스라고 불리며 경제 불황 시기에도 최고의 성장률을 구가하며 번창하고 있다. 2021년 오스틴

은 실리콘밸리의 산호세 인구 100만 명을 제치고 미국의 10위 대
도시가 되었다.[*] 20여 년 전까지만 해도 인구 50만에 불과했던 도
시가 어떻게 인재와 기업들이 모여드는 도시가 되었을까? 세계의
모든 국가에서 대도시로 물자와 인력이 집중되고 도시 간 불평등
이 심화하는 현상을 볼 수 있다. 그렇지만 중소도시에 기회가 전혀
없는 것은 아니다. 오히려 불평등이 심화하는 시대에도 거꾸로 성
장하는 도시가 있다면 오히려 그 도시는 도시 고유의 특성이 산업
의 흐름과 최적의 적합성을 발휘하는 도시라고 할 수 있다. 오스틴
이 그런 도시다. 오스틴의 성장을 보면 글로벌 산업의 거대 흐름과
오스틴의 고유 속성이 잘 맞아떨어진다는 것을 확인할 수 있다.

오스틴의 성장을 상징적으로 보여주는 것이 일론 머스크의 테슬
라다. 테슬라 사이버 트럭 공장을 오스틴에 짓고 있으며, 머스크의
우주항공 기업 스페이스X도 텍사스에서 로켓을 개발 중이다. 삼성
또한 오스틴에 이미 공장이 있고 수조 원을 투자했다. 실리콘밸리
기업들도 오스틴으로 옮겨 가고 있다. 세계 최대 소프트웨어 기업

---

[*] 오스틴은 2010년에서 2019년 사이 인구 1만 명당 약 1,600명이 순유입되며, 미국 50대
대도시 중 인구 순유입이 가장 많은 도시에 올랐다. 오스틴 지역의 인구는 2009년에서
2019년 사이 32.4% 성장했으며, 같은 기간 텍사스주 인구 증가율인 16.9%와 미국 전
체 증가율인 6.9%를 크게 상회했다. 이러한 인구 증가 추세는 계속돼, 오스틴의 인구는
2020년에서 2050년까지 25% 이상 성장할 것으로 전망된다. 특히 18세에서 44세 사이
의 젊은 인구가 미국 전체 인구의 36%인데 반해 오스틴 지역은 젊은 인구가 43%를 차지
하고 있으며 오스틴 지역의 중간 나이는 34.9세로 미국 전체 38.2세에 비해 젊다. 이성은,
〈미 텍사스의 실리콘힐스, 오스틴이 뜬다〉, 코트라 해외시장뉴스, 2021.

인 오라클도 본사를 오스틴으로 옮겼다. 이유는 대략 다음과 같은 요소, 즉 싼 임대료, 세금 혜택과 탈규제, 우수한 인재 풀, 문화적 다양성과 개방성 등이다. 여기서 싼 임대료와 세금 혜택, 탈규제는 다른 지역에서도 모두 시행하고 있는 것이기 때문에 차별화 요소라고 할 수는 없다.* 오스틴의 차별화 요소는 우수한 인재 풀과 문화적 다양성이다.

오스틴에는 고급 기술 인력을 양성하는 훌륭한 대학들이 20개가 넘게 있다. 그리고 음악 축제에서 시작해 테크 페스티벌로 진화한 '사우스 바이 사우스웨스트'로 상징되는 전시회와 축제는 문화적 다양성을 상징한다. 보수적인 텍사스주의 주도이지만, 오스틴은 '세계 라이브 음악의 수도'라 불릴 만큼 새로운 음악의 탄생지였다. 좋은 테크 학교와 문화적 개방성은 시너지 효과를 냈다. 랜들 콜린스Randall Collins가 《사회적 삶의 에너지》에서 지적했듯이, 젊은 테크 인력들은 자신만의 내면세계에 빠져드는 성향을 가진다. 그러나 그것이 소극적인 지향성은 아니다. 오히려 테크 인력의 내면 지향성은 타인의 압력에 굴복하지 않고 자신의 내면에 충실하며 그로 인해 자신의 취향을 적극적으로 공유하는 에너지의 원천이다. 문화

---

* 물론 머스크가 텍사스로 거주지를 옮기기로 결정한 이유는 소득세 때문이었을 것이라는 분석도 있다. 텍사스의 무(無)세금 정책은 8.84%(주 법인세)에서 13.3%(소득세)로, 미국 내 최고 수준인 캘리포니아와는 대조적이다. 그렇지만 무세금은 텍사스만이 아니고 워싱턴, 네바다, 와이오밍, 플로리다 등에서도 실시하고 있고 세금이 아주 낮은 주도 있다.

적 다양성은 그런 에너지들을 모아 더 큰 시너지를 창출한다. 이것이 오스틴의 고급 인력들이 오스틴을 떠나지 않게 만들었고, 타지의 테크 인력들도 오스틴에 모여드는 이유다.

오스틴에는 테크 기업의 본사도 있지만 홀푸드의 본사도 있다. 홀푸드는 친환경 유기농을 내세우는 식품 기업이다. 전 세계가 생산성을 내세우며 유전자조작에 의해 생산된 식재료GMO로 만든 식품을 생산할 때, 홀푸드는 GMO를 거부했다.

핫플레이스의 조건

핫플레이스Hot Place는 사람들이 많이 모이는 인기 있는 곳을 말하는데, 지금 핫플레이스(핫플)라고 하면 이전과는 다르게 '요즘 뜨는' 지역을 말한다. 얼마 있지 않아 핫플레이스는 다른 곳이 된다. "여기 핫플 아냐?" 라고 하면 바로 "거긴 작년에나 핫플이었지"라는 반응이 나온다. 핫플레이스는 물론 사람들이 몰리고 엄청난 소비가 일어나는 곳이지만 핫플레이스가 되었다고 해도 유지하기는 더 힘들다. 그 이유 중에 하나가 젠트리피케이션gentrification이다. 핫플레이스가 되면 임대료가 올라가고 임대료가 오르면 그걸 감당할 수 있는 사람들만 그 동네에 남아 있을 수 있다.

우리가 흔히 목격하는 것처럼, 핫플레이스로 뜬 곳에 어느새 프랜차이즈 매장만 가득 차게 되고 그만큼 동네의 다양성은 줄어든다. 아이디어가 있다 해도 이를 구현할 수 있는 재정적 조건을 충족하기가 점점 어려워진다. 자신의 취향을 발전시켜 새로운 개념의 가게를 내려고 해도 비싼 임대료를 감당할 수 없다. 그런 사람들은 하는 수 없이 다른 값싼 장소를 찾게 된다. 가난하지만 반짝이는 아이디어를 가진 사람들이 새롭게 둥지를 트는 곳이 핫플레이스가 된다. 핫플레이스는 "뭔가 시도해보려는 수많은 보통 사람의 아이디어"에 의해 탄생한다. 그래서 핫플이 되는 순간 핫플의 요건에서 벗어나기 시작한다. 핫플레이스의 역설이다. 핫플이 되었다는 것은 정점에 있다는 뜻이고 이미 다른 곳이 또 다른 핫플을 준비하고 있다는 뜻이다.

그렇다면, 핫플레이스를 만들어내는 사람들은 누구일까? 핫플레이스란 보통 사람은 모르지만 나와 내 주변 사람들만 알아서 탐험의 경험과 느낌을 공유하는 곳이다. 핫플레이스는 어떤 개인이나 특정 기업이 주도해서 만들어내기보다는 어떤 가치와 취향으로 무장한 집단이 특정 지역에 모이기 시작하면서 태동한다. 그런데 그 핫플레이스를 만드는 초기 집단은 기존의 핫플과 차별화된 새로운 것을 지향하는 사람들이다. 핫플레이스는 결국에는 많은 사람들이 좋아하는 곳인데, 그런 곳을 초기에 형성하는 집단은 자신들의 독특한 취향에 심취해서 대중이 좋아하는 것을 추종하지 않는 마이너 감성을 가진 사람들이다. 핫플이 핫플이 되는 이유는 문화적으로 다양성이 넘치는 곳이기 때문이다. 그래서 주로 예술가나 장

인형 소상공인 같은 창조적 작업에 심취한 사람들이 핫플의 창조
자다.

　연남동(서울 마포구)으로 이주한 소상공인들을 연구한 한 논문에
따르면, 연남동에 소상공인들이 밀집해 있는 이유는 상대적으로
낮은 지가 때문이기도 하지만, 그곳에 위치함으로써 "문화적으로
혜택 받은 집단과의 접촉과 그 접촉에서 얻는 소속감"이 중요하기
때문이다.* 2010년에 연남동에 온 한 바리스타는 자신이 카페를 운
영하는 가장 큰 재미는 좋은 손님과의 소통이라고 한다. 그는 소박
하게 커피 한잔하면서 이야기를 나누는 게 가능한, 예술이나 출판
관련 업무를 하는 사람들이 연남동에 많다고 얘기한다. 많이 바쁘
지 않으면 손님과 같이 앉아서 대화도 나누고 와인도 같이 마신다.
일주일에 하루 이틀 빼고는 손님과 같이 앉아서 얘기하는 날들이
많다고 한다. 자신이 호스트로서 대화와 교유가 자연스럽게 일어
나는 분위기로 카페를 만들어가고 있는 것이다. 이 가게에서는 호
스트에 의해 자신의 취향을 존중받는 대화가 이어지며, 이것이 입
소문을 만들어내면서 단골손님이 계속 늘어나는 선순환이 생성되
고 있었다.

　올든버그Ray Oldenburg는 자신의 저서 《제3의 장소》에서 제1의 장

---

* 윤혜수, 〈새로운 소상공인의 취향과 공간적 실천: 2010년대 연남동의 사례연구〉, 《문화
와 사회》 22호, 2016; 240쪽.

소인 가정, 제2의 장소인 일터 혹은 학교에 이어, 목적 없이 다양한 사람들이 어울리는 제3의 장소의 중요성을 사회학적으로 분석했다. 그중에서 그가 특히 주목한 공간은 일종의 선술집, 태번tavern이다. 올든버그는 이곳이 대화와 음주의 시너지가 최고조에 달하는 곳이라고 진단한다.* 그 태번에서 중요한 역할을 하는 사람이 있다. 바로 바텐더다. 올든버그는 바텐더가 수행하는, 소심한 손님들이 서로 대화를 나누도록 하는 윤활유 역할이 아주 중요하다고 말한다. 대화의 촉매 역할을 하는 것이다. 훌륭한 바텐더라면 손님들이 함께 어울리게 하고, 한 번 이상 방문한 손님에게는 그가 들를 때마다 개인적인 친근함을 담아 인사를 해야 한다. 잘되는 태번은 이런 바텐더가 있는 곳이다. 손님들의 이름을 빨리 외우고, 진심을 담아 인사하며, 자주 오는 손님들을 서로에게 소개해주는 곳이다. 그런 곳은 좋은 위치가 아니어도 사람들이 모인다. 이런 바텐더처럼, 훌륭한 호스트는 어디를 가나 그 가게를 흥하게 한다. 연남동이 핫플레이스가 된 것은 이런 호스트가 경영하는 가게가 늘어나면서부터다.

연남동은 이런 부류의 장인형 소상공인이 모여 있는 핫플레이스다. 이곳에는 서로의 취향을 존중하고 타인과 수평적인 대화를 즐기는 사람들이 많다. 문화예술이나 기술에 대한 경험이나 삶의

---

* 레이 올든버그,《제3의 장소》, 김보영 옮김, 풀빛, 2019, 259쪽.

지향이 뚜렷한 사람들이다. 이런 곳의 '호스트 지수'는 아주 높아서 제3의 공간이 쉽게 만들어지고 얼마 후 핫플레이스가 된다.

취향의 경제적 결과, 테슬라 로드스터

취향은 지극히 개인적이지만, 유사한 취향을 가진 사람들끼리는 경험을 공유하려는 욕구가 강하다. 취향은 개인의 내면에 잠재해 있다가 외부의 사물이나 사건을 만나면 쉽게 외화한다. 그래서 지극히 개인적인 취향도 사실은 지극히 사회적이다. 동물복지를 최우선의 가치로 두는 사람이 채식을 한다든가 건담 애니메이션을 보고 자란 키덜트들이 장난감을 사 모으는 것도 모두 그 시대를 대변하는 이슈나 그 시대의 콘텐츠에 영향을 받아 내면을 형성한 결과다.

기업들은 개인들의 취향을 분석해서 마케팅을 하는데, 취향을 분석한다는 것은 곧 그 시대를 분석하는 일이고 그것에 성공하면 시대를 상징하는 기업으로 성장한다. 아마존도, 테슬라도 그랬다. 아마존은 가상공간의 시대적 코드를 업고 전자상거래의 상징이 되었고, 테슬라는 친환경의 시대적 코드를 업고 전기차의 상징이 되었다. 특히, 테슬라의 경우는 친환경 소비자라는 하나의 부류에게만 매력적인 호소력을 갖지 않았다. 또 다른 취향 그룹들도 끌어들였다.

테슬라가 나오기 이전에도 많은 전기자동차 회사가 있었다. 노르웨이의 싱크부터 닛산까지, 이들 전기자동차는 자신의 본질을 경제성과 친환경성에서 찾았다. 그러나 성장성은 모두 고만고만했다. 친환경 자동차의 경제성이 친환경 전기차의 불편함을 상쇄하지는 못했던 것이다. 그런데 훨씬 늦게 출발한 테슬라는 어떻게 세상의 주목을 받았을까? 오히려 다른 전기차에 비해 엄청나게 비싼 테슬라는 어떻게 성공했을까?

테슬라는 애초 전기차에 대한 접근을 경제성에서 찾지 않았다. 오히려 '주행감과 가속력에 빠진 사람들'에 주목했다.[*] 이들 가속력 숭배 그룹은 주행감과 가속력에 돈을 쓰는 걸 주저하지 않는다. 그래서 테슬라의 첫 번째 차는 2008년에 출시된 테슬라 로드스터였다. 전기모터가 가지는 빠른 가속력을 기반으로, 스포츠카 제조사인 로터스와 협력하여 이 회사의 대표 차종인 엘리스를 개조해 개발한 전기 스포츠카다. 테슬라 로드스터는 제로백[**]이 3.7초다. 이는 대표적인 스포츠카인 페라리 F430이나 포르쉐 911터보와 같은 수준의 가속력이다. 테슬라 로드스터 가격은 12만 달러, 페라리는 20만 달러, 포르쉐는 13만 달러 선이었다. 테슬라가 그리 비싼

---

[*] 김재문, 〈전기차 시장의 테슬라 돌풍〉, 《LG Business Insight》 2013년 6월 26일, LG경제연구원, 2013.
[**] 자동차가 정지 상태에서 시속 100km에 이르는 시간.

편은 아니었다. 로드스터는 가속감을 즐기는 스포츠카 마니아를 위한 차였다. 테슬라의 보급형 세단인 모델3의 디자인 원형이 스포츠카 스타일인 이유도 테슬라 자동차의 기원을 잘 보여준다. 그래서 테슬라는 조악한 서비스센터와 잦은 버그에도 불구하고 취향 중심의 소비자들에게 소구하며 전기차 시장을 선도할 수 있었다.

자수성가 취향인

2021년 《포브스》지 선정 500대 부자 중에 한국인은 모두 6명이다. 20여 년 전인 1997년과 비교하면 2명 증가했다. 그런데 변화한 것은 숫자만이 아니다. 구성에도 변화가 있다. 1997년 《포브스》지의 한국인 부자 리스트는 정주영 일가, 이건희 일가, 구본무 일가, 김우중 일가가 차지했다. 즉 재벌이었다. 반면 2021년 한국인 부자 리스트의 6명 중 4명은 자수성가형 부자다. 자수성가형 부자들의 등장은 산업 구조의 변화와도 조응한다. 게임과 소셜미디어 등 콘텐츠 분야에서 자수성가형 부자가 나타났기 때문이다. 이것이 의미하는 바는 명확하다. 기존 대기업이 진출하기 어려운 콘텐츠 분야와 미디어 분야가 시대적인 플랫폼이 되면서 거대한 시장을 형성했다는 것이다. 그 분야에서 능력 발휘를 했던 기업들이 대기업이 되었고 창업자는 거부가 되었다. 그들이 좋아하는 일을 하다 보니 시대와 맞아떨어진 것인지, 시대를 읽고 앞서 나간 것인지는 알 수 없다. 어쨌든 콘텐츠의 시대를 열었고, 콘텐츠의 시대란 다름 아닌 취향의 시대다.

지금 세계 속에서 한국을 알리며 한국 경제를 이끌어가는 주요 산업의 핵심은 영화, 게임, 음악 등이다. 게임과 음악, 영화와 소셜 미디어는 한국사회에서 돈의 압박이 아닌 취향으로 직업을 선택한 '최초의 인간들'이 일으킨 산업이기도 하다. 자신의 취향을 살린 직업을 가질 수 있었던 이유는 취향이 바로 산업으로 연결되었기 때문이다. 중공업과 전자제조 산업의 예에서 보듯이, 취향의 길과 산업의 길은 오랫동안 한국에서 분리되어 있었다. 보상을 위해 취향을 희생하거나 취향을 위해 보상을 희생해야 했던 시대였다. 하지만 새롭게 떠오른 음악과 게임, 영화 분야에서는 이 두 영역이 서로 결합했다. 콘텐츠 분야에 취향의 인간이 대거 제작 인력으로 유입되었고 그 과정에서 두 영역이 접합되었던 것이다. 가부장적인 제작 환경에서 영화를 찍고 노래를 부르며 제작자가 주는 만큼만 받아 가던 봉건적 분위기는 사라져갔다.

영화 산업의 경우를 보자. 위계적이고 가부장적이었던 충무로 제작사와 지역 유통업자의 영세한 자본 구조는 1990년대 이후 산업자본이 등장하면서 빠르게 대체되었다. 대기업이 영화 산업에 진출하면서 신진 영화인들과의 협업체계를 구축한 것이다. 이때의 신진 영화인들은 두 그룹에서 유래했다. 한 그룹은 사회 민주화 과정에서 영화계에 진출한 신진 제작자들이었고 다른 한 그룹은

1980년대 말부터 영화사와 명보극장, 서울극장 등의 기획실에서 활동하던 기획자들이었다.

이들 두 그룹의 신진 인력들은 한국 영화 기획에 목마름을 느끼고 있었고, 1990년대에 들어서면서 영화 제작자 집단으로 변모하여 한국 영화의 신르네상스를 이끄는 세력이 되었다. '관객'을 의식하는 프로듀서의 등장은 합리적인 제작 방식을 추구하는 세대로의 전환이었다. 이전 제작자의 역할과는 전혀 다른 개념의 제작자들이었다. 이들은 영화의 출발부터 완성까지 모든 과정을 책임지는 역할을 했다. 이 신진 영화인들은 소위 할리우드 키즈로, 어릴 적부터 영화를 보며 자랐고 영화인이 되어서는 산업자본의 파트너가 되었다. 산업자본은 제작자가 자신의 영화를 기획하고 개발하도록 초기 자본을 지원했기 때문이다. 산업자본은 영화 제작에 대한 제작사의 재량권도 인정했고 자본 조달까지 책임졌다. 대기업 산업자본이 새로운 아이디어와 열정이 넘치는 신진 인력들을 합리적인 협업 파트너로 인식한 것이다.[*]

영화 산업의 사례처럼, 게임과 음악도 비슷한 시기에 산업자본

---

[*] 영화 분야에서 대기업의 역할은 기존 산업의 대기업과는 달리 기존 충무로의 비합리적 위계성에 대항하는 측면이 있었다. 한국에서 영화 분야에의 대기업 진출은 1990년대 한국에서 비디오 시장이 성장하면서 삼성, LG, 대우 등의 가전 기업이 비디오 기기를 판매할 목적으로 영상 소프트웨어 분야에 투자하면서 이루어졌다. 가전 3사에 이어 SK, 한보, 벽산, 진로 등 20여 개 대기업이 영화에 투자할 정도로 산업자본은 팽창했다. 김미현, 《한국영화의 성장과 산업정책의 제도적 성과》, 연세대 행정학과 박사학위논문, 2021.

이 신진 기획 인력들의 아이디어와 열정을 높이 사면서 점차 이들을 제작 현장의 중심 인력으로 대우했다. 한국의 문화 산업이 경쟁력을 가지게 된 이유는 이렇듯 해당 산업을 구성하는 핵심 이해관계자들에 의해 만들어진 한국만의 문화적 이점cultural advantage 때문이었다고 할 수 있다. 한국의 문화적 이점이란 기존의 통념을 파괴하면서 소수로 출발했던 이들이 새로운 경제규칙을 형성하면서 지배적인 위치에 오를 수 있었던 환경이었다. 그런 환경에서 새로운 아이디어와 열정으로 무장한 사람들과 그들을 이해하고 돈의 위력을 합리성의 위력으로 전환시킬 수 있었던 산업자본은 서로 역동적으로 동맹했다.

그러나 한국의 모든 산업이 그랬던 것은 아니다. 소수의 깨어 있는 플레이어들이 있었고 그들과 연합을 이룬 산업은 기존의 전통적인 통념을 극복하며 한국의 문화적 이점을 형성했지만, 그러지 못했던 산업들은 몰락해갔다. 몰락의 길을 간 대표적 산업이 신발 산업 같은 경공업이었다. 저임금 기반의 산업으로만 생각했던 신발 산업은 전통적 영역에 머물러 문화적 이점을 갖출 수 없었고 결국 세계 시장의 주도권은 그 후 나이키와 아디다스 같은 거대기업으로 넘어갔다. 그리고 이들 글로벌 기업은 취향인들의 기호를 앞세워 신발 산업을 '라이프스타일 콘텐츠' 산업으로 바꾸며 전 세계 시장을 장악했다.

효용의 모호성: 걷는 것과 뛰는 것의 차이

현대 주류 경제학에서는 수요와 공급을 일치시키는 시장가격에서 시장의 균형이 달성되고, 기업은 시장가격에서 평균비용을 차감한 만큼 이윤을 얻으며, 소비자는 본인이 느끼는 재화 및 서비스의 가치와 시장가격의 차이만큼 이득을 본다고 설명한다.[*] 이처럼 소비자와 생산자 모두 시장에서의 거래를 통해 이득을 보는데, 생산자는 시장가격과 비용의 차이로부터 이득을 보고, 소비자는 자신의 주관적인 만족감과 시장가격의 차이에서 이득을 얻는다.

생산자의 이득이 객관적이라면, 소비자의 이득은 지극히 주관적이다. 소비자잉여를 높이기 위해서는 그들이 느끼는 주관적 요구를 최대한 파악해서 제공해야 한다. 시장에서의 효용은 동질적이다. 효용은 인간의 본성은 다 같아서 한계효용체감 같은 법칙의 지배를 받는다고 가정한다. 그러나 마르크스는 벤담에 반대하며 다음과 같이 말했다. "예를 들어 개한테 무엇이 유익한지 알고 싶다면 개의 본성을 탐구해야 한다. 효용원칙으로 본성 자체를 추론할 수는 없다. 인간에 적용하여 모든 인간의 행위, 동작, 상황 등을 효용원칙에 따라 판단하고 싶다면 먼저 일반적인 인간의 본성을, 그다

---

[*] 송헌재, 〈과연 모든 것의 가치를 객관적으로 측정할 수 있는 기준이 있을까?〉, 국회도서관 금주의 서평, 2021.

음으로는 각 시대마다 역사적으로 수정된 인간의 본성을 알아야
한다."* 소위 인간의 본성이라는 것이 시대에 따라 변화하고, 그에
따라 효용 또한 달라진다는 것이다.

그러나 동시대를 사는 인간이라고 해서 본성이나 효용이 동일한
것은 아니다. 신발이라면 걷는 것으로 만족하는 집단과 점프하며
멋지게 달리는 것도 충족시켜야 하는 집단이 공존한다. 걷는 것과
'우아하게 뛰는 것'을 분리해낼 수 있는 집단이 형성되면서 새로운
욕망이 생성되고 새로운 수요가 창출된다. 새로운 욕망을 가장 먼
저 받아들이는 얼리어답터들이 생겨나는 것이다.

옷을 '쓰레기'로 본 사람들

"Don't Buy This Jacket!"

아웃도어 의류와 용품을 파는 회사 파타고니아의 광고문구다.
이 회사는 이 유명한 광고문구로 회사의 정체성을 알렸다. 우리 회
사는 옷을 옷으로만 보지 않고 환경 문제까지 본다는 말이다. 자기
회사의 옷을 샀으면 새로운 옷을 사지 말고 계속 입으라는 말이다.
쓰레기가 될 때까지 입으라는 말이다. 사실 옷을 사서 쓰레기가 될

---

* 에리히 프롬·라이너 풍크, 《나는 왜 무기력을 되풀이하는가》, 장혜경 옮김, 나무생각,
2016, 46쪽.

때까지 입는 사람은 거의 없다. 그렇다면 일단 산 옷을 더 이상 입지 않게 되면 어찌될까? 옷장에만 있다가 결국 버려진다. 소수는 벼룩시장에서 재활용되겠지만 대부분은 버려질 것이다. 그렇지만 결국 쓰레기가 될 것이라는 생각으로 옷을 사는 사람은 거의 없다. 옷을 살 때는 느낌, 유행, 핏을 볼 뿐이다.

그런데 자기 회사의 재킷을 사지 말라고 한다. 쓰레기가 될 때까지 입어야 하니 이 신상품은 사지 말라고 한다. 이 회사는 돈을 벌 생각이 없다고 보는 사람도 있겠지만 이는 단견이다. 이 회사는 돈을 버는 방법을 달리했을 뿐이다. 지금 당장 많은 돈을 벌기보다는 오랫동안 꾸준히 매력적인 회사로서 존재하기를 원하는 것이다. 광고문구에서 옷과 쓰레기를 대비시킴으로써 자기 회사의 옷을 쓰레기로 비유하는 듯하지만, 이는 소비자들에게 다른 회사의 옷은 정말 쓰레기가 될 것임을 연상시킨다. 옷장 안에서 잠자고 있는, 입지 않는 옷을 상기시키기 때문이다. 광고문구 하나로 소비자의 해석수준을 높여 시간적, 공간적으로 사고의 프레임을 전환한다.

파타고니아 설립자 이본 쉬나드Yvon Chouinard는 아웃도어 시장의 상징적인 인물이다. 그는 전 생애를 등산가이자 아웃도어 환경운동에 바쳤다. 그저 기업의 이미지 차원에서 한 행동이 아니다. 그는 젊을 때부터 그렇게 살았고 그 분야에 관심 있는 사람들은 그걸 모두 안다. 이본 쉬나드의 회사도 환경운동가 이본 쉬나드의 삶을 그대로 투영하고 있다. 이윤에 매몰되기보다는 환경에 매몰된 회사여서 때로는 이윤 최고주의를 포기하기도 했다.

파타고니아는 기존의 상품에 전혀 다른 방식으로 접근했다. 새로움을 창조하는 분야에서 신뢰를 확보하는 길은 통념을 깨는 일에 생애를 투신하는 것이고, 그것이 얼리어답터들에게 납득되면 큰 힘을 발휘한다. 창업자가 투신한 시간은 그만큼 자신의 진정성을 증명하는 증거다. 진정성에 전문성이 더해지면 신뢰가 자리 잡는다. 가치는 얼리어답터의 신뢰를 얻으면서 생성되기 시작하고 대중의 신뢰까지 얻을 수 있다.

자동차의 시트 가죽이 인조가죽leather-free이라고 자랑하는 것으로 신뢰를 얻는 회사도 있다. 바로 테슬라다. 보통 고급차의 시트는 그만큼 비싼 소재를 사용하는데, 테슬라는 인조가죽 시트를 오히려 마케팅 포인트로 삼는다. 인조가죽임을 숨기면 값싼 레자가죽을 연상시키지만, 자랑스럽게 드러내면 동물보호라는 가치를 연상시킨다. 인조가죽이 전기자동차 회사의 시트라면 동물보호라는 가치를 자랑스럽게 얘기할 수 있다. 친환경과 자연스럽게 결합하기 때문이다. 높은 자기확신은 설득력을 높인다. "내 차의 시트는 레자"라는 문화표현이 환경보호라는 가치 덕분에 고급스러운 이미지로 전환되는 것이다. 충전이 불편해도 전기자동차를 타려는 얼리어답터들에게 동물복지를 실천할 또 다른 기회를 주는, 더할 나위 없이 뿌듯한 일이다.

신뢰를 얻은 얼리어답터는 주변에 영향을 끼친다. 아웃도어 회사가 자기 회사 재킷을 사지 말라고 말하고, 자동차 회사가 자기 브랜드의 자동차 시트가 인조가죽이라고 자랑하는 것이 납득되는 이유는, 그들의 새로운 시대와 가치에 대한 자기확신과 진정성 때문이다. 그 시대가 요구하는 가치를 자기확신을 갖고 진정성 있게 추구해나간다면, 누군가 이들을 따라 하는 사람들을 만들어낼 수 있다.

단순하지만 잘 알려진, 신호등 위반 실험을 이와 관련시켜 생각할 수 있다. 이 실험은 블레이크 등 몇 명의 심리학자에 의해서 미국 텍사스주에서 행해졌다. 먼저 실험 보조자들에게 각각 정장 차림과 허름한 작업복 차림을 하게 한다. 그리고 신호등을 무시하고 횡단보도를 건너게 했다. 조사 결과는 놀라웠다. 허름한 옷차림을 한 실험 보조자가 무단횡단을 했을 때는 같이 서 있던 사람들 중 불과 4%만이 같이 무단횡단을 했다. 하지만 정장 차림의 실험 보조자가 교통신호를 위반하고 무단횡단을 하자 그 전 실험에 비해 무려 4배나 많은 사람이 그를 따라 무단횡단을 했다.[*]

이 실험은 흔히 외모나 의복의 권력을 상징하는 실험으로 알려져 있지만, 더 정확하게는 신뢰에 따라 발생하는 권위의 조건을 보여준다. 사람들이 정장을 입은 사람들에게 신뢰감을 느끼는 이유

---

[*] Lefkowitz M, Blake RR, and Mouton JS, "Status Factors in Pedestrian Violation of Traffic Signals", *The Journal of Abnormal and Social Psychology*, 51(3), 1955.

는 그들이 사회에서 가장 합리적인 규범을 행사하는 사람처럼 보이기 때문이다. 가장 합리적인—더 정확히는, 합리적으로 보이는—사람이 과감하게 위반을 하는 것은 "이 상황에서는 이렇게 하는 것이 맞다"라는 상황 특정적인 신뢰context-specific trust를 발생시킨다. 마찬가지로, 이 시대가 요구하는 것에 가장 합리적으로 대응해온 회사라면 그 회사의 통념에 벗어난 행동은 오히려 이 시대에 적합한 혁신적인 행위로 간주되는 것이다.

삶의 스타일과 특수 지위재

파타고니아의 성공에서 보듯, 진정성과 신뢰감은 무엇보다 경제적 필요를 멀리 떨어뜨려놓을 수 있는 힘이다. 취향의 발견과 향유는 경제적 필요를 멀리 떨어뜨려놓았음을 보여주는 가장 좋은 수단이다. 취향을 통해 일상의 절박한 요구를 중화하고 실제적인 목표를 괄호 안에 넣을 수 있는 능력을 얻는다. 필요로부터의 거리가 멀어질수록 삶의 스타일화가 진척된다.*

삶의 스타일화는 고급스럽고 멋지게 보이는 것만을 의미하지 않

---

* 필요로부터의 거리가 늘어날수록 삶의 스타일화가 이루어져 와인이나 치즈의 선택, 또는 시골 별장의 실내장식 등 사치품이나 과시적인 소비지출비에 신경 쓴다. 피에르 부르디외, 《구별짓기(상)》, 최종철 옮김, 새물결, 2005, 113쪽.

는다. 그 배경에는 스타일을 통해 자신의 지위를 높이려는 의도가 있다. 물론 그 방법은 기존 방식이 아니라 특정 집단이 요구하는 '특수한 방식'을 따른다. 지위에는 일반 지위와 특수 지위가 있다. 일반 지위는 보통 사람으로부터 부러움을 얻고 열광을 얻는 자리다. 여기에는 고위직 공무원, 판검사, 의사, 대기업 임원 등 기존 사회의 위계에 따른 한정된 지위자원만이 존재한다. 특수 지위는 특정 집단의 사람들로부터 부러움과 열광을 얻는 것이다. 지금 한국에서는 가수, 운동선수, 영화감독, 유튜버, 스트리머, 게임, 방송 등의 분야에서 이른바 스타가 된 사람들이다.

이 특수 지위의 자원은 무한하다. 새로운 자원을 매력적으로 캐면 특수 지위를 얻을 수 있다. 이런 특수 지위를 차지하는 집단은 주로 예술가 그룹, 콘텐츠 기획자들이다. 중세의 일트로바토레라 불리는 음유시인 집단과의 유사성을 찾을 수 있는데, 이들은 폐쇄된 장원들을 드나들며 새로운 정보를 가져다줌으로써 기존 노동 중심의 조직, 일 중심의 상하 조직에 속하지 않은 새로운 지위를 획득했다.

이런 특수 지위를 만들어내는 집단들이 혁신가, 얼리어답터다. 일반 지위 중심의 사회는 혁신가가 억압된 사회이며, 특수 지위 중심의 사회는 혁신가가 풍성한 사회다. 벤야민도 다음과 같이 일반 지위의 사회를 비판했다, "모든 사람들이 일렬로 걷는 사회를 상상해보라. 그곳에서의 삶이란 피폐한 정신적 삶이 지배할 뿐이다. 누구도 앞에 있는 사람의 등보다 더 앞에 있는 것은 볼 수 없으며, 모든 사람이 그런 식으로 뒤따르고 있는 사람에게 모범이 되는 것을 자랑으로 삼고 있는 삶이 지배하는 사회이다."* 반면 특수 지위 중심의 사회는 '이상한 사람'에게 관용적이며 이들의 에너지를 사회에 기여하도록 유도하는 사회다. 그런 사회에서는 혁신이 여기저기서 자연스럽게 발생한다.

---

* 발터 벤야민, 《일방통행로/사유이미지》, 김영옥 외 옮김, 길, 2007, 64쪽.

3장
취향의 소유효과

모험생과 모범생의 조건

2019년 한국문화경제학회 학술대회의 기조연설자로 서울대 경영대 곽수일 명예교수가 연단에 섰다.

제가 1970년대에 대학원을 졸업할 때 최고의 직장은 미국의 시어스 백화점이었습니다. 입사한 동기를 모두 축하해주었지요. 모두 부러워했

습니다. 그는 평생을 시어스백화점 한 직장에 근무하고 퇴직했지요. 그런데 50년이 지난 지금 어떻습니까. 시어스백화점은 작년에 파산했습니다. 그 당시 입사했던 젊은 청춘은 아직도 살아 있습니다. 최고의 엘리트였고 최고의 직장을 다녔던 그 사람들 마음은 어떨까요? 시어스백화점이 한창 잘 나가던 1994년에 시애틀의 한 작은 창고에서는 아무도 관심을 두지 않던 아마존이라는 작은 스타트업이 둥지를 틀었습니다. 이제 지금 우리들의 마음을 들여다봅시다. 우리가 시어스 같은 대기업에 입사하지 못했다고 아쉬워하는 시절을 계속 이어가면 안 됩니다.

경제 발전에서 혁신의 가치가 무엇보다 중요하다는 점을 지적하는 연설이었다. 혁신이 중요함을 누구도 부정하지 않지만 한국 경제에서 혁신의 분위기는 잘 감지되지 않는다. 여기에 대한 많은 해석이 있다. 규제 문제가 제일 많이 언급되지만 청년들에 대해서도 비난의 말들이 많다. 흔하게 듣는 말은 젊은이들이 너무 안정적인 직업만 하려고 한다거나 대기업만 가려고 한다는 것이다. 그러나 대기업과 벤처로 나누어 혁신을 비교하는 것은 이미 구시대적 사고다. 문제는 대기업 자체보다는 대기업을 과시와 지배의 수단으로 보는 사고다. 파괴적 혁신을 주창한 크리스텐슨의 지적대로, 그런 곳에서는 파괴는 사라지고 존속을 위한 혁신만이 가능하다. 존속적 혁신은 한계에 봉착하게 되어 있다. 성공한 곳에서 그대로 계속 성공하기란 불가능하다.

학교에서 대조적인 두 범주가 모범생과 문제아다. 공부를 잘하면 모범생이었고 공부를 못하고 '사고'를 치면 문제아였다. 그러나 이제 평가기준이 조금씩 달라지고 있다. 모범생의 길은 여전히 강력하게 존재하지만 모험생의 길에 대한 요구가 점점 커지고 있다. 대입이든 직장이든 자기소개서에 빠짐없이 써 넣는 내용이 '어려움이나 역경을 어떻게 극복했는가'이다. "공부가 제일 쉬웠다"는 말은 이제 더는 통하지 않는다. 공부조차도, 공부를 하면서 처했던 어려움을 자신의 이야기로 만들어야 한다. 어려움을 극복한 경험이 있어야 주목받는 이야기가 된다. 모험생은 장애 속에서 자신의 삶을 이야기로 만들어낼 수 있는 능력을 갖춘 이를 가리킨다.

모범생은 모두가 같은 길을 가지만 모험생은 저마다 가는 길이 다르다. 모범생은 기존에 해놓은 것을 잘 반복하고 습득하면 되지만 모험생은 실수하고 때로는 일탈하면서 자기만의 새로운 길을 개척한다. 그러나 모험생의 길을 택하는 이는 극소수다. 모범생은 위기가 왔을 때 극도의 불안에 처하게 되고 불안하면 판단도 흐려져 자기통제의 능력을 의심하며 끊임없이 자신을 착취한다. 반면 모험생은 느긋한 편이고 실패를 두려워하지 않아서 실패하더라도 낭패에 빠지지 않고 스스로를 구원할 수 있다. 모범생의 기준은 타인의 욕망이지만, 모험생은 자신의 욕망에 충실하기 때문이다. 도전과 실패에서 모범생은 그 결과인 실패에 주안점을 두지만, 모험생은 그 동기인 도전에 주안점을 둔다. 그래서 모험생은 실패해도 스스로를 위로할 수 있는, 자기를 착취하지 않고 배려할 수 있는 능력을 키워간다.

유튜브에 자신의 도전기를 올리는 한 20대 오지 탐험가는 모험생의 멘탈리티를 잘 보여준다. 그는 왜 이런 힘든 여행을 하느냐는 질문을 받았다. 언제 닥쳐올지 모르는 위험이 두렵지 않느냐는 물음이었다. 대답은, 두렵기도 하지만 미지의 것을 마주하고 극복하는 설렘이 더 크다는 것이었다. 그런 설렘이 모험을 계속하게 만드는 힘이라고 한다. 그에게 긴장된 심장 박동은 두려움으로 연결되는 것이 아니라 설렘으로 연결된다. 두려움과 설렘은 모두 긴장된 심장 박동으로 나타나는데, 이는 앞으로 닥칠 미래의 일을 두고 발생하는 감정 때문이다. 미래에 무슨 일이 일어날지 정확히 모르기 때문에 두렵기도 하고 또 설레기도 한다. 그렇다면 이 둘의 차이는 무엇일까? 두려움은 앞으로 닥칠 일의 나쁜 결과를 걱정하는 것이고 설렘은 좋은 결과를 기대하는 것이다. 두려움에는 닥칠 일에 나의 통제력이 미치지 못할 것이라는 무기력이 따라오고, 설렘에는 닥칠 일을 내가 수용할 만하다는 에너지가 따라온다.

앞으로 닥칠 일을 내가 마음대로 조정할 수는 없다. 나는 도전하고, 결과는 달성될 수도 있고 실패할 수도 있다. 도전은 내가 선택할 수 있는 것이지만 실패는 내가 완전히 통제할 수 없는 것이다. 그런데 실패에 관심을 두면 도전도 스스로 선택하고 통제할 수 없는 것이 된다. 도전이 무의미해지는 것이다. 그래서 두 번째 도전에 문제가 생긴다. 반면 닥친 결과를 수용할 수 있다는 마인드는 통제할 수 있다는 자신감이고 이것은 설렘을 유발한다. 미지의 미래에 대한 도전을 두려워하지 않는 것이다.

미래가치와 제한생산

한국리서치의 조사에 의하면, 취미생활을 즐기기 위해 공부한다는 사람의 비율은 연령대가 높을수록 컸고, 특히 50대에서는 자기계발보다 취미생활과 관련한 공부를 하는 비율이 높았다. 연령이 높아질수록, 취미생활을 많이 하는 사람이 공부도 더 많이 한다는 것이다. 일반적으로 학습의욕은 미래에 대한 가치부여가 높은 사람들에게 강하게 나타나는데,* 취미생활을 하는 사람들은 나이를 먹어도 계속 높은 수준의 학습의욕을 유지한다는 것이다.

취향을 가진 사람들은 미래가치에 대한 의식이 높다.** 이유는 자신의 도전을 그 결과와 상관없이 자신의 학습과 발전에 도움이 된다고 해석하기 때문이다. 그래서 현재에 대한 만족은 미래를 생

---

* 문병상, 〈내외재적 미래목표, 과제도구성 지각과 자기조절학습전략의 구조적 관계분석〉, 《교육심리연구》 25(2), 2011.

** 이러한 논의를 확장하면 사후에 대한 관념까지 도달한다. 부르디외의 연구에 의하면, 사후에 새로운 삶이 있다고 믿는 사람이 생산노동자들 내에서는 거의 없다. 반면 상급관리자들은 생산노동자보다 두 배 이상으로 많았다(생산노동자의 15% 대 장인이나 상인, 또는 사무노동자, 일반관리직의 18%, 그리고 상급관리지의 32%). 피에르 부르디외, 앞의 책, 332쪽.

각하지 않고 피하기 때문이 아니라 오히려 미래에 대한 통제감에서 온다. 자신의 현재 상태는 취약한 것이 아닌 발전의 과정이라고 판단하는 것이다. 그래서 이런 사람은 자존감도 높다.

스스로에 대해 경제적으로 취약하다고 느끼면 구매 여력이 없는데도 쓸모없는 것들을 구매함으로써 자신의 가치를 드러내려 애쓴다.* 반면 스스로 생각하기에 자랑스러운 점에 대해 잠깐 동안 짧은 글을 쓰게 하는 것만으로도 플래티넘 신용카드에 대한 수요가 감소한다. 비교의식으로부터 유래하는 과시욕은 미래가치의 불신으로부터 유래한다. 자신의 미래에 대한 확신이 없기 때문에 오늘이라도 익명의 타인에게 안달하는 것이다.

반면, 취미는 사람을 더 행복하게 한다.** 흄은 취미를 가진 사람이 정신적으로 안정되고 풍요로울 수 있음을 일찌감치 간파했다.

지혜로운 사람이라면 누구나 자신이 제어할 수 있는 대상에서 행복의 주된 근거를 찾으려 할 것이다. 다른 어떤 수단으로도 섬세한 정감

---

* 아비지트 배너지·에스테르 뒤플로, 《힘든 시대를 위한 좋은 경제학》, 김승진 옮김, 생각의힘, 2020, 436쪽.

** 한국리서치, 〈학습하지 않는 사회 속 공부하는 한국인〉, 컨슈머리포트, 2018(https://www.hrc.co.kr/InfoCenter/TrendReport_View.aspx?boardkey=issue1131). 한국인 중 무언가를 자발적으로 공부하는 사람들은 '사는 것이 행복하다'를 물을 때 58.9%가 긍정적으로 답했다. 49.5%가 긍정적으로 답한 비학습자들보다 행복하다고 생각하는 사람들의 비중이 더 높았다.

을 통해서만큼 자기가 제어할 수 있는 대상을 많이 획득할 수는 없다. 그런 재능을 소유한 사람은 자신의 욕구를 충족시켜주는 것보다는 자신의 취미를 즐겁게 해주는 것 때문에 더 행복해하며, 가장 값비싼 사치품이 제공해줄 수 있는 것보다 훨씬 더 많은 즐거움을 한 편의 시나 하나의 논리적 추론으로부터 얻을 테니까 말이다.*

자신을 제어할 수 있는 사람은 행복할 뿐만 아니라 성공의 가능성도 높다. 콜린스도 얘기했지만, 개인의 성공과 실패를 가르는 것은 정서적 에너지다.** 챔블리스Daniel Chambliss는 운동 경기의 상호작용 사례를 연구하여 뛰어난 성취를 이룬 사람(안정적 승자)과 그렇지 못한 사람(패자)은 세부적인 행동에서 중요한 차이가 있음을 발견했다. 승자는 자신의 일상적 행위를 세심하게 고안하고 발전시켜 실행하는 데 매우 능숙하고, 자기의 고유한 리듬을 만들며, 경쟁자를 대할 때도 자신의 리듬을 고수했다. 승자는 자신을 관심의 초점으로 만들었고 자신을 둘러싼 주변의 기대도 스스로 설정했다. 반면에 패자는 상대/경쟁자에게 초점을 맞추어 자신의 미시적 행동을 조절했다. 운동 경기뿐 아니다. 일상생활에서 역시, 지배력을 발휘하는 사람은 상황 전체에 대한 통제의 감각을 유지하며, 자신

---

* 데이비드 흄, 《섬세한 취미와 섬세한 정념에 대하여》, 김동훈 옮김, 마티, 2019, 92쪽.
** 랜들 콜린스, 《사회적 삶의 에너지》, 진수미 옮김, 한울, 2009, 190쪽.

의 리듬을 스스로 만들고 유지한다.

챔블리스의 주장에 의하면, 높은 정서적 에너지의 소유자는 자신의 리듬으로 통제의 감각을 유지하는 사람이다. 그래서 취향을 학습하며 정감을 쌓아가는 사람은 물질적인 축적 자체에 집착하지 않는다. 취향의 향유를 통해 정서적 에너지를 얻기 때문이다.

취향인에게 물질은 재화라기보다는 의례의 구성물이라 할 수 있다. 인간은 의례를 통해 정서적 에너지를 얻는다. 의례는 특정 집단에 의해 신봉되고 그 집단에 소속된 개인에게 유대감을 부여한다. 특정 집단에게 특별한 물질은 의례의 일부여서 높은 가치가 부여되지만 그 집단을 벗어나면 특별한 물질은 가치를 잃는다. 2016년부터 떠오른 LP 산업이 대표적이다. MZ세대에게 인기 있는 LP는 레트로도 향수도 아니다. 그들이 태어났을 때 LP는 이미 없었기 때문이다. 그들에게 LP란 자신이 좋아하는 가수의 음악을 듣기도 하고 보기도 하는 의례의 물건이다. LP로 음악을 들으려면 번거로운 과정을 거쳐야 한다. 일단 LP를 사는 것이 어렵다. 한정판으로 나오기 때문이다. 구매한 이후에는 음악을 듣기 위해 턴테이블에 LP를 걸고 바늘을 들어 조심스럽게 내려놓아야 한다. 먼지도 닦아줘야 한다.

그러나 이런 과정 자체가 하나의 의례다. LP로 음악을 들으며 우아하고 고급스러운 느낌을 얻을 수 있기 때문이다. 이러한 일련의 의례 과정은 음악을 직접 연주하지 않더라도 그 좋아하는 음악을 자신이 소유하며 통제하고 있다는 생각을 불어넣는다.

취향의 경제는 이 시대의 지배적인 생산 방식인 대량생산과 노동 착취에 도전한다. 취향의 경제는 제한생산과 제한이윤의 장이다. 대량생산의 지표가 발행 부수, 공연 횟수 등이라면 제한생산에서는 특정 집단에 소속된 동료 사이의 인정이 더 중요한 지표다. 취향의 세계는 수많은 취향집단을 최종 단위로 하기 때문에 그 집단에만 특수한 희소성과 제한생산을 추구하는 경제 세계다. 19세기에는 예술 영역만이 제한생산의 장을 대표했다면 21세기에는 취향의 영역이 제한생산의 장을 대표하며 대량생산의 장과 충돌하고 있다. 한정판으로 만드는 드롭 상품을 거의 모든 브랜드가 기획하고 있다. 물론 이런 마케팅 또한 하나의 마케팅 전략이다. 그러나 제한생산 전략을 펴는 기업이 점점 늘어나는 것은 제한생산의 가치가 사회적으로 널리 퍼졌다는 증거이기도 하다.

제한생산은 오로지 이윤 추구를 위한 대량생산보다 자본주의 정신에 더 충실한 것일지 모른다. 원래의 자본주의는 이윤 자체보다는 이윤의 축적을 통해 자신의 소명을 달성하는 것을 추구했기 때문이다. 자본의 축적 또한 돈 자체보다는 돈을 통해 자신이 신뢰할 만한 방식으로 검소하게 살고 있다는 것을 증명하는 수단이었다. 그 당시 돈의 축적에 대한 윤리적 기초는 프로테스탄티즘이었다. 그렇다면 지금 이 시대에 취향을 통해 자본주의의 속성인 대량생산에 제한을 가하는 경제 시스템이 일정 영역을 차지하게 되었다는 점은 취향 지향의 행위가 자본주의의 새로운 윤리가 되고 있음을 뜻하는 것이기도 하다.

제한생산의 브랜드

슈프림SUPREME은 충성도 높은 고객으로 유명한 스트리트 패션 브랜드다. 슈프림은 1989년 뉴욕에 연 작은 가게로 시작했다. 스케이트 보더들이 입는 옷을 파는 가게였다. 구체적인 계획 없이, 스케이트 보더들에게 어울리는 옷이 있었으면 좋겠다는 생각으로 문을 열었다. 그러니 상품도 필요한 사람들에게만 조금씩 만들어주었다. 제한생산은 의도한 것이라기보다는 구속된 것이었다. 특정 취향 그룹을 대상으로 한 패션이니만큼 많이 팔릴 리가 없었기 때문이다. 그러나 그들이 좋아하는 요소를 확실하게 반영한 옷을 꾸준히 만들었다. 브랜드 이미지를 철저하게 스케이트 보더들의 하위문화에 둔 것이다.

20여 년이 지난 지금, 슈프림은 한정판을 생산하는 대표 브랜드가 되었다. 소비자는 슈프림의 물건을 살 때마다 흥분한다. 제품의 희소성 때문에, 자신이 사고 싶은 제품의 구매는 제품과의 '격정적인 만남'이 된다. 제품의 가격은 생산자가 부여한 것이지만, 소비자는 그것보다 훨씬 더 많은 가치를 그 제품에 부여한다. 소비자잉여가 극대화된 상태다. 그러다 보니 제품의 가치는 희소성 그 자체에 맞춰진다. 슈프림에서 뭘 내놓아도 사람들은 구매하고 보는 것이다. 벽돌 한 장에 슈프림 브랜드만 붙여놓아도 판매가 되는 '사태'가 발생했다. 희소성 자체가 기능의 가치를 뛰어넘어 하나의 제의적 가치로 등극한 것이다. 다른 사람이 가지고 있지 않은 상품을 내가 가짐으로써 나는 숭배 받는 대상이 된다. 내가 그 제품을 갖고 있다는 것은 그 제품을 사기 위해 시간을 기꺼이 투자했다는 증표다. 그 제품은 내가 돈만 있는 속물이 아니라 취향을 즐기는 진정성과 열정이 있는 사람임을 드러낸다.

취향과 소유효과

취향은 체험하는 과정에서 발생하고 발전한다. 취향을 갖게 되면 어떤 행동이나 사물에 애착이 생기는 지향성을 갖게 된다. 그래서 취향과 관련된 상품은 대체로 높은 가격을 형성하지만, 그 가격을 받아들이는 그룹과 그러지 못하는 그룹 간의 차이도 확실히 발생한다. 즉 취향재는 보편적인 교환가치보다는 특정 그룹에게만 소구하는 제한된 교환가치를 갖는다. 제한된 교환가치는 특정 그룹에게만 효과를 나타낸다. 그렇다면 특정 그룹에 소속되고 애착을 갖게 되는 과정은 어떻게 해서 발생하는 것일까? 그것은 소유효과 endowment effect로 설명할 수 있다. 소유효과란 어떤 대상을 소유한 뒤 그 대상에 대한 애착이 생겨 객관적인 가치 이상을 부여하는 심리적 현상을 뜻한다. 댄 애리얼리Dan Ariely는 소유효과를 증명하기 위해 듀크대학의 농구팀 사례를 들었다.* 듀크대학 농구팀은 유명하고 그 학교 학생이라면 모두 그 팀의 경기 입장권을 탐낸다. 입장권은 추첨을 통해 배포하는데, 추첨이 끝난 후 입장권을 얻은 학생과 그러지 못한 학생이 매기는 입장권의 가치는 크게 차이가 났다. 입장권을 가진 학생들은 그 경기의 관람이 매우 소중한 추억이 될 것이라며 2,400달러를 주면 팔겠다고 했고, 반면 입장권을 가지지 못한 학생은 평균 170달러 정도의 가격이라면 입장권을 살 수 있다고 했다. 농구를 좋아하거나 그렇지 않거나 랜덤으로 입장권을 가지게 되었지만, 일단 입장권을 소유한 학생은 입장권에 훨씬 더 많은 가치를 매기는 것이다.

이러한 소유효과가 발생하는 이유는 경험에 대한 서로 다른 가치부여 때문이다. 입장권을 가지지 못한 학생과 입장권을 가진 학생 사이의 경기 관람에 대한 기대는 크게 차이가 난다. 입장권을 가진 학생은 그 경기가 재미있을 것이라 생각하고, 입장권을 가지지 못한 학생은 그 경기가 재미없을 것이라 생각한다. 농구 경기가 부여하는 재미에 대한 기대가 서로 다르기 때문에 입장권의 가치가 달라진 것이다. 사람들은 내가 무언가와 함께한 경험의 시간을 더 소중하게 생각한다.

---

* 댄 애리얼리, 《상식 밖의 경제학》, 장석훈 옮김, 청림출판, 2018, 7장.

'나의 경험' 가치는 모든 학생이 가고 싶어하는 농구 경기만이 아니라 하찮은 머그컵에 대해서도 발생할 수 있다. 사람들은 머그컵을 만지작거리면서 잠시 시간을 보내기만 해도 그 머그컵에 더 많은 애착을 느껴 이전에 비해 큰 가치를 매긴다. 그래서 농구 경기를 직접 본 사람은 농구를 이전보다 더 좋아하게 되고, 어떤 머그컵을 오래 사용한 사람은 이전보다 더 그 머그컵을 좋아하게 된다. 그리고 특정 취향집단에 속하게 된다면 소속집단의 사람과 더 많은 시간을 보내게 된다. 작은 경험과 대화들이 쌓이면 소유효과는 더욱 강화된다.

취향은 결국 경험과 애착이고 애착은 시간을 들임으로써 다른 것과 차별화한 결과이며, 그렇게 애착을 부여한 것에는 높은 값어치를 매긴다. 음악 듣는 것을 즐기는 사람들은 생활필수품도 아닌 스피커 하나에 100만 원 넘는 돈을 주고 구매한다. 좋은 성능의 스피커를 위해 100만 원 쓰는 것이 아깝지 않다. 취향이 관여된 상품은 해당 취향집단에게는 절대적으로 필요한 것이고, 그래서 늘 일반적인 평가 이상의 가치가 형성된다. 그런 이유로, 같은 취향의 소유자들은 자신들이 갖고 있는 취향에 대한 능력의 상징들을 다른 집단의 사람들보다 훨씬 더 높은 값으로 상호 교환할 수 있게 된다.

소유효과와 동조효과

내가 가진 것에 더 많은 가치를 부여하는 소유효과는 취향의 삶을 사는 사람에게 의미가 있다. 취향을 가진 사람은 자신의 삶에 만족하거나 행복한 이유를 근거 있게 말하기 때문이다. 취향이 확고한 사람은 자신만의 관심이 있어 자연스럽게 취향과 관련된 경험을 축적한다. 경험이 축적된다는 것은 능력이 쌓여간다는 뜻이다. 어떤 취향이든, 관심과 경험이 축적됨에 따라 세련되어지고 수준이 점차 높아진다. 비록 다른 사람이 보기에는 하찮거나 보잘것없다 해도, 당사자에게는 그 경험의 축적을 통해 갖게 된 사물이나 얻게 된 능력이 중요하다. 자신만은 취향을 통해 어떤 능력이 커지는 것을 느낄 수 있기 때문이다. 능력의 고양은 자신이 특정한 취향을 확실히 자기 것으로 만들고 있다는 확신을 갖게 한다.

RC카는 RC카 애호가의 공동체를 벗어나면 보통 장난감보다 못한 가치를 가질 수도 있다. 고급 RC카의 가치는 키덜트 취향을 가진 공동체에 의해 부여되는 것이다. 취향 공동체가 고급 RC카에 높은 가치를 부여하는 이유는, 그것을 가지고 놀아본 경험이 쌓이면서 더 잘 가지고 놀 수 있는 능력을 얻었기 때문이다. 그래서 취향은 개인의 심리 내부에서 작동하지만 같은 취향의 사람과 연결되면 거대한 시장과 경제적 가치를 창출한다.

그런데 취향이 경제적 가치를 창출하려면 조건이 필요하다. 바로

"쓸데없는 것이 존재할 수 있는" 환경이다. 취향과 관련된 것은 필수품이 아니기 때문에 쓸데없는 것으로 취급받기 쉽다. 고급 스피커나 비싼 RC카처럼 말이다. 그러나 쓸데없는 것을 가치 있게 만드는 환경, 즉 어떤 취향이라도 관련 경험과 능력을 쌓을 수 있는 환경에서는 취향을 쌓을수록 자신의 취향 능력이 높아지고 결국 취향이 효율적이고 효과적으로 실현된다. 그것이 가장 극적으로 구현된 것이 와인 시장이다. 와인의 세계에는 와인 맛을 음미할 수 있는 기회와 동시에 와인의 맛을 세분하고 다른 와인과 비교하며 자신의 느낌을 고양시킬 수 있는 환경이 마련돼 있다. 반면 와인을 취하려고 마시는 사람은 와인을 통해 자신의 경험을 높여 정신적 고양에 이르기 어렵다. 오히려 정신적 타락과 혼미함을 불러옴으로써 취향이 세련됨으로 발전되지 않는다. 이때 와인은 취향이라기보다는 자극제여서 와인에 대한 경험과 지식이 쌓일 여지가 없다.

흄은 어떤 취미가 있는 사람들은 그 영역에서 아름다움을 느낄 수 있는 오성悟性이 뛰어나다고 봤다. 어떤 영역에서 아름답고 그렇지 못한 것을, 좋은 것과 좋지 않을 것을 구분할 수 있는 능력이 그것이다. 이런 섬세한 능력을 지닌 사람은 사실 드물다. 그래서 그런 섬세함을 가진 사람들은 어떤 사회에서 대개 우월한 지위를 누린다. 그들이 작품을 감상한 후 보내는 열렬한 찬사는 사람들 사이에 널리 퍼지고, 일반 사람들도 그것을 즐기기 시작한다. 예컨대 와인 소비자들은 와인 평론가에 의존하며 와인 생산자들도 그들의 평가기준에 들기 위해 애를 쓴다. 와인의 가격은 평론가의 취향 능력만큼 벌어진다. 평론가의 취향이 제시한 등급에 따라 와인의 가치가 달라지는 것이다. 한편, 와인의 맛에는 생산 방법도 큰 영향을 끼친다. 기간, 품종, 토양, 기후, 오크통, 공기, 숙성 방법 등 너무나 많은 변수가 생산 방식에 개입할 수 있다. 와인을 만드는 방법이 간단하다면 맛의 차이를 두는 등급도 나뉘기 어렵다. 와인 맛의 감별에는 섬세한 미각과 후각뿐 아니라 산지와 품종, 생산 방법 등에 대한 지식이 필수적이다. 이런 복잡한 감별 과정이 그 산업에 가치를 부여한다. 단순한 호불호의 선을 넘어서야 취향이 가치를 생성한다. 취향이 산업으로 진전될 때는 '취향의 수준을 뛰어넘는 특정 지식'과 결합하는 구조가 전제되어야 하는 것이다.

누구나 아름다운 것을 좋아한다. 그리고 인간은 편안함과 익숙함 그리고 새로움을 지향한다. 우리가 아름답다고 느끼는 것에는 편안함과 익숙함 그리고 새로움이 있다. 아름답다는 정의는 특정 범주에 드는 것을 전제로 한다. 아리스토텔레스도 지적했지만, 인간은 크기든 소리든 너무 작거나 큰 것은 싫어한다. 편안하거나 익숙하지 않기 때문이다. 특정한 범주에 들어야 좋다는 느낌을 갖는다. 예를 들어보자. 여기에 '예쁜 사람'의 얼굴이 있다. 그런데 이 사람이 남자일 때는 어찌되는가. 사람들은 이 얼굴이 여자의 얼굴일 때는 아름답다고 느끼지만 남자의 얼굴일 때는 탐탁지 않아한다. 여성의 아름다움과 남성의 아름다움은 다르다고 범주화하고 있기 때문이다. 그러나 익숙함과 편안함만 있되 새로움이 없다면 아름다움이 대폭 감소한다. 익숙한 것과 차별화된 것이 적절히 공존해야 아름다움으로 인식되는 것이다. 이렇듯 아름다움은 아주 주관적인 감성의 영역인 듯하지만 특정 범주의 인식을 벗어나지 못한다. 특정한 범주 내에 있어 보편성을 확보하면서도 차별화되고 세분화될 수 있어야 아름답다고 인지될 가능성도 높아지는 것이다. 취향의 산업화를 선도하는 취향집단에 꼭 필요한 것이 바로 아름다움에 대한 심미안이다.

와인이 그저 술인 사람이 맛을 느낄 수 있는 수준은 달거나 독하거나 하는 두세 가지 맛 정도이지만 와인이 취향인 사람은 수십 가지의 기준으로 와인 맛을 구분하는 능력을 갖추려 애쓴다. 와인의 맛을 세부적으로 식별하려는 사람에게만 와인의 맛은 찬탄되고 그에게 더 많은 가치를 갖는다.

어떤 취향인이 자신이 가진 이 능력에 집착해서 홀로 고립되면 타인에게 그 가치를 설득할 수 없다. 이해하지 못하는 사람들과는 거래가 일어나지 않는다. 그렇지만 자신이 갖춘 능력을 이해하고 인정하는 사람을 만난다면 그의 능력에 가치가 부여된다. 취향의 산업화는 일반 사람들의 일반적 수준이 아닌, 그 취향을 이해하고 인정하는 사람들 간의 거래에서 시작된다. 취향인들이 가진 문화자본은 결국 취향집단의 문화자본이고 그런 집단이 다양하게 존재하는 곳에서 개인이 가진 심미안과 지식의 가치는 더욱 풍성하게 생성된다.

소유효과와 자신감

타자가 나에게 영향을 미칠 수 있는 것보다 내가 나 스스로를 통제할 수 있는 상태. 이는 나의 내면을 내가 통제할 수 있는 것. 주권적. 누구에게도 통제되지 않는 상태. 자기 자신이 자기 자신에게 군주처럼 전권을 휘두를 수 있는 상태. 그런 상태는 예술, 문학, 웃음, 에로티즘 같은 내적 경험을 통해 가능하고 그 경험을 통해 주권성에 닿을 수 있다.[*]

바타유는 예술, 문학, 웃음, 에로티즘이 자기 자신에 대한 통제력, 자신감을 갖게 해준다고 말했는데, 예술, 문학, 웃음, 에로티즘은 바로 취향의 발현이라 하겠다. 취향에 몰두하는 것은 내적인 자신감뿐 아니라 사회적인 존재감도 제공하는데, 취향을 통해 얻은 능력이 주변의 인정을 받을 때다. 이런 인정은 내가 중요한 역할을 하고 있다는 인식으로 확장된다.

사람에게는 두 가지 종류의 선virtue이 있다. 외연적 선과 내재적 선이다. 매킨타이어A. MacIntyre는 게임 장기를 예로 들어 내재적 선

---

[*] 조르주 바타유, 《라스코 혹은 예술의 탄생》, 차지연 옮김, 워크룸프레스, 2017.

(가치)이 발생하는 과정을 밝혔다.* 게임을 배우고 싶은 욕망이 별로 없지만 내가 장기 놀이를 가르치고자 하는 일곱 살짜리 매우 영리한 아이가 있다. 이 아이는 사탕을 먹고 싶지만 그걸 먹을 기회를 거의 갖지 못했다. 그래서 나는 이 아이에게 일주일에 한 번씩 장기를 두면 50센트 값어치의 사탕을 주겠다고 말한다. 이렇게 유인이 되어 아이는 장기를 둔다. 그러나 아이가 장기를 두는 이유가 오직 사탕 때문이라면 그저 기계적으로 시간만 보낼 것이다. 그 경우 장기에서 배울 수 있는 사회적 가치를 놓칠 수도 있다. 그러나 우리는 아이가 장기를 계속 둠으로써 장기라는 게임에 내재된 고유한 가치들—장기라는 놀이가 요구하는 특별한 종류의 분석적 기술, 전략적 상상력 등—을 알게 되고, 그를 통해 장기를 둘 새로운 이유들을 발견하는 시기가 올 것으로 기대한다. 즉 내면에서 생성되는 내재적 선을 발견할 수 있는 시기다.

이 예에서, 외연적 선은 사탕이며, 이를 일반적인 사례로 치환하면 특권, 지위, 돈, 명예 등이 된다. 반면 내재적인 선은 장기를 둠으로써만 획득하고 소유할 수 있는 것이다. 장기에 참여하고 장기를 실제로 두어본 경험을 자기 삶에서 갖지 못한 사람은 장기의 내재적 가치를 판단할 능력을 갖지 못한다. 그런데 이런 내재적 가치를 판단하는 것은 스스로 들이는 시간이지만, 이에 못지않게 그것에

---

* A. 매킨타이어, 《덕의 상실》, 이진우 옮김, 문예출판사, 1997.

상응하는 공동체의 인정이 필요하다. 척도가 공동체에 의해 부여되는 것이다.

외재적 선과 내재적 선의 중요한 차이는 외재적 선은 물질적이고 배타적인 소유라는 점이고, 내재적 선은 정신적이며 공유할 수 있는 소유라는 점이다. 돈과 명예와 권력은 성취한 사람이 소유한다. 그래서 어떤 사람이 그것을 가지면 다른 사람은 덜 가지게 된다. 반면 내재적 선은 스스로가 탁월하고자 하는 노력의 결과다. 이런 탁월성의 추구는 공동체 전체의 선을 증진시킨다.*

> 터너가 회화에 있어서 바다경치를 새롭게 변형시켰을 때, 또는 그레이스가 크리켓에서 타구의 기술을 아주 새로운 방식으로 개선하였을 때, 그들의 업적은 관련된 전체 공동체를 풍요롭게 만들었다.**

이것이 '각자의 자유로운 발전이 타인의 자유로운 발전의 조건이

---

* 탁월성의 추구는 분야를 가리지 않는다. 사례로 내가 겪었던 일화를 소개한다. 어느 날, 단골집인 황태 요리 식당에 점심을 하러 들렀다. 황태구이에 황태국이 함께 나오는데, 뚝배기에 담긴 황태국이 너무 뜨거워 찬물을 조금 부었다. 반찬을 가지고 온 주인장이 그 모습을 보았다. "황탯국에 물을 조금이라도 부으면 맛이 없어져요. 잠깐만 기다렸다가 드시면 되지, 왜 물을!"이라며 한 소리 들었다. 동석했던 방문객이 한마디한다. "이 집 진짜 맛집인가 보네요." 내가 들은 한 소리였지만, 그 한 소리는 자기들 음식솜씨에 대한 자신감의 표현이었고 동시에 지역공동체의 선을 증진시키는 소리였다.

** A. 매킨타이어, 앞의 책, 282쪽.

되는 연합체'다. 각자의 발전이 타인의 자유로운 발전을 저해하는 것과는 반대되는 조직체다. 이때 중요한 정신은 용기다. 용기는 손해와 위험을 감수할 수 있는 능력으로서, 염려와 관심과 결합된다. 다른 사람을 진정으로 염려하면서 손해와 위험을 감수하는 능력을 갖지 못한 사람은 비겁자가 된다.[*] 용기는 개인의 차원에서 보면 반효율적이고 반자본주의적이다. 자신의 이익을 위해 행동하는 것에 제약을 가하는 것이기 때문이다. 그러나 궁극적으로 용기는 공동체에 기여하고 혁신의 자양분이 된다. 외연적 선만을 인정하는 사회는 제로섬 게임이어서 생존을 위한 경쟁이 지배적인 특징이 될 뿐만 아니라 유일한 특징이 되어 용기의 가치는 묻히고 만다. 이런 사회는 산악족the Mountain People의 운명[**]에서 벗어날 수 없다.

공리주의가 사회의 원리로 자리 잡으면서 외재적 선만이 유일한 선이며 내재적 선은 외재적 선에 종속되어야 한다고 강요되었다. 외재적 선의 귀결은 공정한 경쟁보다는 언제나 '속일 준비'가 되어 있는 상태다. 제로섬 게임이기 때문이다. 이것이 지속되면 해당 공동체는 부패하고 탁월함을 추구하려는 동기도 오래가지 못한다. 반면

---

[*] A. 매킨타이어, 앞의 책, 284쪽.

[**] 허기에서 벗어나려고 오직 개인의 생존에만 모든 것이 집중된 부족. 턴불(Turnbull)은 우간다 이크부족의 타락 과정을 연대순으로 기록했다. 이 부족은 1960년대에 재앙과도 같은 기근을 맞아 사회적 유대가 무너지면서 결국 아이들과 노인들이 죽음을 맞았다. 턴불의 이야기는 사회가 스트레스를 받으면 어디까지 흐트러질 수 있는가를 보여준다. 마크 모펫, 《인간무리》, 김성훈 옮김, 김영사, 2020.

내재적 선이 풍부한 사회와 개인은 동기와 에너지가 넘쳐난다. 자신들의 탁월성이 인정받고 그것으로부터 에너지를 얻으면 미답의 새로운 길을 개척하려는 의지도 자연스럽게 생성된다.

내면의 부wealth of being와 불평등

취향은 자기 내면의 통제다. 외부 세계는 내 마음대로 되지 않지만 내가 좋아하는 것은 당연히 내가 조정하고 통제할 수 있다. 내가 마음대로 할 수 있는 것에 애정을 부여하는 것은 당연하다. 예컨대 음악과 게임이 나의 취미가 되어 좋아하는 음악과 게임 장르를 즐기면서 취향을 심화시켜간다는 것은 내가 음악이나 게임 콘텐츠를 해석할 수 있는 능력을 터득했다는 것이고, 그 해석 능력을 통해 특정 영역에 대한 나만의 통제 능력을 소유하게 되었다는 것이다. 취향을 중시한다는 것은 결국 자신에 대한 통제, 즉 내면을 향한다.*

내향의 위치에서 보면 부의 개념도 뒤집힐 수 있다. 헨리 소로

---

* 사실 내향성은 종교적인 속성이다. 콜린스의 지적대로, 중세시대에는 와자지껄한 삶을 보냈고 사적인 공간도 없었다. 홀로 조용히 자신의 내면을 들여다보는 생활은 일상생활에서는 불가능했다. 혼자 있는 시간은 명상하고 생각하고 내면을 들여다보는 종교생활에서만 가능했다. 그러다 근대의 세속화로 내면을 들여다보는 시간이 일상으로 들어오게 된다. 내향성의 라이프스타일은 근대의 산물이었으며 개인의 탄생과 병행되었다. 그러나 자본주의의 심화에 따라 포디즘의 대량생산 시스템은 반복적인 근로와 과시적인 아케이드형 소비를 권했다. 그 결과로 내향성은 외향성에 비해 열등한 성격이라고 인식되지만 이는 세속화 이데올로기의 결과라고 할 수 있다. 랜들 콜린스, 앞의 책, 461쪽.

Henry David Thoreau는 "사람은 없어도 될 것이 많을수록 부유하다"고 했다. 내향의 위치에서 보면 세속의 부유란 없어도 될 것을 갖고 싶어하는 욕망에서 나온다. 없어도 될 것을 가지려고 하니 한정된 시간에 분주함이 그득하다.

취미의 향유는 느슨함을 강화한다. 자신만이 좋아하는 어떤 것이 있다는 것은 타인의 욕망에는 그만큼 관심이 없다는 것을 뜻하기 때문이다. 이 말인즉, 외부의 강제에 따르려 하고 쫓아가야 한다는 스트레스가 그만큼 적다는 의미다. 그래서 취향은 마음의 여유와 느슨함을 전제하기도 하고 그것을 촉진하기도 한다. 느슨함은 가치를 창출하지만, 시간에 쫓기게 되면 가치 있는 것을 소유하게 될 가능성도 줄어든다. 이것이 가져오는 부정적인 파급력은 의외로 크다.

조지프 알바Joseph Alba와 하워드 마머스타인Howard Marmorstein은 부족한 시간이 상품 구매에 대한 소비자 인식에 어떤 영향을 미치는가 알아보는 실험을 한 적이 있다.* 참가자들은 비슷한 가격대의 카메라 브랜드 A와 B에 대한 정보를 받았다. 이 정보에는 두 카메라의 공통된 12가지 특징에 대한 설명이 들어 있었다. A는 B에 비해 3가지 면에서 우월했고, 이것은 사진의 질과 직결되는 특징이

---

* 로버트 치알디니·더글러스 켄릭·스티븐 뉴버그,《사회심리학》, 김아영 옮김, 웅진지식하우스, 2020, 234쪽.

었다. 반면 B는 A에 비해 어깨끈이 있는 등 8가지 면에서 우월했지만 사진의 질을 결정할 때는 상대적으로 중요하지 않은 요소들이었다. 실험의 첫 번째 조건은 참가자들이 각 특징들을 2초씩만 살펴볼 수 있었다. 두 번째 조건에서는 5초씩 살펴볼 수 있었다. 세 번째 조건에서는 12가지 특징 정보를 원하는 시간만큼 충분히 살펴보게 했다. 그러고 나서 호감도를 평가했다. 2초씩이었을 때는 품질이 높은 A카메라를 선호한 학생은 17%에 불과했다. 대다수가 별로 중요하지 않은 장점을 가진 B카메라를 선택했다. 5초씩일 때는 A카메라를 선택한 비율이 38%로 높아졌다. 충분한 시간을 주었을 때는 중요한 장점이 있는 A카메라를 선택한 학생이 67%나 되었다. 이 실험은 시간이 부족하면, 즉 마음이 급하면 중요한 측면보다는 주변적인 것들에 초점을 맞추게 되고 효율이나 효과가 오히려 크게 저하함을 알려준다.

문제는 '느슨함'이 경제적 자산처럼 불평등하게 분배될 때다. 느슨함을 확보하지 못하고 늘 쫓기는 사람들은 핵심적인 것에 집중하기 어렵다. 가난한 사람들은 대개 시간도, 여유도, 자원도 없이 움직여야 한다. 남아 있는 시간에 대한 이들의 감각은 다른 사람들과 크게 차이날 수밖에 없다. 시간이 갈수록 남은 시간은 작아져 점점 더 선택에 대한 압박이 심하게 다가오고, 결과적으로 핵심적인 면보다는 주변적인 면, 중요한 것보다는 긴급한 것에 초점을 두게 된다. 경제적인 재화는 느긋하게 상상하고 신중하게 생각할 수 있는 시간에 대한 분배도 결정하는 것이다. 멀레이너선Sendhil Mullainathan과 샤퍼Eldar Shafir는 《결핍의 경제학》에서 가난한 사람들의 뇌는 꽉 찬 서류가방과 같다고 했다. 즉 무엇을 더 넣어야 할지에 대해 머리를 싸매고 고민해야 하므로 생각의 자유로움이나 창조성을 침해받는다는 것이다.[*]

불평등이란 객관적인 수입의 크기보다는 오히려 그 수입 간의 격차 같은 주관적인 차원에서, 즉 상대적 박탈감의 차원에서 더 큰 사회적 문제가 된다. 많은 사람들이 갖고 싶어하는 것을 내가 갖지 못할 때 박탈감과 무력감이 더 커지기 때문이다. 여기서 많은 사람들이 갖고 싶어하는 대상이 존재한다면 불평등은 더 심화한다. 사람들이 가장 열렬히 갖고 싶어하는 대상, 못 가지게 될 경우에 가장 분개하는 대상은 시대마다 다르다. 이전 시대는 빵과 쌀이었다. 중세 귀족들에겐 후추였다. 지금 시대에는 원하지만 가질 수 없는 것들이 점점 늘어나고 있다. 갖고 싶은 충동도 나날이 증대하고 있다. 모든 사람이 갖고 싶어하는 것이 늘어날수록 가진 자와 못 가진 자의 격차는 더 커진다.

취향의 개입은 이런 불평등을 강화할 수도 있고 완화할 수도 있다. 관건은 그것이 어떤 취향이냐다. 그 취향이 스스로 가꿔온 것이라면 타인이 갖고 싶어하는 것에 지배당하지 않는다. 반면 그 취

---

[*] 센딜 멀레이너선·엘다 샤퍼, 《결핍의 경제학》, 이경식 옮김, 알에이치코리아, 2014.

향이 외부에 의해 주어지고 과시하기 위한 것이라면 모든 사람이 갖고 싶어하는 것으로 달려간다. 그것은 그 시대의 '내기물'일 수도 있고 그 상황의 '내기물'일 수도 있다. 다수가 좋아하는 벤츠 자동차와 강남의 아파트는 그 시대가 부여한 취향의 내기물이다. 이러한 취향은 개성의 증진을 통한 내재적 선의 향상보다는 외연적이고 강박적인 취향이라고 할 수 있다. 때로는 마라탕처럼 한 국면에서 반드시 먹어서 SNS에 올려야 하는 것도 외부에서 압박하는 외연적이고 강박적인 취향이다. 반면 개성적 취향은 꾸준히 자신의 자아를 최대화시키는 역사와 기억을 가진다. 로컬푸드처럼 그 지역에서 생산한 것만 맛을 보려는 취향, 동물들의 복지를 위해 채식인이 된 취향처럼 독특성에 기반을 둔 가치와 기억 속에서 자신의 서사를 만들어가는 취향이다.

이렇듯 취향의 경제는 두 세력 간의 대립으로 특징지어진다. 내재적 선을 추구하는 개성적 취향의 소수 세력과 외연적 내기물을 추구하는 강박적 취향의 다수 세력, 즉 물질적 자본을 일정한 수준에서만 허락하는 개성적 취향 세력과 물질적 자본을 무한대로 추구하는 강박적 취향의 세력들의 대립이다. 강박적 취향이 널리 퍼진 사회라면, 저소득층에게는 물질적 결여 그 자체가 주는 압박보다 더 많은 압박이 가해진다. 물질적으로 가진 것이 없다는 불편함에 덧붙여 비교의 잣대가 마음의 강박을 생성하기 때문이다.

강박에 대한 위대한 거부

충분한 재산은 어느 정도일까? 한국사회에서는 그 '충분함'의 범위가 매우 좁다. 그 안에 들어가지 못하면 불만족과 불안을 갖게 된다. 내가 10억 원을 갖고 있어도 충분함의 기준이 강남에 아파트를 가진 것에 맞춰진다면 10억 원은 갑자기 아주 적은 돈이 되어 버린다. 불만족을 낳는 것이다. 이것이 10억 원을 가진 사람도 더 많이 벌도록 하는 욕망으로 작용한다. 마찬가지로 사회적인 정상의 범주가 최상위 소수에게만 국한될 때 그 사회는 강박의 사회로 간다. 황색언론부터 과대광고, 막장드라마 들이 이것을 부추긴다. 이들은 정상의 협소한 범주를 끊임없이 개인에게 환기시킨다. 개인은 거대한 강박을 혼자서 짊어지고 살아가야 하는 것이다.

이것을 재생산하는 구조는 개인의 삶을 나름대로 구축하려는 사람들에 대한 공격적이고 차별적인 언사에서 잘 드러난다. 오타쿠처럼 특별한 라이프스타일을 지닌 사람들에 대한 공격이 그것이다. 이렇게 강박이 강력한, 정상의 범주가 최상층에 국한된 사회에서는 더욱 강력하게 이런 '특별한 자기만족 추구자', 즉 기존 사회가 설정한 정상 범주를 무시하고 자신만의 세계를 구축하려고 하는 이에 대한 공격이 살벌하다. 이들은 소위 '중독자'나 '폐인'으로 몰리며 차별과 혐오의 시선에 노출된다.

그래서 우리 아이들에게 가르치고 청년들에게 보여줘야 할 것은 용기 내는 법이다. 지금은 용기가 아닌 강박을 가르치고 있다. 무조건 따라가야 하고, 뒤처졌을 때에도 따라가는 방법 외에 다른 방법은 가르쳐주지 않는다. 불평등의 해소는 이렇게 어둡고 주목받지 못하는 곳을 비추는 것부터 시작해야 한다. 독특한 취향이 심도 있는 경험과 지식으로 전환될 수 있도록 그들의 용기를 지원하고 촉진하는 것이 새로운 교육과 복지의 인프라가 되어야 할 이유가 여기에 있다.

용기는 강박의 반대말이다. 취향을 갖는다는 것―취향이라는 말에는 이미 독특하고 정상을 넘어선다는 의미가 내포되어 있다―은 평균과 정상의 강박에 저항하는 용기일 수 있다. 즉, 취향을 통해 사회가 강요하는 외연적 선, 즉 자신의 이익을 위한 타인과의 경쟁이라는 프레임을 전환할 수 있다. 더 적극적이고 활력 있는 소수minority, 과거에 찾아볼 수 있는 것보다 '훨씬 더 많은 소수'는 종래의 양상을 거부한다. 이런 젊은이들은 지루한 삶을 거부한다. 자신이 성장한 '안전하지만 활기 없는 세계'를 받아들이려 하지 않는 것이다. 지금 세대의 위대한 거부great refusal는 오늘날 도시 문화의 무질서와 어긋남의 가능성을 감내하려는 이유가 될 수 있다.*

취향의 번성도 결국 지루한 삶을 거부하면서 나타난 결과다. 힘겹고 스트레스 받지만, 결국에는 흥미 없고 지루한 노동을 생존을

---

* 리처드 세넷, 《무질서의 효용》, 유강은 옮김, 다시봄, 2014, 249쪽.

위해 필연적으로 수용해야 하지만, 동시에 단순한 생존만을 위해 사는 것에 대한 위대한 거부의 몸짓이 취향이다. 취향은 무거운 노동의 현실을 거부하는 행동이다. 그래서 취향은 강제된 일상의 반대의 방향으로 향하는 것이 많다. 물론 일과 취향의 방향이 같다는 것은 일의 만족도가 그만큼 높다는 것이지만, 일과 취향의 방향이 정반대라 하더라도 그 균형점이 잘 잡히면 생활의 만족도가 높다.

4장
스트리밍 문화자본

코로나 이후의 인간, 호모 하비쿠스

스마트폰에 빠진 디지털 네이티브 세대의 삶은 어른들로부터 환영받지 못한다. 반면 스마트폰과 관련된 산업과 기업의 번창은 환영받는다. 스마트폰 산업이 성장하려면 스마트폰에 빠지는 이용자가 있어야 하지만 기성세대는 그 양립을 허락하지 않는다. 텔레비전 세대의 가족은 함께 거실에서 TV를 봤다. 밀레니얼 세대는 각자 자기 방에만 있다. 스마트폰을 통해 온라인 세상에 접속하면 채팅도, 게임도, 드라마도 모두 친구와 함께 즐길 수 있기 때문이다. 그러나 기성세대는 이를 마땅치 않아했다.

그리고 코로나19의 시대가 왔다. 집 바깥으로 나가기 어려운 상황에서 디지털 네이티브는 "그게 무슨 상관이냐"며 대수롭지 않아했다. 오히려 문제는 중년들이었다. 아무 곳도 갈 수 없고 아무도 만날 수 없어 답답하고 갑갑해했다. 반면 청년들은 오히려 친구들과 스마트폰과 PC로 메타버스에 모여 와자지껄하며 재미있어한다. 몇 시간을 방에서 나오지 않아도 거뜬하다. 혹시나 가끔씩 방 바깥의 세상으로 나오는 이유는 끼니 때문이다. 만약 끼니도 자기 방에서 해결할 수 있다면 아예 바깥으로 나오지 않을지도 모른다. 전염병의 대유행으로 중년은 자기 방에 갇힌 '변신의 벌레'가 되었고, 아이들은 자기 방에서 '나니아 연대기'처럼 더 넓은 세계로 접속했다.

점점 많은 사람이 자신을 중심으로 삼으면서도 타인과 관계할 수 있는 세계를 구축하고 있다. 좁은 자기 방에서 온라인과 스마트폰으로 새로운 세상을 만들고 있었다. 코로나 시대에는 자기 방에서 세계를 창조할 수 있는 자가 최후의 생존자가 된다. 코로나 시대에 진화에 성공하는 종족이 있다면 아마도 스마트폰으로 무장하고 가상세계에서 살아가는 호모 모빌리쿠스일 것이다. 호모 모빌리쿠스족이 가상세계에서 하는 많은 일이 취향 찾기다. 가상세계에서 취향은 생존의 도구다.

인스타그램에 2017년 한 해 동안 해시태그(#)로 취미라는 키워드를 단 게시물 수는 2016년에 대비해 95% 늘었다. 비슷한 의미의 '#취미스타그램', '#취미생활'이라는 게시물도 2배 가까이 증가했다.* 유튜브도 구독자 수에서 최고 순위에 있는 장르는 음악과 영화, 코미디, 게임, 스포츠, 장난감놀이다(나무위키, 유튜브 구독자 순위). 소비에서도 비슷한 추세를 발견할 수 있다. 2017년 조사에 의하면 최근 1년간 소비 비중이 증가한 영역 중 하나는 취미활동비(35.5%)였다.** 대한상공회의소 조사에서도 2030 1인 가구의 지출 의지는 여행(41.6%), 자기계발(36%), 레저여가(32.8%), 건강(32.0%), 취미(26%)의 순으로 나타났다.

여행, 자기계발, 레저여가도 사실 모두 취미의 영역이다. 레슨으로 이루어지는 재능 공유 플랫폼도 성업 중이다. 취미는 그냥 즐기는 것이 아닌, 제대로 배워서 수준을 높여야 인정받는 것이 되었다. 취미는 자기만의 즐거움***에서 사회적인 경쟁력으로 확산되고

---

* 소셜미디어 빅데이터 전문 분석업체 링크브릭스 분석만 봐도 과장이 아니라는 걸 알 수 있다. 링크브릭스 김상규 대표는 "다른 검색어와 비교할 때 찾아보기 힘든 가파른 증가 사례"라며 "○○스타그램이라는 말이 일상화할 정도로 취미가 보편적 키워드가 된 것도 주목할 만한 현상"이라고 말했다.

** 2040 전국 500가구 대상. 2013년 비씨카드와 한국트렌드연구소가 진행한 조사('지친 30대의 라이프스타일' 모바일 리서치, 2016년 10월).

*** 취미는 당연히 행복도를 높인다. 여러 조사를 종합하면 취미 보유자와 미보유자 사이의 행복도 차이는 대략 10% 정도 나는 것으로 보인다.

있다.* 호모 모빌리쿠스는 호모 하비쿠스로 진화하고 있다.

취미의 번성은 개인 선택권의 부상을 알리는 신호이지만 이는 시대와 상황의 산물이다. 2000년 이후를 보면 취미가 기존 추세와 달라졌다. 피트니스 헬스장이 대폭 증가했고 퍼스널 트레이닝PT도 증가했다. 생활체육 참여 종목 순위도 달라졌다. 1986년에는 취미의 1순위부터 5순위가 육상/조깅, 축구, 체조, 등산, 테니스였다. 2019년에는 등산 외에는 아예 처음 등장한 것들이 1순위에서 5순위를 장식했다. 걷기, 헬스(보디빌딩), 등산, 수영, 자전거다. 이들 종목의 특징은 혼자서도 할 수 있고 여럿이서도 할 수 있다는 것이다. 1986년에 높은 순위였던 축구, 테니스는 혼자서 할 수 없는 종목이다. 2019년에는 혼자서도 할 수 있고 여럿이서도 할 수 있는 종목의 순위가 높아졌다. 등산은 이전부터 그런 속성이 있었기 때문에 살아남았다. 개인화 추세가 취미의 변화에도 그대로 드러난 것이다.

취향의 문화가 실제로 시대에 따라 어떻게 변화하고 있는가를 확

---

* '숨고'라는 앱에서는 악기/운동/보컬 등 개인 수업을 원하는 이들이 조건을 지정해 신청하면 된다. '숨고'의 이지혜 마케팅 담당은 "가야금, 폴란드어, 마라톤, 스쿠버다이빙처럼 관심이 있어도 배우기 힘든 과목들을 배울 기회를 만든다"면서 "특기나 취미가 하나의 경쟁력이 되면서 론칭 2년 만에 40만 건이 넘는 수업이 이뤄졌다"고 밝혔다. 취미와 O2O(온라인 신청 후 오프라인에서 강습)를 결합한 업체도 성업 중이다. 숨고, 크몽, 탈잉 등 필요한 기술을 주고받는 이른바 '재능 공유 플랫폼'에서 '레슨' 항목은 가장 중요한 비중을 차지한다.

인하기 위해 지난 30여 년간의 단행본 도서 베스트셀러 순위 변화를 키워드 분석을 통해 직접 살펴봤다. 책의 선택도 음악만큼이나 취향을 반영하기 때문에 베스트셀러의 변화양상을 보면 취향의 시대적 변화를 포착할 수 있을 것이다. 지난 40년간의 베스트셀러 키워드는 2010년을 기점으로 중요한 변화가 포착되었다. 2010년 전까지는 주로 부자, 가난 같은 주제들이 베스트셀러 목록에 올랐는데 그 후로는 자존감, 글쓰기라는 키워드들이 등장하고 있다. 2010년을 기점으로 한국사회가 부자에서 개인으로, 권위에서 내면으로 전환하는 모습이 포착되고 있는 것이다. 이 시기는 88만원 세대, 삼포 세대 같은 말로 일컬어지는 청년실업 등 불평등 문제가 심화되는 시기이면서 동시에 스마트폰의 등장과 소셜미디어, 유튜브라는 개인 미디어가 폭발하기 시작한 시기이기도 하다.

부동산은 불평등하지만, 스트리밍은 평등하다

강남 아파트 값은 비싸다. 강남의 아파트 값은 상징자본의 값이다. 강남의 아파트는 경제자본과 문화자본의 축적을 향해 브레이크 없이 돌진하는 크리슈나의 수레를 상징한다. 서울 강남과 강북의 격차는 경제적 격차부터 백화점 문화강좌까지 다중적으로 존재한다. 백화점 문화강좌를 분석한 한 연구에 의하면, 강남 쪽 백화점이 문화강좌에 훨씬 고액의 수강료를 책정하고 있었다. 강남

백화점 문화센터는 주부를 대상으로 하는 수익형 부동산 투자와 재테크, 인문학 강좌부터 자녀를 위한 승마 아카데미와 유아 영어 아카데미 등이 개설되고 있으며, 일회성이 아니라 한두 달 코스 방식으로 운영되는 경우가 많았다. 한 코스당 100만 원 이상의 고가 프로그램도 있었다. 문화강좌는 소속감과 사회적 기회, 정보 교환이 활발히 생성되는 곳이지만, 진입하기가 매우 어렵다. 문화강좌가 활발한 동네일수록 이웃 삼기도 더 어렵다.

그런데 이런 백화점 문화센터의 매력이 젊은 세대에게는 더 이상 어필되지 않는다. MZ세대는 경제자본에 지배당하는 삶에서 더 이상 에너지와 재미를 얻지 못한다. 수익형 부동산에 대한 부러움은 여전하지만 예전처럼 압도적이지는 않다. 물론 수익형 부동산에서 코인과 주식으로 관심을 돌린 사람도 많지만 그것은 경제자본에 대한 미련에서 나온 궁여지책일 뿐, 마음 한 구석은 자아를 표현할 수 있는 또 다른 공간을 찾는다. 그곳은 바로 손바닥만 한 화면 속에 펼쳐진 새롭고 거대한 세계다. 이 작지만 거대한 세계는 비싼 교육비의 '문화센터형 문화자본'이 아니라 오랜 시간을 들여 스스로 익히면 체화할 수 있는 '스트리밍형 문화자본'이다. 반지하 사글셋방에 살아도, 값비싼 펜트하우스에 살아도, 스트리밍에는 누구나 접속할 수 있다. 부동산은 불평등하지만, 스트리밍은 평등하다. 스트리밍을 통해 리좀rhizome처럼 이어지는 선들로 개인은 대중과 연결된다. 개인의 정신과 대중의 정신이 직접 만나면서 그 과정에서 새로운 소통권력이 생성되고 있다. 새로운 규칙으로 새로운 문화자본이 만들어지고 있는 것이다.

20세기 사람들은 가상이라는 말에 비아냥거리지만—여섯 살 유튜버도 결국에는 청담동에 100억짜리 건물을 산다며—이제 MZ세대의 세상은 가상이 현실의 우위에 있는 세계다. 스트리밍은 막강한 문화자본이 되어 스스로 경제자본으로 전환할 수 있는 능력을 보유했다. 백화점은 온라인쇼핑에 추월당한 지 오래되었고 이제 '확장의 종말'이라는 백척간두에 섰다. 청년이 입사하고 싶은 회사는 콘텐츠를 만드는 기업이 되었고, 유튜브로 인기를 끈 BTS는 한국의 외교 예산보다 더 많은 '공공 외교'의 영향력을 행사하고 있다. 스트리밍 문화자본이 만드는 새로운 규칙은 기존의 시장에서 만들어진 위계성과 효율성의 규칙이 아닌, 수평성에 기초한 공감성과 호혜성의 규칙들이다. 이들이 체득한 새로운 윤리는 미디어가 갖고 있던 대중자아mass self적 특성—개인이 스트리밍에 접속함으로써 곧 익명적 대중과 소통할 수 있는 특성—의 발현이며, 스트리밍 미디어와 소통하며 자란 MZ세대는 스트리밍의 윤리를 자본주의 정신으로 채택했다.

취향은 유튜브나 트위치, 넷플릭스 같은 스트리밍 서비스와 함께 부상했다. 스트리밍에 접속하는 순간 나를 표현할 수 있는 수많은 가능성이 생겨난다. 그래서 스트리밍에는 취향을 대표하는 콘텐츠들, 즉 책과 영화, 음악, 음식과 요리, 카페, 여행, 건축과 디자인이 풍성하다. 이러한 영역은 자신의 라이프스타일을 발견하고 표현하기에 적합한 영역이다. 시공간적 제약과 물질적 제약에서 벗어나 나를 표현하고 타인과 소통하는 수단은 '잠재적인 힘'이 된다. 취향은 스트리밍이라는 대중자아 기술 플랫폼을 기반으로 오프라인에 효능권력*을 창출하는 자본이 된 것이다.

스트리밍 폭식 세대

몇 년 전 가수 윤종신이 한 TV 프로그램에 나와 이런 말을 했다. "음원 사이트 첫 페이지에 실시간 차트가 아니라, '마이페이지'가 떴으면 좋겠다. 내 취향의 콘텐츠를 보고 싶다." 윤종신이 말을 꺼낸 얼마 후 음원 사이트는 실시간 차트에서 마이페이지로 바뀌었다. 이제 스트리밍 음악은 인공지능 알고리즘으로 알아서 척척 내게 맞는 새로운 음악을 추천해준다. 이제 실시간 차트는 중심에서 사라졌고 내가 좋아할 만한 추천 음악이 뜬다.

실시간 차트는 음악 산업에서 권력을 차지하고 있는 배급업자들

---

* 랜들 콜린스, 앞의 책, 379쪽. 효능권력이란 명령권력에 대조되는 개념으로서, 직접적인 강압 없이 자의에 의해 동의하고 동조하고 존경하는 권력이다. 수평적 조직에서 공감성과 탁월함을 갖추고 호혜성의 윤리를 갖는 사람이나 조직이 효능권력을 갖는다. 반면 명령권력은 전통적인 조직에서 갖고 있다. 효능권력은 유대를 만들고 명령권력은 강박을 만든다.

에게 아주 좋은 마케팅 도구였다. 실시간 차트에 의존해서 음악을 골라 듣는 사람이 늘어나면 자연스럽게 차트에 영향력을 끼칠 수 있는 음원 유통사가 권력을 쥐게 되기 때문이다. 자기 취향이 없는 사람들, 또는 자기 취향이 있지만 약한 사람들은 실시간 차트의 음악을 먼저 듣는다. 그래서 자기 음악을 알리고 싶은 음악저작권자들은 실시간 차트에 들기 위해 음원 사재기를 하기도 했다. 덕분에 유통업자는 광고 수익도 커지고 누구에게든 자신들의 요구를 관철시키기 쉬운 환경에 놓인다.

그러나 이제 마이페이지가 뜨면서 배급업자의 권력은 작아지고 그 자리는 얼리어답터들과 플랫폼 기업의 알고리즘들로 채워지고 있다. 알고리즘은 취향이 없었던 사람—사실은 취향을 스스로 인식하지 못하고 있던 사람— 에게도 취향을 부여한다. 나도 몰랐던 내 취향을 찾아서 '마이페이지'를 만들어주고 있는 것이다. 이렇듯 취향의 시대는 곧 개인화의 심화를 불러온다. 개인의 부상을 만든 기술적 조건은 대중자아 소통mass-self communication의 플랫폼이다. 자아가 바로 대중과 연결될 수 있는 기술이 스마트폰의 화면 위에서 실현되었다. 내 손이 스마트폰을 터치하는 순간 자아는 대중과 바로 연결되고 가상의 공간은 생산자와 소비자, 공급업자가 자발적으로 교류하는 플랫폼이 된다. 플랫폼 기업들은 대중자아 소통의 과정에서 생성된 데이터로 점점 더 막강한 권력자원을 확보하고 있다. 플랫폼 기업은 데이터를 추출–관리–분석–판매하는 혁신적

모델로 지난 10여 년 동안 막대한 자본을 획득했고 점차 시장을 독점해가고 있다.[*]

대중자아 기술을 최초로 실용화한 것은 애플이었다. 사람들이 애플에 열광한 이유는 단순히 애플 제품이 예뻐서가 아니다. 애플의 알고리즘이 나의 자아 속에 부드럽게 그러나 깊숙이 침투했기 때문이다. 음악 스트리밍 아이튠스로 시작한 애플은 번들 구매에서 음원 구매로 음악 시장을 바꾸었다. 아이튠스 뮤직 스토어는 유통 채널뿐만 아니라 노래를 유통하는 단위 자체를 바꾼 것이다. 기존에 카세트테이프나 CD로 음반이 유통될 때에는 인기 있는 노래에 다른 노래를 끼워서 음반을 만들었다. 듣기 싫은 음악까지 포함해 패키지 가격은 1만 원 이상이었다. 이런 방식은 음반이라는 과거 LP 시절부터 내려오던 업계의 오랜 관행이었다. 공급자가 소비자에게 번들되는 노래를 제공함으로써 다른 노래도 홍보하는 공급자 우위의 시장이었다. 소비자는 자기가 좋아하는 노래 한 곡을 듣기 위해 다른 노래까지 사야 했다. 내가 좋아하는 노래를 사기 위해 더 많은 비용과 더 많은 시간이 걸렸다. 반면에 아이튠스 뮤직 스토어는 그냥 좋아하는 노래를 개별적으로 구매할 수 있게 했다. 이는 대중자아 기술의 스트리밍 덕분에 가능했다.

텔레비전도 비슷한 전철을 밟아왔다. 방송사가 정한 송출 시간

---

[*] 닉 서르닉,《플랫폼 자본주의》, 심성보 옮김, 킹콩북, 2020, 146쪽.

에 맞춰 TV 앞에 앉아야 했던 시절이 있었다. TV 안내 책자, 가이드가 신문의 지면을 차지하던 때였다. 그러나 이제 OTT의 시대다. 모든 콘텐츠가 나의 주문에 바로 반응한다. TV 이후의 시대가 온 것이다. 그것은 음악의 애플처럼, 영상의 넷플릭스가 선도했다. "넷플릭스가 2007년 시작한 동영상 스트리밍이 이제 기존 영상 미디어를 위협하는 존재가 됐다"며 그 의의를 요청한 질문에, 넷플릭스 헤이스팅스 CEO는 이렇게 운을 뗐다. "인터넷을 통해 콘텐츠의 세계에 혁명이 일어나고 있다. 이는 120년 전 영화, 그리고 TV의 탄생에 필적하는 제3의 혁명이라고 할 수 있다. (중략) 낮밤에 관계없이 사용자들이 언제든지 주문형 동영상을 볼 수 있다. 시청을 위한 매체도 TV에서 스마트폰까지 자신에게 맞는 것을 선택할 수 있다." 이어 그는 "최근에는 사용자 데이터의 분석도 가능하게 되었으며, 우리는 사용자의 취향을 2,000개까지 세분화해 정리하고 있다"며 "전 세계에서 수집한 대량의 콘텐츠 중에서 개별 사용자에게 적합한 동영상을 '추천'으로 표시하고 있다"고 설명했다. 그는 주문형 동영상 혁신 사례로 현재 넷플릭스가 싱가포르를 소재로 한 다큐멘터리를 제작하는 것을 들었다. 헤이스팅스 CEO는 "해당 작품이 모든 사람을 위한 것은 아니지만 싱가포르 문화와 논픽션을 좋아하는 사람들을 전 세계적으로 파악하고 있다"며 "이런 것들은 20년 전에는 생각할 수 없었던 것"이라고 강조했다. 대여배송이 주력이었던 넷플릭스가 동영상 스트리밍으로 사업을 전환한 계기에 대해

헤이스팅스 CEO는 "스탠퍼드대학에서 전산공학을 배웠을 때부터 많은 양의 데이터를 효율적으로 전달하는 기술의 중요함을 깨달 았다"면서 "인터넷의 진화로 동영상 스트리밍의 시대가 올 것은 옛 날부터 알고 있었다"고 했다.

헤이스팅스 CEO는 스트리밍 시장의 경쟁 격화에 대해서도 언급 했다. "처음으로 경쟁을 의식한 것은 2005년 무료로 동영상을 퍼뜨 리기 시작한 구글 유튜브를 보고 나서다. 아마존과도 스트리밍 분 야에서 10년째 겨루고 있다. (중략) 애플 그리고 한층 더 뛰어난 콘 텐츠가 있는 월트디즈니도 이 시장에 뛰어들었다." 경쟁을 극복할 비결에 대해 그는 "타사에 없는 독자적인 콘텐츠로 구독자에게 호 소할 것"이라며 "경쟁은 제로섬이 아니다. 사람들이 서로 다른 내용 의 잡지들을 (여럿) 구독하는데, 동영상도 마찬가지일 것이다. 내 경 우도 아마존과 유튜브, 넷플릭스 등을 각각 구독해 좋아하는 동영 상을 보고 있다"고 설명했다.*

DVD는 그림을 정보로 전환했다. DVD는 디지털이고, 디지털은 부호로서 케이블선을 타고 이동이 가능하다. 개인이 원하는 것을 거리에 관계없이 바로 케이블선을 통해 배달할 수 있었다. MZ세대 는 DVD 대여시장과 함께 태어났고 지금은 유튜브와 넷플릭스 같

---

* 《이투데이》 2018년 12월 3일(http://www.etoday.co.kr/news/section/newsview.php?idxno=16 94497#csidx143188cfce25300aadbe7a02c352ec7).

은 콘텐츠를 음식처럼 소비하고 있다. 이러한 유행을 두고 'binge watch(몰아보기)'라는 말도 등장했다.[*] 매일 '네 시 삼십삼 분'은 콘텐츠를 먹는 시간이다. 콘텐츠는 이미 '또 다른 끼니'가 되었다.

스트리밍, 인정욕구를 실현하다

30대의 필라테스 강사가 고물상을 하고 있다. 부모님이 하던 힘든 고물상 일을 물려받았다고 한다. 부모로부터 그대로 물려받았지만 다른 점이 하나 있다. 자신의 고물상 일상을 유튜브에 올리는 일이다. 고물상은 하층민의 고단한 일로 취급돼 누구도 쳐다보지 않았지만, 유튜브에서 30대의 필라테스 강사가 하는 고물상 일은 '신박'함을 추구하는 사람들의 시선을 사로잡는다. 시선의 차이를 느끼는 바로 그때, 고물상 일을 유튜브에 올리는 것인지, 유튜브를 위해 고물상 일을 하는 것인지 혼란스러워진다. 고물상은 현실이고 유튜브는 허구였지만, 유튜버에게는 현실과 허구가 뒤바뀐다. 유튜브가 현실이 되고 고물상이 허구가 된다. 내용은 결코 형식을 이길수 없다. 아무리 같은 고물상 일이어도 길거리에서 보는 고물상과 스트리밍에서 보는 고물상은 대립한다. 고물상 유튜브가 1,000만

---

[*] Matrixnd, Sidneyeve, "The Netflix Effect: Teens, Binge Watching, and On-demand Digital Media Trends." *Jeunesse: Young People, Texts, Cultures* 2014 6(1) : 119-138.

조회 수를 달성하면 그때 고물상의 가난한 삶은 크리에이터의 유복한 삶으로 전환된다. 유튜브 세계에서 오랜 시간 쌓은 평판이라는 문화자본이 돈과 주식 같은 경제자본으로 전환되는 것이다.

그런데 여기에는 한 가지 중요한 전제조건이 있다. 유튜브에서 보이는 그녀의 삶은 철저하게 진정성을 지닌 '진지한 고물상'의 삶이어야 한다. 그녀가 유튜버 셀러브리티가 되려는 욕망이 있다고 하더라도 자신의 욕망은 깊숙이 숨겨야 한다. 욕망이 드러나는 것을 강력하게 억누르며 고물상의 삶을 살아야 한다. 그것은 피그말리온의 삶과 같다. 순수한 사랑을 추구해서 궁극의 순수를 얻으려 해야 하고 순수 앞에서는 어떤 물적 욕망도 천박하고 보잘것없음을 보여주는 삶이다. 그래야만 갈라테아를 얻을 수 있다. 세속에서 가장 가치 있는 연인을 얻으려면 가장 세속적이지 않은 삶을 살아야 한다. 그래야만 스트리밍으로부터 응답을 기대할 수 있다. 스크린 위의 삶은 현실과 허구를 뒤바꾸며 그 전도顚倒로부터 에너지를 생성한다.

스트리밍이 권력을 갖는 근본적 이유는 시선 때문이다. 권력은 시선에서 나온다. 모든 사람의 시선을 받는 스트리밍은 현대의 신전이다. 신전을 차지하기 위한 격투가 가히 장대하다. 그래서 스트리밍 이전과 이후 시대는 경쟁의 장이 완전히 다르다. 스트리밍 이전 시대에 신전을 차지하기 위한 격투기가 일터와 운동장 그리고 학교와 병원에서 벌어졌다면, 스트리밍 이후의 격투기는 콘텐츠에서 벌어진다. 스트리밍 위에서는 연공서열도, 체급도, 학위도, 자격증도 필요 없다. 오직 그것에 적합한 테크닉만이 필요하다. 주제를 두고 깊게 토론하거나 사건을 종합적이고 전면적으로 분석하는 것은 스트리밍에 적합하지 않다. 스트리밍에서는 가볍게 스치고 간단하고 명쾌한 것들만이 살아남고, 무겁고 오래 있고 복잡하고 혼종적인 것들은 사라진다. 스트리밍에서는 제도화되거나 객관화된 문화자본은 점점 힘을 잃는다. 연예인, 방송인, 스트리머, 크리에이터 등 스크린 안에서 즐거움을 주기 위해 활동하는 모든 사람에게는 학력도 자격증도 필수요건은 아니다. 과학의 장과 학문의 장에서는 여전히 제도적인 문화자본이 강력할지 몰라도 스트리밍의 장에서는 일회성 자막에나 필요할 뿐이다. 말솜씨와 억양, 표정과 리액션, 재빠른 상황 판단력과 대응 능력, 한 곳을 깊게 파며 감성적 성향을 드러낼 수 있는 능력은 자격증과 졸업장부터 부모 찬스까지, 기존 사회의 서열에 필요한 능력과는 다른 능력이다. 스트리밍 시대에는 체화된 문화자본이 가장 강력한 힘을 발휘한다.

스트리밍의 시선과 음성

유튜브의 셀러브리티들은 '스트리밍에 체화된 문화자본'을 어떻게 획득할 수 있었을까? 그것은 의도적으로 획득하기보다는 의식 없이 몸에 밴 습관이다. 말, 소리, 음성의 힘이다. 구체적으로는 주어진 상황을 간파하며 자신의 역할을 적절하게 대입할 수 있는 대화의 능력이다. 스트리밍에서는 시각적인 것이 강력하지만 동시에 이 시각적 권력을 강화하는 것은 소리와 언어를 담은 말의 역량이다. 스크린의 외면은 시각이지만 내면은 음성의 구현물이다. 예컨대 해상도가 낮은 흑백 화면에 재미있는 말과 소리가 있는 경우와 선명한 대형 컬러 화면에 소리가 잘 나지 않는 경우 중에서 선택하라면, 사람들은 주저 없이 전자를 선택한다. 소리가 있는 흐린 화면은 오랜 시간 참을 수 있지만 소리가 없는 고해상도 화면은 오랜 시간 참을 수 없다.

최근 화면에서 엄청나게 늘어난 자막의 기능 역시 말을 거는 소리의 형식을 대체한 것이다. 무성영화는 아주 짧은 역사로 사라졌지만, 라디오는 지금까지 오랜 역사를 가지고 명확한 장르로 유지되고 있다는 것만으로도 음성이 인간에게 미치는 영향을 짐작할 수 있다. 물론 시각적인 것이 더 자극적이다. 그러나 음성만큼 지속적이지는 않다. 그 이유는 음성은 시각보다 더 근접한 양식이기 때문이다. 가까이에서 이야기하는 힘이다. 청각은 직접적으로 거리감을 감소시킨다. 청각은 근접감각으로서, 청각적인 것 자체에 사람들은 위로받는다. 빗소리, 바람소리, 풀이 스치는 소리, 소곤대는 목소리만으로도 외로움은 즉각적으로 제거될 수 있다. ASMR이 마음을 편안하게 해주는 이유는 가까움이 있기 때문이다. 물소리를 들으면 바로 옆에서 물이 흐르는 것처럼, 바람소리가 들리면 바로 옆에서 바람이 부는 것처럼 느껴진다. 또한 시각적인 자극으로 놀라게는 할 수 있지만 이야기를 바로 생성하지는 못한다.

이야기는 언어의 힘을 빌릴 때 비로소 세밀하고 구체적으로 전달된다. 말의 소리를 시각적으로 표현한 것이 문자다. 문자는 결국 소리를 표현하기 위한 수단으로 탄생했으며 문자를 읽을 때 우리는 내면에서 그 언어를 '소리 내어 읽는다'. 그래서 음성과 소리의 확장은 자아표현의 확장이다. 또한 스트리밍의 확장은 시각적 획일화의 효과를 감소시킨다. 스트리밍의 확장으로 채널이 늘어났지만 화면의 색깔과 배치는 비슷하다. 매번 무대의 시각적 장치는 비슷하고 말하는 게스트나 노래하는 가수들의 배치도 비슷하다. 그러나 거기서 흘러나오는 이야기와 노래는 수많은 종류로 늘어났으며 사람들은 그 콘텐츠에서 새로운 재미를 느낀다.

시각적 획일화의 감소와 청각적 다양성의 부상은 스타들의 부침에서도 잘 나타난다. 20세기는 미스코리아에게 관을 씌워주고 우러러보는, 비주얼이 모든 미디어의 영역에서 최고의 자리에 올랐던 시대다. 그래서 연기자만이 아니고 가수조차도 비주얼을 중시했던 시대다. 그러나 지금 시대는 비주얼도 있고 개성도 있다. 개성 있는 스타란 자기만의 대화법이나 이야기를 만들어낼 수 있는 사람이다. 윤여정부터 박나래까지, 유재석부터 이수근까지, 자기의 영역에서 언어를 제조할 수 있는 능력자들이다. 스타만이 아니라 일상생활에서도 잘생긴 사람뿐 아니라 유머 있고 센스 있고 리액션 좋은 사람이 인기 남녀로 등극한 지 꽤 오래되었다. 이들의 능력은 다독의 능력도, 시각의 능력도 아니다. 이들의 능력은 눈에 보이지 않지만 사람들과의 관계에서 벌어지는 상황을 해석하고 이를 자신의 언어로 표현할 수 있는 능력이다. 이러한 능력은 어릴 적부터 가장 가까이에서 상호작용하는 사람—예컨대 부모나 친구—과의 지속적인 관계 속에서 체화된다.

허버트 미드George Herbert Mead에 따르면, 한 주체는 음성 행위를 통해 자신의 상호작용 상대에게 영향을 미치고 동시에 그 순간에 상대방의 반응을 자신 속에서 불러일으킨다. 이를 통해 자아의식이 발달하는데, 자아의식은 스스로 형성하는 것처럼 보이지만 실제로는 내게 중요한 타인들이 주변에서 반응함으로써 형성된다. 애착이론attachment theory에서도 상호작용에서의 반응성이 자아의 정서적인 안정을 가져오는 데 가장 중요한 요인이라고 말한다. 물론 스킨십이나 수유도 애착을 형성하는 한 요인이지만, 지속적으로 말하고 일관된 자극을 주는 반응성이 애착 형성에, 결국 자아 형성에 가장 큰 영향을 미친다.

메리 에인즈워드Mary Ainsworth가 우간다의 한 마을에서 양육 과정을 관찰한 바에 따르면,* 한 아이를 두고 몇몇 여성이 수유와 스

---

* Ainsworth MS, "Infant-mother Attachment", *American Psychologist* 1979 Oct; 34(10): 932.

킨십을 함께 제공했는데도 아이는 특정 존재인 어머니에게만 특별한 유대감과 안도감을 표현했다. 옆에 있거나 수유하거나 포옹하는 행위 자체가 어머니를 대신한 것이 아니었다. 아이가 어머니를 특별한 보호자로 여기는 결정적인 이유는 아이의 울음소리에 대한 반응이었다. 작은 울음소리에도 어머니는 달려와 아이를 달래주었다. 다른 어른들도 따뜻한 존재였지만, 어머니처럼 작은 울음소리에도 응답하지는 않았다. 응답성은 시각적인 반응으로만 가능한 듯 보이지만 실제로는 언어적으로 더욱 세밀하고 구체적으로 반응했다.

문제는 반응의 계급적인 차이다. 이미 오래전부터 증명되었듯이, 하류층 부모보다 중류층 부모가 더 수용적·평등적이고,[*] 어머니의 교육수준이 높을수록 권위적으로 통제하려는 태도가 낮았으며,[**] 중류층 부모가 자녀의 요구와 충동에 하류층 부모보다 더 협동적이었다.[***] 이런 차이는 반응성responsiveness으로 종합할 수 있다. 여기서 반응성은 동시적이며, 균형적이며, 수평적이며, 협동적이며,

[*] Rosen BC, "Social Class and the Child's Perception of the Parent", *Child Development* 1964 Dec 1: 1147-53.

[**] Zuckerman M, Ribback BB, Monashkin I and Norton Jr JA. "Normative Data and Factor Analysis on the Parental Attitude Research Instrument", *Journal of Consulting Psychology* 1958 Jun; 22(3): 165.

[***] Bayley N and Schaefer ES, "Relationships Between Socioeconomic Variables and the Behavior of Mothers Toward Young Children", *The Journal of Genetic psychology* 1960 Mar 1; 96(1): 61-77.

관대하다는 의미다. 반응성은 소음이 적을수록, 혼잡함이 적을수록 잘 일어난다. 하류층 가정에서는, 가난함 자체보다는 가난이 가져오는 부산한 혼잡함으로 자녀에 대한 반응성이 떨어지게 되고, 결과적으로 자녀에게 폭력적인 환경을 가져오게 된다.* 결국 타자—구체적으로는 의미 있는 타자—로부터의 반응성이 좋아야 좋은 양육 환경이 만들어진다. 여전히 가족은 21세기의 스트리밍 문화자본 시대에도 개인의 삶을 결정하는 거대한 제도다.

특정 감각의 발달과 시대적 상황

특정 능력을 갖는 것은 특정 감각이 발달하도록 훈련된 결과다. 그래서 어떤 특정한 상황을 해석하는 데 다른 사람보다 비교우위의 감각을 갖게 된다. 특정 상황이나 사물에 대한 높은 해석 능력을 지니는 이른바 한계감각—감각의 수확체증 효과—이 나타난다는 것은 시간이 지날수록 특정 감각의 능력이 더욱 심화되어 특정 상황이나 재화에 대해 더 우월하게 자신감을 갖는 것을 뜻한다.

랭커스터Kelvin J. Lancaster는 재화를 하나의 특성을 가진 대상물이 아니라 소비자들의 이용 목적과 개인의 효용에 따라 다양한 가치

---

* 피에르 부르디외, 앞의 책, 154쪽.

를 부여하는 여러 특성의 묶음이라고 본 한편, 취향은 고유한 안정성을 갖고 있으며 특정한 재화를 단순히 구입하는 선호가 아니라 재화를 소비함으로써 갖게 되는 해당 재화에 대한 보다 깊은 선호를 의미한다고 주장했다.[*] '재화에 대한 깊은 선호'라는 말은 재화가 가진 여러 가지 특성 중에 특정 부분에 충실하여 하나의 재화에 소비자가 애착을 갖는 것이라고 할 수 있다. 여러 가치의 특성들을 비교하여, 즉 합리적인 계산을 통하여 하나를 선택하는 것이 아니라, 특정한 가치에 다른 가치를 종속시키는 방식인 것이다.

쓰레기를 재활용하여 만든 가방은 쓰레기와 가방이라는 양면적인 성격을 갖고 있는데, 이 가방을 쓰레기로 볼 것인지 가방 브랜드로 볼 것인지는 소비자의 해석에 따라 바뀐다. 볼보를 좋아하는 사람은 안전을 중시하는 사람이어서 주행 성능이 별로여도 그 차에 만족하고, 테슬라를 좋아하는 사람은 자율주행과 환경 문제에 가치를 부여함으로써 서비스가 '쓰레기'여도 고가의 돈을 주고 차를 구매한다. 자동차의 전체 특성을 종합적으로 비교 판단하여 합리적으로 생각하기보다는 일단 그 재화 자체의 특정 특성에 가치를 부여함으로써 다른 부분에서 오는 불편함을 문제 삼지 않는 경

---

[*] Lancaster KJ, "A New Approach to Consumer Theory", *Journal of Political Economy* 1966 Apr 1; 74(2): 132-57. 유홍준·정태인, 《신경제사회학》, 성균관대 출판부, 2011, 196쪽에서 재인용.

우다. 취향은 마음의 욕망을 사물에 투영하는 것으로서, 취향으로 인해 사물의 배치는 급격하게 바뀐다.

취향인들은 특정 감각이 발달했다. 또한 해당 감각을 활용한 사고와 판단도 더욱 강력해진다. 그렇게 되면 산업에도 새로운 영역이 만들어질 가능성이 높아진다. 페이크미트fake meat가 대표적인 사례다. 고기의 경우, 진짜 고기를 먹든 고기를 안 먹든 두 가지 중 하나만 선택하면 되지만, 동물복지와 환경 이슈가 등장하면서 고기의 식감은 아주 좋아하지만 진짜 고기는 먹고 싶어하지 않는 사람들이 생겨나게 된다. 즉, 고기를 두고 식감에는 선호를, 성분에는 혐오를 동시에 두는 상황이 발생할 수 있는 것이다. 그래서 진짜 고기는 아니면서 식물 성분으로 고기의 식감을 그대로 낼 수 있는 페이크미트라는 범주가 새롭게 등장하게 된다. 취향의 세분화와 교차화가 동시에 일어나면서 기존에 없던 범주와 새로운 시장의 수요가 만들어지는 것이다. 두유나 아몬드 우유도 마찬가지다. 우유를 좋아하면 먹으면 되고 우유를 싫어하면 안 먹으면 되지만, 우유의 맛을 좋아하는 사람들이 동물이 생산하지 않은 것을 찾다 보니 두유나 아몬드 우유라는 새로운 영역이 탄생했다. 아몬드 우유는 식물성이지만 동시에 기존 우유와 가장 비슷한 맛을 낼 수 있다는 것이 성공의 비결이다. 당근마켓이나 번개장터 같은 중고 거래 앱의 번창도 취향 범주가 새롭게 생성됨에 따라 성장했다.

취향인은 사물들이(인간이 아닌 비인간들, 즉 영상부터 소리 등 인간이 감각할 수 있는 모든 대상) 말을 걸어오는 경험을 한 사람들이다. 이들 사물에 대한 해석, 즉 사물들이 걸어오는 말을 인간의 말로 번역할 수 있는 능력, 이것이 체험을 광폭으로 넓히는 능력이다. 취향인은 비인간이 인간과 소통할 수 있도록 새로운 언어를 만드는 사람들이며, 취향인들은 그 언어를 공유하면서 자신들의 공동체를 만들어간다.

스트리밍에서 B급이 뜨는 이유

스트리밍은 우리 주변에서 너무 흔해졌고, 어디에서든 눈을 뜨면 PC나 스마트폰의 스크린이 보이면서 우리의 시야각이 스크린에 익숙해졌다. 화면 자체가 한눈에 보이기 때문에 편안한 감각을 얻게 되고 또 보다 보면 익숙해진다. 익숙해지면 새로운 것을 찾아낼 수 있는, 아름다운 것을 찾아낼 수 있는 지각 능력이 향상된다. 눈앞의 화면이 안정감을 주면서 그 안에서 내가 좋아하는 것을 찾아낼 수 있는 가능성이 증폭된 것이다.

B급은 모든 것이 엉망인 것이 아니다. 모든 것이 엉망이면 C급이다. B급은 종합적으로 평가해봤을 때 최고에는 미치지 못하지만 한두 가지의 요소는 큰 재미를 준다. 종합점수는 뒤처지지만, 특정 부분의 점수는 아주 높다. 웹툰도 그림, 대사, 스토리가 다 갖춰져야 대박이 나지만 그림 실력이 일정 수준에 미치지 못하더라도 '병

맛의 대사'가 아주 재미있으면 못 그린 그림은 문제 되지 않는다. 오히려 못 그린 그림은 대사의 병맛을 살려주는 역할도 한다. 뭔가 모자라는 그림 덕분에 가볍게 무방비 상태의 정신으로 웹툰을 보게 되고, 그런 분위기는 대사의 '허망한 유머'를 더욱 살려준다. 모든 것을 잘해야 한다는 불안감에서 벗어나 편안한 마음에서 즐기는 콘텐츠가 B급 감성에서는 두드러진다.

편안한 마음에서 진정성도 우러나온다. B급은 가식이 없는 진실함이고 진실함은 편안함을 가져온다. 가식은 불편하고 화려함은 부담스럽다. 유튜브의 번성은 B급의 번성이기도 하지만, 동시에 진실함과 편안함의 번성이기도 하다. 배우들은 주어진 역할을 잘 표현하려 애쓰지만, 유튜버는 자신의 감정과 경험을 솔직하게 말하면 된다. 배우들은 원래의 자신을 숨기고 맡겨진 배역을 잘 보여주는 것이 무기이고, 유튜버는 스스로를 잘 드러내는 솔직함이 무기다. 유튜버는 솔직함을 기반으로 유대를 형성한다. 그 솔직함에서 자신과 비슷한 것을 찾아낸 사람들이 팔로워가 되어 그를 따른다. 존 그린과 행크 그린 형제는 유튜브에서 해리포터 이야기를 하는데, 며칠 만에 구독자가 1만 명을 넘었다. 이들은 마약과 폭력에 얼룩진 자신들의 과거를 고백하기도 했다. 그들은 유튜브에서 성공하려면 무엇보다도 솔직해야 한다고 강조한다. "지금보다 멋지게 변할 필요는 없어요. 나 자신의 모습을 잘 받아들이는 법만 배우면 돼요. 처음 일을 시작했을 때 제 비디오는 사람들이 열어볼 수 있는 일기장 같은 거였어요. 시간이 지날수록 새삼 절실하게 깨달은 것이 있어요. 제가 솔직해질수록 사람들이 더욱 마음을 열고 깊은 유대감을 느낀다는 거예요."[*]

위치 선정 감각과 자신감

상황을 파악하고 자신의 위치를 적절히 변화시킬 수 있는 능력을 부르디외는 '위치 선정 감각'이라고 명명했다. 특정 장에서 내기물을 획득하려면 상황을 파악하고 거기에 스스로를 맞출 수 있는 능력이 있어야 한다. 경향을 예측할 수 있는 능력은 언제나 사회적 출신과 밀접하게 연관되는데, 이 능력은 강력한 사회적 차별성을 결정하는 요소다.[**] 이것은 과거의 해석과 미래에 대한 감각이다. 훌륭한 럭비 선수가 공이 어디로 튈지를 알고 기다리고 있는 것처럼, 훌륭한 과학자는 냉소적으로 계산하지 않더라도 필요한 순간에 필요한 행동을 통해 성공을 거둘 수 있다.[***] 이것이 '편안함 속의 자신감'으로, 어릴 때부터 몸에 육화된 상태로 터득된다.

부르디외에 의하면, 결국 어릴 적부터 어떤 '게임'을 해왔느냐가

[*] 로버트 킨슬·마니 페이반,《유튜브 레볼루션》, 신솔잎 옮김, 더퀘스트, 2018.
[**] 피에르 부르디외,《과학의 사회적 사용》, 조흥식 옮김, 창비, 2002.
[***] 피에르 부르디외, 앞의 책, 33쪽.

자신의 위치를 파악하고 미래를 예측할 수 있게 되어 특정 분야에 자신감을 갖게 된다. 어릴 적의 결정적 시기에, 즉 각인이 일어나는 시기에 하는 게임이 결국 자신의 미래를 결정하는 것이다. 불안함 속에서 하는 게임인가 아니면 편안함 속에서 하는 게임인가에 따라서, 그것이 선천적인지 아니면 강제적인지가 드러나는 것이다. 훌륭한 럭비 선수가 되려면 어릴 적부터 럭비를 좋아해야 한다. 왜냐하면 좋아해야만 마음이 편안해지고, 편안한 마음에서 럭비를 할 때 럭비 실력도 늘기 때문이다. 럭비를 하기 전에 설레고, 럭비를 하면서 재미있고, 럭비를 한 후에 충만감에 젖을 수 있다면 실력이 늘지 않을 이유가 없다. 그래서 어떤 것을 좋아하고 좋아하는 것에 시간과 비용을 투자해서 경험의 질을 높일 수 있다면 삶을 살아가는 데 하나의 중요한 능력이 된다. 헤크먼James Heckman은 이것을 '비인지적 능력'이라고 총칭해 불렀다. 비인지적 능력은 성실성, 창의성, 자제력 같은 특성인데, 특정 게임을 하면 이러한 능력을 기르기 용이하다. 대표적으로는 전략과 레벨이 필요한 게임이다. 프랭클린이 찬탄했던 체스의 영향이 그 예다(132쪽 각주 참조). 프랭클린에게 체스는 비인지적 능력을 기르는 최선의 훈련이었다.

그렇다면, 어릴 적부터 럭비나 체스를 좋아하려면 어떤 조건이 필요할까? 무엇보다 럭비나 체스만이 아니라 그것 이외의 다른 것도 해볼 수 있는 환경이다. 그래야 내가 다른 것보다 럭비나 체스를 더 잘하는 것을 알게 되고 럭비나 체스 하는 것을 어릴 적부터 다른 사람에게 인정받을 수 있게 된다. 경험해볼 수 있는 것이 많아야한다. 악기로 치면, 여러 가지 악기를 연주해볼 기회가 많아야 하고, 게임도 여러 가지를 해볼 기회가 많아야 내게 맞는 게임을 고를기회가 생긴다. 그런 기회에 스스로 부담 없이 참여할 수 있는 물질적인 기반과 마음의 개방성이 있어야 한다. 물질적 지원이 없다면한 번의 실패 후 다시 도전하기가 어렵다. 새로운 경험을 하려 해도불안에 빠지기 쉬워 함부로 시도하기가 어렵다.

맬컴 글래드웰Malcolm Gladwell은 《아웃라이어》에서 캐나다 하키선수들이 주로 1월이나 2월생이 많다고 지적했다. 이들은 그해에늦게 태어난 아이들보다 육체적 성장이 빨랐고 그것이 비교우위가되어 인정받는 횟수가 늘어나면서 자신감을 얻고 결국 국가대표선수가 되었다는 것이다. 그러나 이런 현상이, 육체적 성장 그 자체가 하키 능력을 결정지었다는 증거라고 생각하는 것은 오해다. 그보다는 육체적 성장이 중요한 하키라는 종목에서 어릴 적부터 받아온 자원─부모의 지지와 그에 따른 경제적 지원─의 비교우위때문에 육체적 비교우위가 드러났고, 연습하면서 남들보다 더 인정받는 횟수가 늘어나면서 하키를 잘하게 된 것이라고 보는 것이 올바른 이해라 하겠다. 물론 야구나 축구였다면 하키와는 다른 조건이기 때문에 또 다른 경로의존의 채널을 탔을 것이다. 결과적으로하키의 숙련도는 하키를 일찍 경험할 수 있는 기회의 물질적 기반과 그것을 계기로 획득한 자신감이라는 비인지적 능력을 통해 향상될 수 있었다.

비인지적 능력은 경험의 축적으로부터 배양된다. 취향은 정신적 경험의 축적이다. 호러영화 마니아들도 누군가 호러영화를 즐기는 것을 봤기 때문에 호러영화를 보기 시작한다. 또 두려움을 이겨나가는 과정을 좋아하게 되면서 호러영화를 계속 보게 된다. 마니아들에게 호러영화란 자신의 정신적 능력을 상징한다.* 그래서 호러영화는 영화적 소양을 대표하는데―그러니까 영화적 소양이 있다고 하면 호러영화에 대한 이야기는 할 수 있어야 하는데―, 이는 호러영화에 대한 지식이 정신적 깊이가 있다는 것을 보증하기 때문이다. 호러영화는 영화 중에서도 가장 정신적인 장르다. 두려움과 마주할 수 있어야 하기 때문이다. 그렇게 호러영화를 통해 자신의 정신적 능력에 대한 유능성을 보임으로써 호러영화 마니아는 자존감을 확보한다. 경험은 축적으로만 끝나는 것이 아니다. 축적됨으로써 궁극적으로는 자아의 최대화, 정신적 능력의 최대화를 이

---

* 미학에서도 그로테스크는 중요한 영역이다. 빅토르 위고도 말했지만, 예술의 이상적인 미는 가상일 뿐이며, 예술은 아름다움과 함께 있는 추를, 숭고와 함께 있는 그로테스크를 통해 이 세계를 있는 그대로 보여주기 때문이다. 위고는 그로테스크를 공상적인 것과 관련시키지 않고 사실적인 것과 관련시켰다. 그로테스크는 우리 주변 세계에 존재하고 있다. 그로테스크는 우리 주변에 존재하면서도 낯선 이미지다. 우리 주변의 익숙한 것을 낯설게 한다. 그럼으로써 그로테스크는 우리 세계의 불합리와 설명될 수 없는 것과 유희하면서 악마적인 무언가를 불러내고 정복하는 것이다. 이익주, 〈모던적 증상으로서 낭만주의 그로테스크 미학과 영화이미지〉,《그로테스크와 현대사회 컨퍼런스》, 강원대 사회통합연구센터, 2020, 13쪽.

룬다. 최대 자아를 위한 훈련소는 하키일 수도 있고, 호러영화일 수도 있고, 스키일 수도 있고, 암벽일 수도 있고, 그 어떤 두려운 대상일 수 있다.

비인지적 능력이 임금에 미치는 영향

읽기, 쓰기와 암기력 같은 인지적 능력만이 아니라 비인지적 능력도 교육이나 임금에 미치는 영향이 크다. 기존 연구에서는 경험에의 개방성, 성실성, 외향성, 친화성, 신경증 같은 비인지적 능력들이 교육연수에 영향을 미친 것으로 나타났다.[*] 개방성과 성실성은 교육연수에 양의 관계를, 외향성과 친화성, 신경증은 음의 관계를 나타냈다. 임금의 경우는 어떨까? 한국노동연구원은 2016년에 개방성이나 성실성 같은 비인지적 능력이 임금에 어떤 영향을 미치는지를 조사했다. 비인지적 능력 모두가 임금에 영향을 미친다는 결론이 나왔는데, 특히 경험에의 개방성과 성실성이 큰 영향을 미쳤다. 경험에의 개방성이란 구체적으로 창의적인 아이디어, 예술적인 체험, 상상력 등을 의미했다. 특히 상상력은 사고 능력 전체에 영향을 미쳤다.

---

[*] Van Eijck and DeGraff, 《비인지적 특성과 사회경제적 성과》, 안태현·고형근 옮김, 한국노동연구원, 2016.

멀레이너선과 샤퍼는《결핍의 경제학》에서 상상력이 어떻게 사고 능력에 영향을 미치는지를 간단한 과제를 통해 보여주었는데, 흰색 사물을 될 수 있으면 많이 열거하는 것이다. 먼저 두 개의 사물(눈과 우유)을 예로 제시한 A그룹과 아무것도 제시하지 않은 B그룹을 비교했다. 그 결과, 예시의 도움을 받은 A그룹 피실험자들이 그러지 않은 B그룹 피실험자들보다 사물을 적게 기억해냈다. 심지어 보너스로 받은 2개의 단어를 포함하더라도 그랬다. 그 이유는 억제효과inhibition effect 때문이다. A그룹 피실험자들은 흰색을 생각할 때마다 눈 또는 우유와의 연관이 머릿속에서 활성화된 것이다. 그러면서 다른 흰색 사물에 대한 연상은 억제되었다. 눈과 우유가 다른 것들을 모두 쫓아버린 셈이다.

간단한 실험이지만 우리에게 시사하는 바가 크다. 우리는 초등학교 때부터 사지선다와 오지선다에 익숙하다. 제시된 것에서 고르는 연습만 해온 사람들에게 상상력의 축적은 일어나지 않는다. 오히려 꼼수의 축적이 일어난다. 수능 문제를 보면 '있는 대로'라는 표현을 자주 볼 수 있다. 정답이 복수일 수 있다는 것을 암시한다. 그런데 그동안 '있는 대로'가 붙어 있는 수능 문제의 약 30%는 정답이 하나였다.* 국가시험에서부터 내가 그 말을 믿을지 말지를 판단해야 하는 꼼수의 기술을 가르치고 있다.

---

* 《조선에듀》 2016년 7월 12일.

반면 예술적 체험을 포함해 다양한 경험을 통해 얻은 것들은 상상력과 사고 능력의 향상으로 이어진다. 학교 교육에서 평등하게 같은 시간을 가르치고 같은 학습량으로 공부를 했다손 치더라도 유아 시절부터 쌓아온 교육과 인지 능력의 결과는 판이하게 다른 결과를 낳는 것이다. 인지적 학습을 하기 훨씬 이전부터 쌓아온, 이미 학습자에게 내재되어 있는 비인지적 능력의 아비투스가 인지적 학습의 이해력과 적응력을 결정하는 것이다. 결국 능력주의를 통한 공정함은 그럴 듯하지만 어떤 문제도 해결하지 못하는 임시방편일 뿐이다.

비인지적 능력이 임금과 계급에 영향을 미친다는 것을 주장한 시카고대학 경제학과 교수 헤크먼은, 능력이 비교되기 이전 시기인 영유아 교육의 중요성을 주장한다. 0~5세의 영유아 교육에 투자하는 것이 교육의 수익률과 효율성을 가장 극대화하는 선택이라는 것이다. 헤크먼에 따르면, 영유아 시기의 교육에 대한 투자는 성인기에 이루어진 투자보다 16배나 효율적이다. 그런 중요한 시기가 지나면 투자되는 교육의 수익률은 점차 낮아진다. 비인지적 능력은 부모의 반응성과 부모와의 대화 내용, 표정, 말투, 제스처 등으로부터 자신의 말과 행동으로 이전되는 형태로 길러진다. 예컨대 장난감을 동생과 같이 가지고 놀 때마다 부모가 자랑스러운 미소를 짓고, 돈 이야기를 할 때마다 얼굴을 찌푸렸다면 그 사람은 월가의 증권사 대신 평화봉사단에 들어가겠다는 목표를 세울 수도 있다.* 면전에서 윽박지르며 자녀를 훈육시켜봤자 불안하게만 만들 뿐 비인지적 능력 배양에는 큰 효과가 없다. 오히려 부모가 책을 읽으면서 너는 책 읽지 말고 텔레비전이나 보라고 다그치면 아이는 텔레비전을 보기보다는 책을 읽게 될 것이다. 저게 뭔가 재미있는데 나만 그걸 보지 못하게 한다고 생각하기 때문이다. 자식은 부모의 직접적 지시가 아니라 부모의 어투와 분위기를 보고 배운다.

부모의 행동과 반응에서 자식들은 그 상황을 나름대로 해석하고 판단한다. 차분하고 안정된 상태에서 부모가 자식과 성실하게 상호 소통을 하면, 자녀들은 전체적인 상황을 파악하고 그 안에 자신의 행위를 위치시킬 수 있는 능력을 얻는다. 단, 상호 소통은 온화하게 반응하는 것이어야 한다. 부모가 묻고 자녀가 답하는 식은 아니다. 자녀도 질문할 수 있어야 한다. 그러면 이야기에 더 몰입하고 대화의 주도권도 갖는 경험을 하게 된다. 그러면 전체적인 상황을 파악하려 애쓰게 되고 위치 선정 감각도 획득할 수 있게 된다.

취향 그루밍과 자동맞춤화

취향은 순수하게 자신의 선택인 듯하지만, 선택지를 제공하는

---

* 로버트 치알디니·더글러스 켄릭·스티븐 뉴버그, 《사회심리학》, 앞의 책, 41쪽.

것은 결국 사회적 환경이다. 등산하는 사람에게 왜 등산을 하냐고 물어보면 저기에 산이 있기 때문이라고 말한다. 산이 없으면 등산이 취미가 될 수 없다. 취향에 대한 최초의 선택은 이렇게 주어진다. 그러나 최초의 선택 이후에 다른 선택을 하지 않는다면 그 선택은 최초이자 최후의 선택이 된다. 취향이 최초의 선택에 머물러 정념의 수준에서만 멈추고 이성적으로 세련화의 단계로 진척하지 못할 경우 취향은 그루밍grooming되는 방향으로 흐른다. 수동적인 소비와 결합될 경우 이런 사태는 더 잦게 일어난다.

배너지Banerjee와 뒤플로Duflo는 《힘든 시대를 위한 좋은 경제학》에서 자동맞춤화에 대한 우려를 나타냈다. 예를 들어, 포털 사이트 이용자가 자신이 읽을 뉴스를 직접 선택할 때는 적어도 자신이 무엇을 하고 있는지 인식하지만, 자동맞춤화에서는 그 인식마저 사라지기 때문이다. 예컨대, 취향에 맞는 기사를 직접 골라서 읽을 때는 비록 편향적으로 골랐을지라도 적어도 자신이 읽고 있는 기사가 편향적으로 선택되었다는 것을 알고 있다. 반면 직접 선택하지 않고 그저 주어진 기사를 읽을 경우는 그 정보를 더 잘 받아들인다. 자동맞춤화에서는 전체적인 상황을 파악할 수 없게 되는, 즉 위치 선정 감각을 잃어버리는 것이다. 편향을 교정하려면 편향 자체를 인지해야 하는데 무작위로 주어지면 그럴 기회를 놓치고 만다.[*] 사

---

[*] 아비지트 배너지·에스테르 뒤플로, 앞의 책, 236-237쪽.

회적 환경과 상호작용하면서 받아들일 것은 받아들이고 또 거부할 것은 거부하면서 스스로 개입하고 판단할 수 있을 때 진정한 취향으로 발전할 수 있다. 이 때문에, 취향은 정감에 기초하지만 여기에 이성적인 노력이 결합되면 자아의 발전으로 이어질 가능성도 그만큼 높아진다.

흄은 취향이란 감정으로만 끝나면 진정한 취향이 될 수 없으며, 감정과 이성의 결합이라는 지적인 노력의 산물이어야 함을 주장한다.

어떤 사람이 특정 대상에 쾌락을 의식하고 더 충분히 집중하기 위해, 최초의 애매하고 혼동된 감정을 분명하게 판명하도록 만들기 위해 그 감정에 머무르지 않고 충분한 지각적 지적 노력을 요구하며, 평온과 일관의 상태를 추구해야 한다. 의미 있는 것을 발견하려면 이전 감정들에 뒤따르는 새로운 감정을 경험해야 한다. 즐거움의 초점을 규명하기 위해서는 그가 속한 공동체의 규약들을 사용하는 '공적으로 식별 가능한 것'에 호소해야 한다. 이것이 우리의 판단과 평가들에 필요한 객관성을 확보해준다. 나아가 사회적 존재로서 관객은 자신들의 반응들이 그의 이웃들의 반응과 유사하다는 것을 재확인하며 그가 즐기는 것을 그들과 공유할 수 있으리라는 기대를 한다.[*]

---

[*] 최희봉, 〈감정과 취미에 관한 흄의 견해〉, 《동서철학연구》 42호, 2006.

취향은 개개인의 기호에서 시작되는 것이지만 결국 보편성을 획득해야 더 높은 감정으로 발전할 수 있다. 공적으로 식별 가능해야 공동체에서 받아들여지고 인정받을 기회가 만들어지는 것이다. 즐기는 것을 공유할 수 있으면 그것으로부터 새로운 감정을 경험할 가능성도 더 높아진다. 자기 방 안에서 혼자의 것만으로 끝나면 새로운 감정을 경험할 기회를 얻기 어렵기 때문에 취향도 오래 지속되기 어렵다.

사실 이러한 취향의 구분은 사회적으로 취향의 위계를 생성하는 핵심 메커니즘이기도 하다. 그 위계란 취향을 이성적이고 합리적인 것과는 거리가 있는 것으로 생각하는 집단과 취향을 이성적이고 합리적인 것과 연결시키는 집단 사이의 위계다. 그것이 취향의 구별짓기로 작동한다. 보편적이고 이성적인 것과 관련 없는 취향을 가지면 합리적인 사고와는 거리가 멀어서 뒤처질 수밖에 없는 사람으로 규정되는 것이다.[*] 이런 고정관념은 상층의 취향은 더욱 합리적이며 하층의 취향은 덜 합리적이라는 사회적 장치를 생산한다.

취향에 대한 합리적 평가와 자신감

와인 테이스팅을 할 때, 가격은 그 와인의 평가에 어느 정도 영

---

[*] 박형신, 《에바 일루즈》, 커뮤니케이션북스, 2018, 9쪽.

향을 미칠까? 이 경우 가격이 비싼 경우에만 영향을 미친다. 같은 와인을 놓고 한쪽은 비싼 가격을, 다른 한쪽은 싼 가격을 붙여놓으면 비싼 가격 쪽 와인이 맛있다고 대답하는 비율이 더 높게 나타난다. 비싼 가격이 편견을 만들어내 미각의 이성적인 판단과 연결되지 못하기 때문이다. 반면, 낮은 가격은 판단에 전혀 영향을 미치지 않는다. 낮은 가격은 아무런 각성효과를 가져오지 않기 때문에 마음의 평정을 가져와서 맛을 이성적으로 판단할 수 있게끔 한다. 높은 가격에서는 맛있다는 쪽으로 쏠렸지만 낮은 가격에서는 정확하게 평가한 것이다. 정확하게 평가했다는 것은 그만큼 와인 테이스터들의 공동체가 만든 규약에 맞는 보편성을 가졌다는 뜻이다.

이러한 논리를 와인 테이스팅의 기술이 뛰어난 사람에게 적용하면, 이들은 '가격이라는 변수에 거의 영향을 받지 않는 사람'으로 정의할 수 있다. 가격에 영향을 받지 않는다는 것은 가격으로 표시된 외부의 압박으로 인해 흔들리지 않는다는 뜻이며, 동시에 자신이 소속된 와인 테이스팅 공동체가 만든 규약에 정확하게 들어맞는 판단력을 지녔다는 뜻이다.[*] 그래서 이들은 탁월한 미각을 지

---

[*] 공통된 취향을 통한 공감은 개인의 욕구를 충족시켜주고 개인의 자존감을 높여준다. "자존감(self-esteem)은 자기(self) 스스로를 얼마나 수용적으로 느끼는가에 대한 평가로, 긍정적인 측면은 물론 부정적인 측면까지도 있는 그대로 인정하고 수용하는 자기-가치감(self-Worth)으로 정의된다. 구선아·장원호, 〈느슨한 사회적 연결을 원하는 취향공동체 증가 현상에 관한 연구〉, 《인문콘텐츠》 2020 Jun; 57: 65-89.

넜다고 인정받는다. 자본주의가 만들어낸 물질적인 위계보다도, 즉 일반 지위보다도 자신들의 특수 지위를 상위에 올리는 사람들인 것이다. 그런데 아이러니한 것은 이러한 특수 지위에 대한 몰입이 오히려 중상층 계급과 전문가 계층에서 더 많이 나타난다는 사실이다. 하층 계급이 오히려 물질적인 위계나 일반 지위재의 소유를 맹목적으로 추종하고—부르디외는 이들을 자본주의의 물질주의 숭배를 위한 '들러리'라는 말로 표현했다—중상층 계급은 특수 지위의 추종을 통해 다양한 재화에 대한 소유를 욕망한다.

결국 자신들이 소속한 공동체에서 새로운 규칙을 만들어낼 수 있는 사람들이 특수 지위를 생성하고 획득할 수 있게 된다. 예컨대 어떤 사람은 콘텐츠의 감상으로부터 만족을 얻고 충만함으로 가지만, 어떤 사람은 콘텐츠를 감상하며 자신의 처지를 한탄하고 무력감에 빠진다. 또 어떤 사람은 콘텐츠를 감상하는 것이 시간 낭비라며 불쾌감을 드러낸다. 이는 이들의 아비투스에서 비롯된다. 부르디외는 이를 계급성의 발로라고 보았다. 특정 계급의 문화는 특정한 사고 과정을 배태시킨다. 기능적이고 실용적인 것에만 접근하는 계급과 세심하고 미학적인 것에 가치를 부여하는 계급이 따로 있다는 것이다. 구체적으로 말하면, 필요한 것에 중심적인 가치를 부여하는 계급의 문화와 필요로부터 거리를 두고 '자유로운' 사고 과정에 중심적인 가치를 두는 계급의 문화가 있다. 이 두 계급의 문화는 그 문화를 구성하는 구성원들 각각의 내부 네트워킹을 강화한다.

서로의 계급성을 강화하고 그에 따라 사고의 격차는 더욱 커지는 문화자본이 있다는 것이다.

그렇다면, 자신이 처한 계급에 따라 같은 콘텐츠를 해석하는 방식도 달라질까? 문화자본의 유무에 따라 다른 해석을 할 수밖에 없다. 비극적인 콘텐츠를 해석할 때의 차이가 대표적이다. 흄이 이런 사례를 잘 포착하여 언급했는데, 흄은 비극적 이야기를 다룬 콘텐츠를 볼 때, 실제로는 행복한 사람들이 더 큰 만족과 재미를 얻을 수 있다고 주장한다. 흄은 이를 부수적인 감정과 지배적인 감정으로 나누어 설명한다. 부수적인 감정이 슬픔이라 해도 지배적인 감정이 즐거움이라면 슬픔은 제어 가능하다. 오히려 부수적인 감정으로 일어나는 슬픔은 즐거움을 더욱 강화한다.

예를 들어, 소설을 읽을 때 주인공의 죽음은 분명 슬픈 일이지만 그 슬픔이 일상의 정신 전체를 지배하지는 않는다. 주인공의 죽음이 주는 슬픔의 감정은 소설을 읽는 과정에서만 일어난다. 자신의 자아와 실생활에서 본다면 일시적이고 부수적일 뿐이다. 소설을 다 읽은 후 느끼는 작품의 감동은 주인공의 죽음에도 불구하고, 또는 주인공의 죽음 때문에 더욱 크게 다가온다. 이는 나의 실생활의 상황이 평안하고 행복하기 때문에 소설을 읽는 동안 소설의 작품성을 충분히 느낄 수 있다는 것이다. 반면 내가 불안하고 슬픈 현실에 처해 있다면 주인공의 죽음에 대한 해석이 달라진다. 즉 나의 지배적인 감정이 슬픔이라면, 소설을 읽을 때 주인공의 죽음으로 인한 슬픔은 부수적인 감정으로 끝나지 않는다. 주인공의 죽음은 실생활에서 나의 지배적인 감정을 격화시켜 실생활에서의 슬픔을 증폭시킬 수 있다.

이러한 흄의 논리를 계급에 적용시켜보자. 중상층 계급에게 특정 콘텐츠는 즐거움과 자신감을 증가시키지만 하층 계급에게 특정 콘텐츠는 반대로 오히려 자신감을 빼앗고 무기력하게 만들며 질투심을 증폭시킬 수도 있다.

그렇다면, 콘텐츠를 어떻게 해석할 때 계급을 초월하여 모든 계급에게 즐거움과 자신감을 가져오게 할 수 있을까? 물론 콘텐츠를 해석하는 틀이 각 계급의 뇌 속에 각인되었다고 볼 수도 있겠지만 뇌도 가소성plasticity의 영역이기 때문에, 콘텐츠 자체가 세심하게 잘 짜여 있다면 계급의 경계를 뛰어넘을 가능성도 충분히 있다. 이것은 흄과 부르디외의 대립적인 견해에서 잘 드러난다. 부르디외는 콘텐츠 자체가 미치는 영향보다는 계급이 갖고 있는 문화적 성향이 결국 콘텐츠를 해석하는 데 전적으로 영향을 미친다고 본다. 반면 흄은 콘텐츠 자체가 콘텐츠를 보는 사람들의 해석에 영향을 미칠 수 있다고 본다. 물론 이러한 주장에서도 콘텐츠의 우수한 품질을 알아볼 수 있는 능력이 중요하다고 볼 수도 있겠지만, 흄은 콘텐츠의 품질이 우수할수록 그만큼 계급성을 초월할 가능성도 높다고 본다. 콘텐츠의 내용이 "사건들을 생생하게 묘사하고", "감동적인 장면을 모으고", "그 장면들을 질서 있게 배치하여 서술하고 힘 있는 표현을 사용"한다면 그 어떤 청중에게도 최고의 만족을 선사하고 극도의 기쁜 감정을 불러일으킬 수 있기 때문이다.* 그래서 흄은 취향을 통해 기질을 개선하는 것이 가능하다고 주장한다. 시나 웅변, 음악 혹은 회화 중 하나를 골라 아름다움을 연구하는 것보다 기질을 개선하는 데 더 나은 방법은 없다는 것이다.** 기질의 개선은 콘텐츠를 통한 정서적 감정 훈련과 이성적 사고 훈련을 통해 가능한 것이다.*** 이로써 흄에게 취미와 콘텐츠는 계급의 경계선을

---

* 데이비드 흄, 앞의 책, 71쪽.

** 데이비드 흄, 앞의 책, 94쪽.

*** 벤저민 프랭클린 역시 콘텐츠를 통해 감정 훈련과 사고 훈련이 가능하다고 봤다. 프랭클린은 체스 중독자로서, 체스에서 배운 인생이 자신의 심성에 반영되었고 결과적으로 미국을 건국하는 데 큰 영향을 미쳤다고 말한다. 〈체스의 교훈〉이라는 글에서 프랭클린은 게임의 좋은 점을 이렇게 언급한다. "체스를 하면 인생에서 중요한 가치를 배우고 인생에 필요한 것을 얻는다. 인생은 체스와 같아서, 이익을 얻을 때도 있고 경쟁자들과 다툼을 벌일 때도 있다. 그 속에서 신중한 행동을 했는가의 여부에 따라 수없이 다양한 선과 악의 결과가 발생한다. 체스를 하면 이런 것을 배운다. 1) 통찰력. 행동의 결과를 생각하고 미래를 보는 능력이다. 이 말을 움직이면 어떤 이익이 있을까? 상대를 혼란에 빠뜨리는 데 어떤 도움이 될까? 이 말의 움직임을 뒷받침하고 상대의 공격을 방어하려면 무엇을 움직여야 할까? 2) 신중. 체스 판 전체를 보고 여러 조각과 상황의 관계, 위험, 여러 가지 가능성, 이런저런 움직임의 역효과, 공격 방법, 상대의 공격을 피하는 방법, 상대를 역으로 공격하는 법 등을 생각한다. 3) 주의. 성급하게 움직이지 않는다. 말은 한 번 옮기면 번복할 수 없다. 이 규칙을 알면 게임이 인간의 삶, 특히 전쟁과 비슷함을 알 수 있다. 4) 용기. 체스에는 수많은 사건과 다양한 반전, 갑작스런 행운 그리고 절망적인 곤경에서 벗어날 방법을 발견하는 희열이 있다. 이런 이유로 승리를 향해 마지막까지 자신의 능력으로 싸우게 한다. 체스를 하면서 우리는 상대의 선전에 성급히 절망하지 않고 마지막 순간까지 행운을 포기하지 않는 자세를 배운다."

초월하는 혁신의 미디어일 수 있다.*

진격의 콘텐츠와 탈계급성

드라마 〈미스터 션샤인〉(2018, tvN)은 시대를 잘 반영한 작품
이다. 여성들의 판타지를 자극하는 남성상이 모두 등장해 여심을
흔들지만, 세 남성은 결국 모두 비극적인 최후를 맞이한다. 여성 주
인공만이 홀로 남아 세상과 맞선다. 여성의 삶의 목표가 자신보다
더 멋진 남성과 함께하는 것이라는 통념을 과감히 파괴한다. 〈동백
꽃 필 무렵〉(2019, KBS2)에서도 주인공 동백은 고아이자 비혼모이

---

* 라캉도 예술 작품이 갖는 영향력을 인정한다. 라캉은 예술 작품이 부러워하고 욕망하
는 사악한 응시를 길들이고 진정시킨다고 설명한다. 즉 예술 작품은 자신의 결여를 채워
줄 것 같은 대상은 단지 이미지일 뿐이고 허상일 뿐이라는 것을 깨닫게 함으로써 응시
를 진정시킨다. 우선 라캉은 사악한 응시의 욕망에 의해 그림의 마력적인 가치가 만들어
진다고 한다. 그림이 눈요기 감을 제공하지만 동시에 관객이 마치 무기를 내려놓듯이 응
시를 내려놓도록 한다고 설명한다. 즉 예술은 사악한 응시를 순하게 만들고, 문명화시
키고, 진정시키는 아폴론적 효과를 자아낸다. 이러한 응시를 길들이는 예술 작품의 특
성은 '우리의 시선으로 감당할 수 없는 실재적 차원'을 '우리가 감당할 수 있는 이미지'
로 구현해주는 속성에 내재되어 있다. 관객이 자신의 응시를 충족시키는 어떤 것을 요구
할 때 파라시우스의 베일 그림과 같은 그림은 그것을 포기하도록 부드럽게 종용하는 효
과를 발휘한다. 베일이 그림임을 알았을 때 속았다는 것을 깨닫게 되지만 거기에 분노
가 아닌 어떠한 쾌감이 발생하게 된다. 바로 대상에 대한 집착을 버릴 수 있기 때문에 즐
겁다. 길들여진 응시는 사물에 대한 집착을 버리고 마음을 비우게 한다. 라캉은 이것을
예술 작품의 승화 현상이라고 한다. 슬라보예 지젝, 《삐딱하게 보기》, 김소연 옮김, 시각
과언어, 1995.

고 술집을 운영하는 인물로 우리 사회 소수자를 대표하지만, 자신감을 갖고 자기 인생을 펼쳐간다. 경찰인 황용식이 그녀의 애인으로 등장해서 위기에 처한 동백을 지켜주려 하지만, 매번 위기를 극복하고 편견을 극복해나가는 것은 동백 자신이다. 용식은 조력자의 위치일 뿐이다. 비혼모이고 고아이고 술집을 운영하는 한국사회의 소수자들에겐 보통의 성공 드라마나 연애 드라마가 주었던 박탈감과 무기력의 경험과는 다른 대리 경험을 이 드라마가 제공한다. 물론 이들 '혁신의 콘텐츠'가 '섹시한 남성상'과 '의존적인 여성상'을 완전히 불식시키지는 못했지만, 세련된 스토리의 힘으로 사람들의 편견을 교정하는 역할을 했다.

소수자에 대한 편견은 동백과 자신을 동일시하는 대리 경험을 해보면서 줄어든다. 이런 편견의 완화는 동백 같은 소수자들에게 자신감을 부여한다. 주변의 '불쌍한 시선'으로부터 오는 무기력에서 탈피하고 작은 자신감을 충전시키면서 그만큼 비인지적 능력이 고양될 가능성이 높아지기 때문이다. 비인지적 능력은 인지적 능력에도 영향을 미친다. 특히 계급 격차가 부여하는 감정의 격차에서 가장 불평등하게 분배된 것이 자신감이기 때문에 콘텐츠의 역할은 중요하다. 콘텐츠는 사회적 격차가 부여한 편견과 무기력의 분위기에 태클을 거는 역할을 하는 것이다.

자신감은 자신이 속한 공동체 내 타자의 기대와 믿음을 전제로 한다. 이는 그 유명한 로젠탈 효과—흔히 피그말리온 효과로 알려진―로 이미 오래전에 검증되었다. 1964년 독일에서 학생들의 인지적 능력에 교사의 기대가 얼마나 영향을 미치는가를 알아보는 실험이 있었다. 교사의 기대만으로 학생의 성적이 오를 수 있는가에 대한 실험이었다. 결론부터 말하자면, 교사의 기대만으로 학생들 성적이 오를 수 있었고, 그것도 일부 학생이 아닌 많은 학생에게 효과가 있었다.

실험은 무작위로 선정된 중소도시 초등학생들을 대상으로 진행되었다. 연구진은 전체의 20%에 해당하는 학생 명단을 교사들에게 알려주면서 앞으로 지적으로 크게 성장할 아이들이라고 했다. 하지만 그것은 사실이 아니며 연구를 위해 조작한 내용이었다. 실험은 8개월간 지속되었다. 8개월 후 성적이 20점 이상 오른 학생의 비율을 비교했다. 특별히 염두에 두었던 학생 그룹은 성적이 47%나 상승했고, 일반 그룹은 19%만 올랐다. 두 배 이상의 엄청난 효과를 보인 것이다. 교사들이 가진 기대감―즉 학생들이 미래에 잘될 것이라는 호기심―이 학생과의 소통에 영향을 미친 결과였다. 교사들의 기대감이 얹어진 학생에게는 다른 눈빛, 다른 말투, 다른 표정, 다른 반응이 전달되었을 것이고 그것이 학생의 마음에 자신감을 심어주었다. 학생들의 자신감은 학습 동기를 일깨워 공부하게 만들었고 성적을 상승시켰다. 그렇게 교사들의 비인지적 능력은 학생에게 '전염'되어 학생들 내면의 비인지적 능력으로 싹텄고, 그 비인지적 능력이 인지적 능력에 영향을 미친 것이다.

로젠탈 실험과 연관해서 검토하고 넘어가야 할 문제가 하나 있다. 만약 학생들이 자신감을 갖도록 만드는 실험이라고 교사들에게 처음부터 그 의도를 밝혔다면 어땠을까? 그랬다면 교사들은 실험의 효과를 만들어내기 위해 자주 칭찬하고 노골적으로 기대감을 표했을 것이다. 물론 이것도 똑같이 효과가 컸을 것이다. 칭찬은 가짜와 진짜를 구분하기 어렵기 때문이다.[*] 그러나 시간이 지날수록 교사들의 기대감과 칭찬은 점점 문맥을 벗어나게 될 것이고, 점차 교사들의 진정성을 의심하며 무언가 다른 의도가 있어서 자신들을 칭찬한다고 생각하는 학생들이 늘어나게 될 것이다. 부자연스러움을 느낀 학생들은 자신들이 존중받고 있다는 느낌을 얻기 어려울 테고 자신감도 획득하기 어려워진다. 자신감은 자기 스스로가 진정으로 존중받고 있다고 느낄 때 생겨나는 것이지, 자기가 다른 것의 수단이 되고 있다고 생각할 때는 잘 생기지 않는다.

사물이나 사람에게서 아름다움을 느낄 수 있는 사람은 무관심한 평정과 그것에서 발생하는 세심함으로부터 기쁨을 얻는다. 어떤 의도의 수단이 스며들어 있지 않다. 들판의 꽃이 진정 아름답다고 느끼는 사람은 그 꽃을 수단으로 삼아 무언가를 거대하게 이루려고 하지 않는다. 그냥 그 꽃 자체로 아름다운 것이다. 그 꽃 자체

---

[*] Byron Reeves and Clifford Nass, *Media Equation*, Center for the Study of Language and Inf, 1996, chap. 3.

로 아름다우니까 그 꽃을 세심하게 들여다보고 하나하나 세밀한 부분을 판별해낼 수 있다. 커피를 수단으로 생각한다면 커피 맛의 미세한 차이를 판별하는 것은 불가능하다. 즉, 커피를 돈벌이의 수단으로만 생각하면 커피 맛을 판별하는 능력은 떨어진다. 맛을 추구하는 사람에게 최고의 맛은 무관심한 평정의 상태에서 생성되는 미세한 판별력으로부터 나온다.

맛을 분석하고 그 맛의 미세한 차이를 파악할 수 있는 능력이 생기려면 맛을 지속적으로 볼 수 있는 여건, 즉 아무런 강제나 강요 없이 마음이 평정하고 무관심한 상태에 있어야 한다. 그러나 외부의 강제와 주입에 의해 또는 외부의 불편한 조건에 의해 관심이 한쪽으로 쏠리면, 마음의 평정이 깨지면서 취향의 감각은 사라지고 취향의 수준은 하락한다. 무기력도 그때 찾아온다. 대중이 짜놓은 기준선에 나를 맞추려 하면서 무기력에 빠지는 것이다. 에리히 프롬도 지적했지만, 자발적으로 행동하지 못하고 진정한 느낌과 생각을 표현하지 못하는 무능력, 그로 인해 타인과 자신에게 가짜 자아를 내보일 수밖에 없는 것이 열등감과 무력감의 뿌리다. 무기력으로부터 탈출하지 못하는 사람들의 공통적인 특성은 자기암시에 약하다는 것이다. 타인의 암시에 대한 수동적인 수용만이 있을 뿐이다.[*] 그래서 취향은 자신의 느낌과 생각을 표현하는 수단이며 그

---

[*] 에리히 프롬·라이너 풍크, 앞의 책, 2016.

것을 통해 자기암시를 수행할 수 있다는 점에서 무력감을 떨치는 무기이기도 하다.

취향의 수준을 높이기 위해서는 물질적 환경이 갖추어지는 것만으로는 충분하지 않다. 물질적 안정과 함께 자아의 평온함과 상상력을 추구할 수 있는 분위기 또한 갖추어져야 한다. 또한 해당 공동체의 기호와 규약들을 사용할 수 있는 기회를 충분히 주어야 한다. 영화를 예로 든다면, 영화를 보는 환경만으로—예컨대 영화관이 많다는 것만으로는—영화 취향인이 만들어지지는 않는다. 늘 긴장하고 불안한 사람에게 영화는 소일거리용 소비품일 뿐이다. 오히려 영화를 보고 자신들의 언어로 상상력을 공유할 수 있는 관계망이 더 중요하다. 이 관계망 속에서 지지받고 있다는 느낌과 평안함을 얻고, 평안함 속에서 자신의 생각을 타인과 공유할 수 있다.

취향의 심도: 쓰레기를 아름답게 보는 능력

오늘날 소비주의의 핵심은 오랫동안 사물을 소유하며 사물을 축적하는 것이라기보다는 사물을 그때그때 한 번 즐기고 만다는 것이다. 바우만Zygmunt Bauman은 이렇게 말했다. "우리가 사는 세계는 그 어느 때보다도 이타노 칼비노의 《보이지 않는 도시》에 나오는 레오니아에 가깝다. 레오니아는 부를 가늠하는 척도가 매일 제작되고 판매되고 구매되는 물건의 양이 아니라 새것을 들일 공간을 확보하기 위해 매일 버려지는 물건의 양이라는 점에서 그렇다."* 상품 소비의 결과는 쓰레기 양산이다. 새로운 물건을 많이 사서 소비하면 할수록 쓰레기는 더 많이 쌓이기 때문이다. 과거의 파편들이 '벗을 수 없는 갑옷'으로 단단하게 굳어진다. 결국 소비주의는 사물에서 물건의 아름다움을 삭제하고 쓰레기를 남기는 일이다.

취향의 세계는 쓰레기 양산에 저항한다. 쓰레기를 버려서 더미로 만들기보다는 쓸모 있고 아름다운 것으로 다시 만들어 평안과 기쁨의 사물로 변형시킨다. 버려질 뻔했던 것들을 아름다움의 영역으로 복귀시킨다. 그 방법은 쓰레기를 변형하여 기존 관계망 속으로, 사회의 새로운 요구 속으로 다시 위치시키는 일이다. 쓰레기를 사회의 요구에 맞게 변형시키면 아름다움의 영역으로 인정받을 수 있다. 아름다운 사물은 질서 있는 배치와 사회의 요구를 충족하는 이야기로 만들어지기 때문이다.

쓰레기장에 버려질 것을 다시 아름답게 만들어내는 능력은 모든 상품을 일회용으로 만드는 현대 소비주의에 대항하는 움직임이면서 동시에 새로운 소비 트렌드이기도 하다. 쓰레기를 작품으로, 가치 있는 상품으로 만들어내는 소위 업사이클upcycle은, 사물을 다르게 인식할 수 있는 감각 훈련을 통해 가능하다. 최악의 질을 최

---

* 지그문트 바우만,《고독을 잃어버린 시간》, 오윤성 옮김, 동녘, 2019, 147쪽.

고의 질로 바꿀 수 있는 감각 훈련은 어떻게 가능할까? 감각 훈련은 환경 문제에 대한 자기확신과 사물의 새로운 해석을 통해서 가능하다. 업사이클은 창조적인 재사용creative reuse을 일컫는데, 쓸모 없는 것들을 쓸모 있게, 더 나은 품질로 만들어내는 일이다. 여기에는 쓰레기를 해체하고 재배치하는 것에 대한 생각과 상상력이 필요하다. 쓰레기를 보고도 그 가운데 가용 가능하고 쓸모 있는 요소를 추론하고 추출할 수 있는 능력이다. 이러한 힘은 취향의 심도에서 나온다.

취향의 심도란 카메라의 심도와 비슷하다. 카메라에서 심도는 사진에서 초점이 정확하게 맞는 영역의 크기를 나타낸다. 심도 이외의 부분은 초점이 흐려 잘 보이지 않는다. 그래서 초점의 폭이 중요해지는데, 이것이 심도다. 심도가 얕게 설정되어 있으면 좁은 거리 간격의 사물만 명확하게 초점이 잡히지만, 심도가 깊게 설정되어 있으면 넓은 거리 간격의 사물도 들어오게 된다. 예컨대 심도가 얕으면 단체사진에서 앞줄에 있는 사람들만 선명하게 나오고 뒷줄 사람들은 흐릿하게 나온다. 반면 심도가 깊으면 앞줄과 뒷줄 사람들이 모두 선명하게 나온다. 그만큼 초점의 폭이 넓어졌기 때문이다. 카메라에서 심도가 깊으면 초점을 맞춰 명확하게 볼 수 있는 영역이 늘어난다. 심도가 중요한 이유는 심도가 깊은 사람에게만 보이고 얕은 사람에게는 보이지 않는 영역이 있기 때문이다.

취향의 심도가 깊어지면 해석수준은 넓어진다. 취향이라는 부분을 통해 자신의 삶 전체에 대한 해석이 달라지는 것이다. 가까운 사례가 게이머들이다. 게임을 하는 청소년은 대개는 부모로부터 게임이 공부에 방해된다는 비난을 듣는다. 또한 게임중독의 가능성도 있다. 그런데 게임을 '정말 잘해보려고' 결심하면, 즉 자신의 취향의 심도를 깊게 해보려고 하면 그때부터는 다른 경로가 생겨난다. 우선 게임을 잘하기 위해서는 학습이 필요하다. 정말 잘 가르치는 코치는 부분만이 아니고 전체를 보는 훈련을 시킨다. 그래야 '좋아하는 것'을 '잘할 수 있기' 때문이다. 좋아하는 것을 잘하면 오래 할 수 있다.

프로게이머를 양성하는 한 코치는 게임을 정말 잘하고 싶어 프로게이머를 지망하는 학생들에게 자기 삶을 관리하는 것이 중요하다고 가르친다. 그는 어린 학생들을 프로로 데뷔시키는 것도 중요하지만 더 중요한 것은 건강하게 게임을 할 수 있는 습관을 훈련시키는 일이라고 한다. 게임 실력 향상을 위해서는 학생의 인격과 소양 관리가 필요하다는 것이다. 그는 대중화된 퍼스널 트레이닝이 운동 방법만 가르치는 것이 아니라 하루 식단부터 스케줄 관리까지 개인의 모든 생활을 관리해주는 것처럼, 프로게이머의 훈련도 게임과 학업을 병행하기 위한 스케줄 관리는 물론 인격과 정신건강 교육까지 종합적으로 이루어진다고 말한다. 종합적인 케어가 이루어지면 학생들은 게임 실력이 향상해서 만족하고 부모들은 자녀들의 불규칙했던 생활습관이 고쳐져서 매우 만족한다는 것이다.[*] 이러한 사례는 모든 취향에 적용된다. 취향의 심도가 깊어지면 취향으로 인해 자신의 전체 삶의 관점이 긍정적으로 바뀌는 일이 필연적으로 발생하는 것이다.

또한 주목해야 할 것이 있다. 그렇게 넓어진 심도에서 유사한 심도를 가진 사람들끼리의 의사소통이 활발하게 일어난다는 점이다. 깊은 심도를 가진 사람은 얕은 심도를 가진 사람과 소통할 수 있지만, 그 역의 방향으로는 소통이 제한된다. 이것의 의미는 심도의 차이가 소통의 차이를 가져오고 개방성의 차이도 가져온다는 것이다. 깊은 심도의 세계에서는 더 넓게 볼 수 있어 얕은 심도보다 더 개방적이고 덜 폐쇄적이다. 그러면서도 유대감을 확보할 수 있다. 취향의 심도가 깊어지면 그만큼 유사한 사람들이 늘어나게 되고 유대감 형성의 가능성도 높아진다.[**]

유대감의 공동체에서는 특정한 영역에 높은 가치를 두는 것이 가능해지고 단점의 무용성은 장점의 유용성에 흡수된다. 오히려 부족한 부분은 내가 좋아하는 부분을 부각시키는 역할을 하기도 한다. 예를 들면 폭스바겐을 들 수 있다. 폭스바겐이 맨 처음 생산되

---

[*] 〈게임과외 받는 학생들〉, 《이데일리》 2019년 7월 12일.

[**] 러스킨은 이렇게 말했다. "그림 한 점의 가격은 그 자체의 가치보다는 그림을 볼 줄 아는 대중의 심미안에 달려 있다. 노래 한 곡의 가격은 노래를 부르는 가수가 흘린 땀보다는 그 노래를 듣고 싶어하는 사람들의 머릿수에 달려 있다." 유승호, 《아르티장》, 가쎄아카데미, 2017, 65쪽.

었을 때 회사는 이런 광고를 했다. "휘발유 1리터로 12킬로미터를 달린다. 시간이 지나면 외양마저 마음에 쏙 들 것이다. 모든 사람이 다리를 펼 공간이 충분치는 않지만, 모든 사람이 머리를 둘 공간은 충분하다."* 단점들로써 장점을 부각하려 한 것이다. 폭스바겐의 성공은 자동차의 연비와 차 지붕 공간에 관심이 많았던 유럽 사람들의 자동차 심도에 잘 맞았던 것이다.

취향의 심도를 공유하고 있는 집단은 도시의 성장을 이끌기도 한다. 앞서 봤던 업사이클을 예로 들면, 이탈리아의 파엔자Faenza가 대표적이다. 물론 처음부터 파엔자가 업사이클의 도시는 아니었지만 도시의 브랜드를 업사이클로 채택하면서 도시 주민들이 이를 수용한 것이다. 그것이 가능했던 것은 파엔자에 업사이클을 실행하는 '디자인2.0'이라는 회사가 있었고 업사이클 브랜딩을 하고자 하는 자치단체와 시민이 있었기 때문이다. 파엔자의 '리자인 프로젝트Resign project'는 쓰레기에 디자인을 입힌다는 모토로 추진되었으며, 2003년 밀라노의 건축가인 마리오 카펠리니Mario Cappellini가 주도한 '리메이드 인 이태리Remade in Italy'에서 비롯되었다. 리자인 프로젝트는 재활용 제품의 홍보와 적극적인 사용을 권장하기 위해 시작됐고, 기업과 소비자들로부터 뜨거운 호응을 불러일으켰다. 파엔자의 디자인2.0 회사는 자신들이 만든 리자인 제품을 정기적으

---

* 로버트 치알디니·더글러스 켄릭·스티븐 뉴버그, 앞의 책, 239쪽.

로 문화센터에 전시하고, 시민들에게 리자인 트렌드를 소개했다. 그러면서 시민들도 리자인에 눈을 뜨기 시작한 것이다.[*] 파엔자는 인구가 6만여 명에 불과한 도시이지만 리자인 아카데미 등 에코디자이너들을 육성하고 에코디자이너들이 모일 수 있는 거점으로 진화했다. 업사이클에 깊은 취향을 가진 사람들이 작은 도시 하나를 통째로 바꾼 것이다.

깊은 취향을 가진 이들은 책과 스마트폰 같은 손 안의 미디어를 활용한 상상력으로 도시를 활성화한다. 책과 스마트폰 화면은 감각을 자유롭게 표현하며 사회적 이슈를 실험하고 선도할 수 있는 안정적인 공간이다. 실제 현실에서 문제를 풀기 이전에 가상의 링에서 실험해보고 그 실험을 현실에 그대로 적용한다. 도시가 깊은 취향을 가진 이들에 의해 매력적으로 이끌려지는 것이다.

그것은 엄청난 비용이 들어가는 카니발 같은 것이 아니다. 예컨대 프랑스의 리옹 추리문학축제는 독일의 라이프치히 도서전이나 이탈리아의 마리나 도서전 같은 행사에서 벤치마킹할 만큼 독자적인 존재감을 띤 도서 이벤트다. 이러한 분위기는 자연스레 경제적인 측면에서도 괄목할 만한 성과를 가져다주었다. 2019년 리옹 추리문학축제는 20여 나라에서 추리소설 작가 140명이 참여하고 10만여 명에 이르는 관람객이 축제를 즐겼다. 리옹의 11개 독립

---

[*] 박종열, 〈업사이클 산업의 국내외현황〉, 한국환경산업기술원, 2017.

서점들이 팔을 걷어붙이고 나선 마켓에서는 책이 40만 권 이상 팔렸다. 수도가 아닌 '지방도시'에서 개최한 도서 이벤트로는 대단한 성공이다.

리옹 추리문학축제에는 '도시에서 펼치는 수사Investigation in the City'라는 프로그램도 있다. 일종의 도시 탐험인데, 해외 관광객을 포함해서 참가자들이 리옹의 거리를 두루 돌아다니며 미션을 수행하게 하는 것이다. 참가자들에게 제공된 빨간색 미션 책자에는 이런 내용이 있다. "3월 25일(축제 시작일)에 리옹에서 범죄가 발생했다. 현장에는 북유럽에서 온 Cervid(사슴과의 동물)의 흔적이 발견되었다. 하지만 수사 담당자인 나는 '네발짐승 공포증'이 있기 때문에 당신(참가자)의 도움이 필요하다. 지금부터 내가 얻은 모든 단서를 알려줄 테니 범죄 현장을 직접 방문하여 사건을 해결해주기 바란다." 미션은 동봉한 지도를 참고하여 극장부터 시청까지 범죄 현장 열여섯 군데를 방문하는 것이다. 단서가 적힌 장소들은 극장, 박물관, 기념관 등 명소들이다. 극장에 가면 연극배우가 상황극을 펼친다. 미션을 수행하고 마지막 장소인 시청에 제출하면 경품 응모권을 준다. 축제의 후원사들이 경품을 제공한다. 경품 중에는 에어프랑스 1년 이용권도 있다. 장르문학은 마니아층이 그리 많지 않다. 그러나 유사한 취향의 심도를 가진 사람들이 전 세계에서 모여들어 한 도시를 들썩이게 할 수 있다. 서로 사용하는 언어는 달라도 유사한 취향의 심도로 연결되면 공통의 기호를 사용하게 된다. 서로 같은 목적을 향해 가고 있다는 의식을 공유하면 의사소통은 더 용이하게 이루어진다.

취향의 심도가 도시 성장의 동력으로 부상되는 이유는 정통적인 산업화로는 더 이상 도시민의 안전과 도시의 지속적 성장을 확보할 수 없기 때문이다. 도시들은 점점 더 위험해지고 있다. 눈에 보이지 않는 위험을 민감한 사람들은 느끼고 인식할 수 있다. 19세기만 하더라도 위험은 쉽게 인지할 수 있었다. 템스강에 빠진 선원들은 익사하는 것이 아니라 질식사했다고 한다. 런던 하수구의 악취와 독가스를 마셨기 때문이다. 또한 중세 도시의 좁은 거리를 걷는 것은 마치 코를 두들겨 맞으며 걷는 것과 같았다. 거리에, 도로에, 마차에 모든 곳에 배설물이 쌓여 있었기 때문이다. 당시의 위해는 코나 눈을 공격하기 때문에 직접 감지할 수 있었다. 반면 오늘날 도시의 위험들은 식료품에 포함된 유독물질처럼 분명히 인지되지 않는다.* 대기오염이나 유독물질들은 도시민의 건강을 '서서히' 앗아간다. 어떤 물질이 도시민의 건강과 안위를 공격하고 있는지를 특정하는 것도 쉽지 않다. 산업화의 결과로서 배출되는 위험은 물리-화학적 공식의 영역에 자리 잡고 있다. 반면 소비자들이 눈에 잘 보이지 않는 위험에 물리-화학적 공식을 이용해 저항하기란 쉽지 않다. 실제 소비자나 소비자단체들이 지식을 활용해 대응하려 해

---

* 울리히 벡, 《위험사회》, 홍성태 옮김, 새물결, 1997, 55쪽.

도 엄청난 거래비용과 시간비용으로 엄두조차 내기 어렵다.

깊은 취향의 소유자들은 전문적인 지식을 바탕으로 자발적으로 거부하는 행동을 취하고 이러한 거부가 같은 심도의 취향인들과 공유되면 저항의 가능성을 높인다. 예컨대, 10대 사회 활동가인 제이미 마골린Jamie Margolin의 경우처럼 기후에 대한 기본 지식을 바탕으로 자신의 신념을 확산시켜가는 것이다. 제이미는 연방정부와 주정부를 상대로 소송을 제기하고 제로아워Zero Hour라는 기후대책 단체를 운영한다. 제이미는 학교에서는 점심시간을 이용해 빈 교실을 찾아 들어가 단체 소속 회원들에게 전화를 하고 학교가 끝나고 집으로 돌아가는 버스 안에서 한 손은 손잡이를 잡고 다른 손은 전화기를 잡고 이런저런 전략을 논의한다. 이런저런 활동을 하느라 숙제를 다 마치지 못하면 다음 날 아침 5시 30분에 일어나 마무리한다.

이렇듯 동물복지부터 채식, 에코디자인, 미니멀리즘까지, 현재 부상하는 취향들은 기존 산업화가 가져온 물리-화학적 부산물로부터 가장 멀리 떨어지고 그것을 가장 적극적으로 거부하는 사회적 움직임과 깊숙이 연결되어 있다. 이들에겐 값비싼 사치품이 제공해주는 것보다 훨씬 더 많은 즐거움을 '위대한 거부'로부터 얻는다.

대량생산과 사치품에 대한 위대한 거부가 여전히 가치 있는 상품으로 연결될 수 있는 것은 이런 성향을 가진 사람들이 소비에서도 자신의 취향을 드러내기 때문이다. 그때그때 일어나는 충동이나 욕구를 만족시키기 위한 사치스런 소비가 아닌 자신의 이념과 취향을 드러낼 수 있는 소비로 전환되는 것이다. 흄의 말처럼 자신의 취미로 인해 즐거워하는 사람들은 "그 어떤 값비싼 사치품보다도 더 많은 즐거움을 한 편의 시나 하나의 논리적 추론으로부터 얻는 사람들"이다. 취향의 심도가 깊어질수록 즐거움을 주는 강도와 빈도가 높아져 다른 어떤 것보다 더 많은 가치를 취향이 산출한다는 것이다. 이것은 실제로 심도 깊은 취향인들이 지구가 닥친 위기를 구해내려는 '영웅적' 행동을 개인의 지불의사에 반영하는 것으로 나타난다. 이들은 충전이 불편한 전기차, 쓰레기로 만든 가방, 버려진 파이프로 만든 스탠드를 비싼 값을 주고 구입한다. 위험사회를 거부하는 공동체가 유지되고 강화되는 한, 관련 영역의 상품 가치는 계속 증가한다. 결국 가치는 사회에 의해 규정된다.

5장

팬덤경제와 문화혁신

가족은 여전히 중요하지만, 사회적인 큰 흐름은 1인 가구의 확대다. 유대관계는 점점 얇아지고 있다. 모두들 어딘가로 떠날 준비를 한다. 이때 가능한 유일한 결사結社는 비슷한 사람들끼리 모이는 것이다. 비슷한 처지에 있거나 유사한 관심사를 가진 사람들끼리의 모임이다. 이런 모임은 임시 텐트와도 같다. 어디론가 떠나는 사람들이 언제든 치고 걷으면서 잠시 모일 수 있는 곳이다. 그러나 임시 텐트는 언제나 불안하다.

공동체적 연대가 사라지고 모래알이 된 현대사회의 개인들에게 나타나는 대표적인 현상이 우상에 대한 열광이다. 우상에 대한 열광은 이미 오래된 역사적 사실이지만 우상은 늘 그 시대의 기능에 맞게 바뀌곤 한다. 중세 시대의 종교적 우상이 초인적이었다면 현대사회의 종교적 우상은 스타다. 중세의 우상이 원죄와 죄책감을 기반으로 숭배되었다면 현대의 우상은 쾌락의 충족을 위해 존재한다. 원죄는 변하지 않지만 쾌락은 쉽게 변질된다. 우상의 대상이 영원하지 않고 일시적이기 때문에 사람들은 더욱 열광한다. 공동체가 주는 의미를 상실한 개인들이 팬덤이나 협회에 종교적 충성을 표출함으로써 일시적이나마 공동체의 의미를 되찾으려는 것이다. 이들 팬덤이 이제 정당이나 교회를 대체하고 있다.

팬덤의 부상은 경직된 공동체에서 느슨한 공동체로 이행하는 흐름을 상징한다. 새로운 공동체의 형태가 등장하고 있는 것이다. 취향인들이 추구하는 것은 '느슨한 공동체'다. 느슨한 공동체는 지나친 친목을 요구하지 않는다. 살롱문화에서 서로의 신상을 묻지 않는 것이 원칙이었듯이, SNS의 취향 모임방에서도 서로의 신상을 알 수 없다. 나이, 성별, 학력, 직업 등의 제약을 걷어버리고 자유로운 소통이 가능한 환경을 만들기 위해서다. 이미 계급이 정해져 있는 사회에서 이 공동체만큼은 서로를 평등한 개인으로 존중하자는 취지다. 크리에이터들이 모이는 클럽의 한 이용자는 해당 클럽의 장점에 대해 이렇게 설명했다. "보통 누군가를 새롭게 만날 때 통성명하고 하는 일 등을 먼저 얘기하는데, 이 과정에서 선입견이 생기는 경우가 많다. 이 모임에서는 신상을 일부러 공개하지 않고 만남을 이어가다가 서로에 대해 어느 정도 알게 된 후 공개하는 점이 좋았다." 사람들이 전통적인 공동체문화에 피로감을 느끼고 있는 것이다. 리서치 회사 '마크로밀 엠브레인'의 조사에 따르면, 2019년도 동창회 모임 참석 정도는 52% 감소했고 사람들이 인식하는 동창회 모임의 중요도 또한 38% 감소했다. 그에 비해 '나는 가끔 몇 번 보지 못한 타인이 더 편하게 느껴질 때가 있다'고 답한 사람은 47.9%로, 많은 사람이 기존 공동체를 불편하게 느낀다는 것을 알 수 있다.[*]

크루crew의 부상도 비슷한 맥락이다. 크루란 생각과 이념이 비슷한 사람끼리 모여 서로 좋은 영향을 주고받으며 활동하는 그룹을 가리키는 말이다. 독자성을 유지하면서 서로 의지하는 관계다. 원래는 힙합 뮤지션 사이에서 유래한 말인데, 이제는 광범위하게 쓰이고 있다. 몇몇 유명 콘텐츠 회사에서도 각자의 독립성을 유지하면서 함께 일한다는 의미로 회사원이라고 부르지 않고 크루라고 부른다. 게임 길드부터 학습 모임, 스타트업 회사까지 해당 구성원들을 일컫는 말로 확장되고 있는 것이다. 2010년 이후부터 취향의 시대가 시작되면서 각자의 취향을 존중하면서 함께 모여서 서로 의지하며 서로에게 반응하는 사람들이 늘면서 이를 새롭게 지칭하는

---

[*] 〈개취존 트렌드의 나비효과〉, 《동아비지니스리뷰》 2019년 8월(278호).

명칭을 찾았고, 그 명칭에 크루라는 말이 채택되어 광범위하게 유행했다.

사랑의 판타지를 제도로 만들었던 결혼도 급격히 변화하고 있다. 성스러운 의례로서의 결혼은 쇠퇴하고 있고 멤버십이 시대적 의례가 되었다. 취향을 공유하는 멤버십이 결혼의 조건이 되기도 한다. 한 블로거는 이렇게 말한다. "오랫동안 사랑을 이어가는 사람들을 보면 외모도 비슷해 보이지만 취향도 비슷한 사람들이 대부분이다. 좋아하는 음악, 영화, 취미 등 폭넓은 분야에서 좋아하는 것이 비슷하다면 끌릴 수밖에 없다."*

내가 좋아하는 것을 상대편도 좋아한다면 그것으로 정서적 헌신에 대한 지표가 충족된다. 이른바 상대방의 취향에 대한 존중이다. 상대방의 취향을 내가 인정할 때 사랑이 성립되고 사랑의 지속성이 보장된다. 현대의 사랑은 취향의 존중과 취향의 공유를 확장한 개념으로 진화하고 있다. 개인의 취향에 대한 존중, 내가 사랑하는 대상이 갖고 있는 취향을 함께 즐길 수 있다는 것이 상대방에 대한 정서적 헌신의 지표가 되고 있다.

앤더슨Benedict Anderson은 민족을 "대부분의 자기 동료들을 알지 못하고 만나지 못하며 심지어 그들에 관한 이야기를 듣지도 못하지만, 구성원 각자의 마음에 서로 친교communion의 이미지가 살아 있

---

* https://brunch.co.kr/@dailynews/338.

기 때문에 상상된 것"이라 정의한 바 있다.[*] 이전 시대에 소설이나 논문이라는 형식으로 상상한 것을 공유했다면 현대에는 취향이 그 역할을 대신하고 있다. 취향은 시장에서 소비자의 상상을 지배하는 영역이 되었다.

젤라이저 회로

값비싼 보석을 갖고 있어도 보석상 네트워크에 속하지 않으면 그 가치를 실현하기 어렵다. 보석에 가치를 부여하는 네트워크가 있어야 보석도 실제 가치를 지닌다. 가치부여 방식은 관계망에 따라 변화하고 있다. 보석은 사실 결혼이나 약혼을 상징했고 점점 일상에서도 가치 있는 물건이 되었다. 이제 결혼과 무관하게 많은 사람이 보석으로 된 장신구를 착용한다. 그렇지만 아직 결혼 같은 의례와는 거리가 먼 어린 10대의 학생들은 여전히 보석에 별로 관심이 없다. 오히려 게임을 하는 학생들에게 가치 있는 보석은 게임 아이템이다. 게이머들은 실제로 손가락에 낄 수도 없는 가상의 보석에 많은 가치를 부여하고 있다. 가상의 물건에도 거금을 지불하는 이유는 자신이 그 게임의 네크워크에 속해 있기 때문이다. 내가 좋아하는 사람들이 있고 그들에게 인정받고 싶은 관계 속에서는 게임

---

[*] 베네딕트 앤더슨,《상상된 공동체》, 서지원 옮김, 길, 2018, 25쪽.

아이템이 보석상의 보석보다 더 진귀하다.

경제인류학자 젤라이저Viviana A. Zelizer는 돈의 실제 사용 방식을 보석의 사례처럼 사회관계의 관점에서 탐구한 학자다. 젤라이저는 돈이 관계를 지배하기보다는 관계와 돈이 서로 순환하며 긴밀한 상호작용을 한다고 보고 그 메커니즘을 밝혔다. 이를 젤라이저 회로라고도 한다. 젤라이저 회로는 원래 이주민의 사례에 적용된 개념이었다. 이주민이 본국에 보내는 송금의 대상자를 조사해보니 이주민의 관계망을 거의 벗어나지 않았는데, 그들의 송금으로 가난한 나라의 주민은 가난에서 벗어날 수 있었다. 이주민의 송금은 국제구호기금보다 훨씬 더 강력했다. 젤라이저의 연구에 의하면 우간다, 방글라데시, 가나, 과테말라 등의 지역은 이주민의 송금이 본국의 빈곤을 감소시키는 데 큰 역할을 했다. 이주민은 본국의 가족과 이웃에게 송금하고, 본국에 있는 사람들은 이주민에게 음식과 선물을 보내면서 경제적 삶이 지리적 한계를 벗어나 작동하는 메커니즘, 즉 상호 호혜적인 관계망에 의존하는 메커니즘이다. 이 젤라이저 회로를 다른 사례에도 적용할 수 있다. 실리콘밸리와 필라델피아 벤처투자자들의 투자 선택, 예술품 시장, 프랑스의 공장노동자 등에서도 젤라이저 회로에 의해 작동하는 경제적 삶의 모습이 보였다.* 젤라

---

* Zelizer V, "Circuits in Economic Life, Economic Sociology", *The European Electronic Newsletter*, 2006; 8(1): 30-5.

이저 회로의 특징은 그 회로 안의 회원과 회로 바깥의 비회원 간의 경계가 뚜렷하며, 회로 안의 회원들 간에는 활발한 상호 호혜적 거래가 발생한다는 점이다.

취향의 산업도 젤라이저 회로와 유사한 속성을 띤다. 뮤지컬은 그 배우의 뮤지컬을 한 번 본 사람보다 여러 번 본 소수의 얼리어답터 청중에 의해 무기한 장기 공연으로 이어지곤 한다. 뮤지컬의 단골 관객과 배우는 서로 알고 지내는 경우도 많다. 뮤지컬 제작사가 충성 관객을 관리하기도 한다. 뮤지컬 배우들의 팬덤은 이제 공연의 성공을 결정짓는 중요한 마케팅 거점이다. 그러나 팬이라고 해서 무조건 돈만 쓰면서 배우나 뮤지컬을 칭송하는 것은 아니다. 오히려 비판도 아끼지 않는다. 팬덤은 젤라이저 회로처럼 폐쇄 회로 안에서 끊임없는 돌아가지만, 회로를 타고 도는 적극적인 소통으로 자신들의 지식을 증강하고 서로 의지하며 감정을 공유한다. 팬덤 내부의 관계망을 타고 끊임없이 일어나는 소통은 그 내부에서 상품의 가치를 규정하고, 그 상품이 외부로 나갔을 때도 가치가 유지될 수 있도록 적극적으로 개입한다. 디지털 시대의 팬덤은 소비자도, 프로슈머도 아니고 이제 개인 미디어를 동원하는 전위적 생산자로 전환했다.

개인 미디어의 대표 플랫폼인 유튜브는 변방의 시골 팬이 글로벌 스타를 만드는 핵심 동력이 될 수 있음을 여실히 보여주었다. 유튜브 검색 순위에서는 Music과 Songs가 압도적으로 높은데, 유튜브의 단어 검색이 전 세계 음악 산업의 구도를 완전히 바꾸고 있는 것이다. 자켈 아만코나 홀튼 구글 유튜브 프로덕트 매니저는 "미국 유명 음반 순위 서비스 빌보드에서 현재 인기 음악 순위를 결정하는 것은 유튜브"라며, "빌보드 핫100은 음반 판매 수가 아닌 유튜브에서의 조회 수로 결정된다"라고 말했다. 홀튼 매니저는 한때 스타트업이었던 유튜브가 세계 시장을 장악한 플랫폼으로 성장할 수 있었던 배경을 '핵심 강점에 집중한 것'이라고 주장했다.* 유튜브는 음악가와 팬을 서로 연결할 수 있다는 점을 핵심 성장 전략으로 삼고 이에 집중했다는 것이다. 기존 음악 산업에서 음악가는 꾸며진 외모와 정제된 정보만을 TV 화면을 통해 보여주었지만, 유튜브를 통해 성장한 음악가들은 꾸미지 않은 진솔한 모습과 실력, 끼로 팬들의 마음과 직접 소통했다. 유튜브라는 하나의 공간에서 창작자와 팬이 의견을 주고받을 수 있는 장이 만들어진 것이다.

이제 새로운 네트워크는 가치의 우선순위를 바꾸고 있다. 디지털과 소셜미디어의 시대가 되면서 진짜 보석이 아닌 가상의 보석에서도 가치가 생성되고 있듯이, 돈만 가진 부자들보다는 대중문화 스타들에게 더 큰 가치를 두는 사람들이 늘어났다.

---

* 《IT조선》 2019년 10월 18일.

부상하는 에코 보보스들

팬덤은 서열에 중독된 갑갑한 세상을 떠나 새로운 공간에서 새로운 문화를 일구려는 이주민들과 같다. 이 팬덤 이주민들은 새로운 네트워크를 짜고 가치의 우선순위를 바꾸고 있다. 돈과 권력을 과시하기보다는 재능으로 재미를 주는 사람들을 우상으로 숭배한다. TV를 보며 돈과 권력을 자랑하는 식상한 얘기를 듣기보다는 즐겁게 소통할 수 있는 인디 가수와 함께 있는 시간을 더 원하고, 이들과 같이 찍은 사진을 자신의 SNS에 올린다.

팬덤 이주민의 세계는 애초에 음악에서 시작되었지만 점차 게임 등 다른 콘텐츠를 거쳐 일반 콘텐츠로 확장되었다. 음악의 유튜브에서 게임의 트위치까지, SNS라는 플랫폼이 팬덤 이주민이 서로 소통하는 인프라다. 음악과 게임으로 추동된 이러한 팬 이주민은 점차 다른 영역으로도 확대되어 소비 시장에 파급력을 키워가고 있다. 젤라이저 팬덤이 모든 것을 빨아들여 내부의 위계와 경계를 해체하고 외부효과를 극대화하는 내파implosion의 경제를 추동하는 것이다.

예전에는 1층에 은행이 있는 빌딩이 좋은 빌딩이고 임대가 잘 나가는 빌딩이었다. 지금은 건물주가 은행을 달가워하지 않는다. 스마트폰으로 입출금을 모두 처리할 수 있는 시대에는 언제 은행이 철수할지 알 수 없기 때문이다. 이제는 힙한 카페나 유명 베이커리가 빌딩 1층에 입점하길 원한다. 서울 잠실의 거대 쇼핑센터도 지방의 유명 맛집을 자신들의 몰에 입점시키려 부탁하는 시대가 되었다. 임대인만 바라는 것이 아니고 주변에 함께 가게를 낸 사람도 바라는 일이다. 동네가 더 힙해 보여서 더 많은 사람이 모이면 동네 장사가 더 잘되기 때문이다.

물론 유명 카페나 맛집 같은 서비스업은 겉보기만 번지르르할 뿐 경제에 도움 안 되는 속빈 강정이라는 비판도 있다. 그에 반해 제조업은 인간이 경제를 운영하는 한 사라질 수 없는 영역이다. 그런데 제조업도 변화하고 있다. 첨단 제조업이 발전하려면 대량생산과 일관공정을 확대하는 것만으로는 한계가 있다. 첨단 제조업에도 일관공정 확산보다 최고급 인력이 더 중요해졌다. 그런데 그런 최고급 인재에 해당할 한국의 유수한 대학의 컴퓨터공학과나 전기전자공학과 출신이 이제 한국의 대기업보다는 미국 실리콘밸리나 뉴욕, 런던에 진출할 꿈을 꾸고 있다. 연봉이나 기타 조건에서 크게 차이가 나는 것도 아닌데 말이다. 여기저기 물어 확인해보니, 한국 대기업의 최첨단 공장이 대부분 지방 도시에 있는 원인도 크다고 한다.

최첨단 인력들이 집 사고 차를 사기 위한 연봉에만 신경 쓸 것이라는 고정관념이 여전히 너무 강하다. 이제 최첨단 인력은 고액 연봉을 쫓아 모래바람을 맞으며 중동으로 일하러 가는 전사가 아니다. 자기 일상을 즐기며 살고 싶다는, 워라밸과 소확행이 삶의 중심에 있는 사람으로 변했다는 사실을 간과하지 말아야 한다. 물론 연봉에 중요한 가치를 부여할 수는 있지만, 특정 상황에서는 다른 변수가 연봉을 대체하거나 상쇄하게 된 것이다. 첨단 인력들도 저녁에는 유명 요리사의 만찬을 즐기고, 매력 있는 거리 한 모퉁이에 있는 분위기 있는 바에서 사람들과 어울리며 일상을 즐기고 싶어 한다. 그러기 위해서 돈이 필요함을 잘 알지만, 돈의 논리가 사람들과 소통하며 즐기는 시간을 침해하길 원하지 않는 것이다.

실리콘밸리는 오래전부터 그런 소통의 원리를 잘 실현하고 있다. 실리콘밸리는 전 세계 최고 인재들이 모인 곳인 동시에 '최첨단 채식 버거'도 성업 중인 곳이다. 엘리트집단에 속한 이들은 자신의 취향을 기반으로 돈을 벌기도 하지만 자신의 취향을 보이기 위해 돈을 벌기도 한다. "고기 맛을 내려고 가짜로 만든 고기"에 고기보다 더 비싼 가격을 지불하는 사람들이다. 이들은 가짜 고기 패티로 만든 임파서블 버거를 먹을 때 "자신이 뭔가 좀 아는 괜찮은 테크 엘리트"임을 자부한다. 마치 전기차 테슬라가 내연기관차와 비교했을 때 충전도 불편하고 멀리 가지도 않았지만 그 비싼 값을 지불하면 "세상을 위해 환경보호를 하는 스마트한 엘리트"로 보이는 것처럼 말이다.

돈 자체를 숭배하기보다는 사회적인 가치에 관심을 보이는 부르주아 보헤미안들은 오래전부터 존재했다. 그러나 보헤미안의 의미는 현대로 들어오면서 변했다. 이전에 부르주아 보헤미안은 여유와 낭만을 위한 반물질주의적 가치를 추구하며 물질주의적 가치를 완화하는 부류를 가리키는 말이었지만, 현재의 보헤미안은 적극적으로 자신의 취향을 계발하고 그 취향을 산업에 끌어들여 성장의 새로운 동력으로 삼고 있다. 이른바 '에코 보보스'들이다. 친환경 에코 보보스들은 다른 구매자들보다 친환경 상품에 세 배 정도의 구매력을 행사한다. 임파서블 버거를 만든 패트릭 브라운Patrick O. Brown 스탠퍼드대학 교수는 고기를 좋아하지만 환경도 생각하고 싶은 이들을 위해 자신의 바이오 기술 노하우를 대체육류 패티 개발에 사용했다. 자신의 기술로 세상에 의미 있는 것을 남기고 싶다는 생각이 패티 개발로 이어진 것이다.

사실 산업적 논리로 보자면 임파서블 버거는 실패하는 게 정해진 운명이었다. 고기가 싫은 사람은 버거를 안 먹으면 되기 때문이다. 아주 간단한 논리다. 고기를 싫어하는 사람이 고기를 먹으려 한다는, 상상의 시장을 가정한 상품이었기 때문에 몰락은 뻔했다. 그러나 어느새 새로운 부족이 생겼다. 고기는 무척 좋아하는데 고기를 계속 먹자니 가축의 동물복지나 환경오염이 신경 쓰인다는 사람이었다. 그런데 이런 내면의 갈등에 처한 사람들은 대개 고학력에 고급기술을 가지고 창의성을 쫓는 고연봉자들이다. 지불 능력이 있어서 자신의 '죄책감'을 소비를 통해 해소할 수 있으면서* 동시에 자신의 인지부조화를 비싼 가짜 패티 버거를 먹음으로써 해소할 수 있는 사람들인 것이다. 또한 "이 버거를 먹어서 나는 동물복지에 기여하고 있어", "이 차를 몰아서 나는 환경보호에 기여하고 있어"라며 자신의 신념을 소비에 반영하는 사람들이기도 하다. 이제 비욘드미트 등 꽤 많은 푸드테크 기업이 등장하고 있고, 각 제품의 대량생산 기술도 계속 진화 중이다.

자신의 취향을 가치 소비로 투영할 수 있는 이들 소비 혁신가에게 취향은 일종의 재화다. 재화를 통해 자신의 욕망을 충족시키듯이, 취향을 통해 자신이 하고 싶은 일을 할 수 있기 때문이다. 예컨대 취향을 통해 자신을 표현하고 타인과 교류하며 저녁식사 자리의 대화 주제로 삼아 상대편과 유대를 쌓을 수 있는 기회를 얻는다. 또한 취향은 자신이 소유한 사물에 더 많은 가치를 부여한다. 도자기를 좋아하고 잘 아는 사람에게만 좋은 도자기가 눈에 띈다. 그렇지 않은 사람에게는 이 도자기나 저 도자기나 그냥 항아리의 한 종류일 뿐이다. 모자를 좋아하는 사람에게는 모자마다의 차이가 보이지만 햇빛을 가리는 용도로만 모자를 쓰는 사람에게는 이 모자나 저 모자나 달라 보이지 않는다. 빵을 좋아하는 사람은 맛있는 빵에 더 많은 가치를 부여하지만 배고파서 먹는 빵은 이 빵이나 저 빵이나 크게 다를 게 없다.

이로부터 곧 취향이란 '더 많은 구별짓기'를 할 수 있는 능력이자 습관임을 추론할 수 있다. 그렇게 능력과 습관의 차이가 생기면 돈

---

* 임파서블 푸드가 처음 나왔을 때는 거의 100만 원짜리 상품도 있었다. 그 후 임파서블 푸드는 가격을 계속 낮추고 있지만 여전히 진짜 고기보다 비싸다. 그럼에도 불구하고, 시장조사기관 닐슨(Nielsen)에 따르면 2019년 미국 소매점에서 판매된 식물성 고기 판매액은 10억 달러를 넘었다. 이는 전년 동 기간보다 14% 증가한 것이다. 같은 기간 전통 육류 매출은 960억 달러로 전년 대비 0.8% 증가했다(https://www.econovill.com).

을 지불하는 것에서도 차이가 생긴다. 20만 원짜리 와인이나 2만 원짜리 와인의 맛을 구별하지 못하는 사람은 20만 원짜리 와인을 절대 사지 않는다. 이 사람은 20만 원짜리 와인을 사지 않아서 돈을 아낀다고 생각한다. 그 사람에게는 와인보다는 저축이 맞다. 그러나 20만 원짜리 와인을 낭비라고 생각하는 사람은 와인을 주제로 사람을 만나고 대화에 끼는 것을 무척 부담스러워할 것이다. 인간의 욕망은 타인과 교류하고 타인으로부터 인정받는 것인데, 와인 얘기를 거북스러워한다면 와인 모임을 통한 유대 창출은 어렵다. 와인이 아닌 등산이라고 하더라도, 등산을 함께 가서 일 얘기를 하거나 집안 자랑을 하는 사람은 대접받기 어렵다. 등산을 좋아하는 사람들은 등산 얘기를 하면서 자신의 등산 체험을 통해 소통해야 유대감이 형성될 것이다. 재화 소유의 이유가 자신을 보호하고 남에게 영향력을 행사하는 것이라면, 등산 체험이나 등산 지식은 등산 동호인들에게는 충분히 재화의 가치를 갖는다. 등산하는 사람에게 등산에 대한 지식과 체험은 최소한 주말이나 휴가철에는 거대한 재화가 되는 것이다.

재화는 용도가 있는 물건이다. 즉 효용이 있어야 한다. 예컨대 등산인들에게는 좋은 텐트 장비나 좋은 신발이 효용이 높은 상품이 될 것이다. 와인 애호가들에게는 좋은 와인셀러와 좋은 와이너리 투어 패키지가 될 것이다. 이들은 특정 취향 영역에서 더 좋은 것이라고 받아들여지는 차별화된 것을 끊임없이 추구하고 더 많은 소비를 할 준비가 되어 있다. 여기서 중요한 전제는 이들이 특정 영역에서 '더 좋은 것에 대한 구별짓기'가 가능한 해석 능력을 보유하고 있다는 것이다. 더 좋은 것은 더 많은 구별짓기로 가능하고, 더 많은 구별짓기를 한다는 것은 더 많은 소비가 가능한 새로운 소비 부족의 탄생을 의미한다.

인간은 유대를 추구한다. 우주에 혼자 떨어져 있을 때는 돈도 명예도 아무 소용이 없다. 동시에 인간은 타인으로부터 지지받기를 원한다. 타인으로부터 지지받으려면 타인의 욕망을 만족시켜줘야 한다. 타인이 원하는 것을 해주기 위해서 나의 역할을 하는 것이다. 자연히 분업에 충실하게 된다. 타인이 할 수 없는, 또는 해내기 어려운 일을 자신이 맡아 역할을 잘 해내면 타인으로부터 인정받기 때문이다. 분업을 충실히 수행하면 유대가 생성된다. 유대는 분업을 기반으로 작동하고, 또 분업은 유대를 기반으로 작동한다. 서로 역할을 나누어 일을 잘 해내려면 기본적으로 서로 간의 신뢰를 전제해야 하기 때문이다. 내가 이 일을 하고 저 사람에게 서비스를 제공할 때 저 사람도 내게 필요한 서비스를 제공한다는 믿음이 없다면 분업 자체가 불가능하다. 뒤르켐이 말한 '계약의 전 계약적 속성'처럼, 정서적인 신뢰가 기본이 되어야 합리적인 계약도 효과를 갖는다.

초분업화와 친밀성의 경제

초기의 자동차는 기술자 혼자서도 만들 수 있었다. 그러다 분업화하면서 생산성이 높아졌다. 포드의 일관공정은 분업화의 혁신적 단계로서 대량생산을 가능케 했다. 대량생산과 일관공정의 단계에서 탈숙련화된 노동자는 이쪽 라인에서 일하나 저쪽 라인에서 일하나 적응하는 데 크게 문제가 없었다. 그래서 도요타도 일관공정 시스템에서 다능공화를 실행할 수 있었다. 그러나 이제 전자칩과 인공지능의 시대에 다른 영역으로 넘어가는 다능공화는 불가능해졌다. 자동차를 만들기 위해서는 수많은 첨단 부품과 수많은 첨단기술이 사용된다. 노동자가 쉽게 다른 분야로 옮겨 갈 수 없는 시대가 되었다. 분업화는 세부화되고 더 나아가 초분화hyper-specification되면서 다른 영역에서 무엇을 어떻게 개발하는지를 도저히 알 수 없는 상태에 도달했다. 여기에 인공지능의 등장은 초분화를 더욱 가속화시켰다. 초분화의 시대에는 내부자들끼리의 소통에 더욱 침잠한다. 다른 분야와는 말이 통하지 않는, 소통의 부재가 생기는 것이다. 언어의 개념과 언어를 쓰는 습관이 분야마다 달라지면서 영역을 넘나드는 소통의 가능성은 점점 사라진다. 초분화에 따른 기술의 심도로 인해 내부자 소통에만 치중하고 타 분야 사람들과는 소원하거나 단절되는 시대가 되었다.

분화는 시장을 활성화시키지만, 초분화는 시장 활동에도 일정한 제약을 가한다. 초분화된 영역 간의 정보와 지식에서 불평등이 생기면서 상호 합의로 합리적 계약에 도달하는 것이 그만큼 어려워졌다. 두뇌 속의 지식에 점점 더 의존하다 보니 표준화나 투명화가 어려워지면서 인간 네트워크에 의존하는 시대로 복귀하고 있는 것이다. 사회적인 네트워크가 지식경제 시대에 다시 맹위를 떨치면서 시장 활동은 비상업적인 유대에 다시 의존하기 시작했다. 젤라이저의 《친밀성의 거래》에 의하면, 시장 활동은 친족관계 네트워크 혹은 봉건제의 군대만큼이나 매우 사회적이다. 폴 디마지오P. DiMaggio와 휴 러치H. Louch의 소비자 행동에 대한 분석에서도, 이전에 존재했던 비상업적인 유대가 법적 서비스와 가정 서비스뿐만 아니라 자동차와 주택 구매 등 소비자 거래에 있어 판매자와 구매자 사이에 가장 중요한 결정 요인으로 나타났다. 네트워크 내 교환이 매우 높은 빈도로 나타난다는 점을 발견한 것이다. 거래의 상당수가 친족, 친구 혹은 아는 사람 사이에서 일어났고, 이러한 패턴은 불확실성과 위험도가 높을수록 그리고 일회성 거래일수록 높게 나타났다. 소비자들은 결과에 대한 확신이 낮을수록 비상업적인 유대에 의존했다.*

---

* DiMaggio P and Louch H, "Socially Embedded Consumer Transactions: For What Kinds of Purchases Do People Most Often Use Networks?", *American Sociological Review*, 1998 Oct 1: 619-37.

현대사회에서 자동차와 주택 구매 같은 고가의 상품 거래는 보험과 중재제도 등 제도에 의해 불확실성을 줄여가고 있지만, 그럼에도 불구하고 여전히 높은 불신의 벽이 존재한다. 그래서 고가의 수입 중고 자동차 거래처럼 일회적이고 불확정성이 높은 상황 혹은 고가의 주택이나 토지처럼 표준화가 되지 않은 부동산 거래에서는 조금이라도 개인적으로 아는 중개인을 통하려 애쓴다. 세간의 속설 중 하나는, 수입 중고차를 구입할 때 이 차 저 차 가격 비교해보고 외관 확인하고 직접 운전해보고 하는 게 아니라 우리 동네 좀 아는 카센터 직원을 일당 20만 원 주고 대동하는 것이 가장 좋은 방법이라고 한다. 우리 동네 카센터 직원이 주행거리 조작부터 차량 이상 징후까지 싹 잡아주기 때문이다.

개인화 시대에는 친족 같은 기계적 유대가 약해지고 분업이 초래하는 개인화를 기반으로 새로운 유대가 생성한다. 이 경우 유대가 발생하는 곳은 가족이나 친족 같은 혈연으로 규정되기보다는 개인의 자아 내면에서 스스로 편안하고 매력을 느끼며 인정받을 수 있는 곳이다. 친족이나 부족 같은 자연적인 소속감이 사라진 불확정적 상황에서 취향의 팬덤은 유대감을 복원시키며 소비자들의 의지처가 되고 있다.

취향집단의 호혜성

자본주의사회에서 모든 대차대조표는 늘 자본에게 유리하게 돌아가지만, 팬덤에 의해 움직이는 문화 산업은 예외다. 니컬러스 애버크롬비N. Abercrombie와 그의 동료들에 의하면, 자본주의는 잉여가치, 즉 이윤 축적을 목적으로 하는 상품의 생산과 교환이며, 그 이윤의 일부를 미래의 축적 조건을 유지하기 위해 재투자한다. 그러나 문화 산업은 자본주의의 논리와는 달리 문화적 논리로 작동한다. 시장은 거래 파트너를 교체할 수 있지만, 팬덤은 거래 파트너의 교체가 불가능하다. 팬덤에서는 낭만적 유토피아의 윤리가 지배한다. 낭만적 유토피아에서 우리가 사랑하고 하나가 되었다고 느끼는 대상은 유일하기에 대체할 수 없다.[*] 스타는 세상에서 가장 중요한 존재이고 다른 모든 고려사항, 특히 물질적 조건은 스타를 위해 희생되어야 한다.

그렇다고 해서 팬들이 스타를 위해 관객 역할만 하는 수동적 존재는 아니다. 스타와 같은 무대에서 스타는 주인공, 자신들은 보조 연기자가 된다.[**] 팬덤의 논리는 스타라는 교체 불가능한 문화적

---

[*] 박형신, 앞의 책, 15쪽.

[**] 이혜수, 〈한국 팬덤의 민족주의 정체성 전략에 관한 연구〉, 《사회사상과 문화》, 2019; 22(2): 237-68.

논리에 의해, 그리고 팬들의 능동적 참여에 기초한 호혜성에 기반을 둔다. 이윤 축적을 위한 투자에서는 차후의 이윤을 지속적으로 얻기 위해 다른 것을 희생할 수도 있지만, 문화적 논리에서는 '많은 것을 얻어내는 이윤 추구'보다는 '오직 사랑하는 대상에서만 얻어내는 감성 추구'가 더 중요하다. 사랑하는 대상이 계속 존재하기 위해서는 공감에 기초한 호혜성이 추구되어야 한다. 특정한 개인이 감정의 거래에서 홀로 과도한 이익을 얻으면 사랑하는 대상은 떠나가고 만다. 그래서 '사욕 없는 호혜'가 문화적 논리의 핵심이다. 문화적 논리에서는 물건의 교환 대신 감정의 교환이 활발하게 이루어진다. 감정적 에너지의 교환이 불평등해진다면 교환은 성립되지 않고 유대도 깨진다. 철저히 호혜적인 감정의 교환이어야 한다. 문화 산업에서 이윤은 가장 공감에 충실할 때, 감정과 친교에 가장 충실할 때 획득된다.

취향집단은 팬덤 내부뿐만 아니라 창작자 집단 내부에서도 호혜성 문화를 잘 발달시켜왔다. 한 연구에 의하면, 음악 창작 커뮤니티는 다양한 감정을 서로 공유하고 있었고 그 감정 공유는 상호 호혜성에 아주 중요한 기반이 되었다.* 창작자들끼리는 서로 감정적으로 통해야 협력하기 수월한데, 창작자들은 대개 예민한 성격을 지

---

* 재화 소유의 이유가 자신을 보호하고 남에게 영향력을 행사하는 것이라면, 등산 체험이나 등산 지식은 등산 동호인들에게는 충분히 재화의 가치를 갖는다.

녔고 이러한 예민함에 대한 상호 간의 이해가 있어야 원활한 창작이 이루어진다는 것이다. 이는 자본주의적 생산 조직의 기반이었던 관료제와는 정반대의 특성이다. 관료제는 문서화를 기반으로 감정을 최대한 배제하고 성문화된 규칙에 의해 움직인다. 위계에 따라 지시와 명령이 정확하게 전달되고 과업이 절차에 맞춰 완료되도록 하는 것이 관료제다.

반면, 음악 창작은 위계에 의한 지시보다는 수평적인 협업으로 작동한다. 수평적으로 협업하며 창작을 완료할 수 있는 동력은 협업하는 당사자 상호 간의 감정적 이해에 기반한다. 서로의 감정을 교류하면서 각자의 과업에 대한 책임감을 스스로 동기화하는 것이다. 관료제가 개인이 '일을 하지 않는 나태한 성향', '책임을 지지 않으려 하는 성향'을 갖는다는 것을 전제하고, 분업 구조 안에서 각자 일에서 상위의 명령에 복종함으로써 보상을 받는 체제라면, 음악 창작 공동체는 같은 분야에 종사한다는 사명감과 자유로운 취향을 동기로 해서 분업화된 과업을 수행한다.

그래서 창작 공동체에서는 서로의 감정을 읽어내는 감정지능이 중요하다. 감정지능은 수평적인 협업의 음악 창작 과정에서 상대방의 감정을 읽어 보편적인 규칙을 이끌어내는 데 중요한 능력이다. 이 능력은 창작자들끼리 규칙에 합의하는 행동을 자연스럽게 유도해낸다. 음악을 하는 사람들이 창작 공동체를 이루어 협업하는 이유는 그저 창작에 효율적이기 때문만은 아니다. 한 창작자는 이렇게 말했다. "사실 음악 하면 부모님한테는 죄인이잖아요. 아르바이트하면서 밤에 작업하고 있는데, 누가 내 음악 좋다고 하면 기분이 좋아지잖아요." 이처럼 서로 위안을 받으며 자기가 올린 노래를 공감하며 들어주는 사람에게 서로 감사할 수 있기 때문이라 한다.*
물론 자신의 곡이나 창작물에 대한 부정적인 반응도 나누게 되지만, 이에 대해서는 같은 분야 사람들이 자신의 음악에 대해 관심을 표명한 것으로 보고 더 나은 작업을 위한 자극제로 삼는다는 공감대도 형성되어 있다. 이렇듯 협업을 통한 창작은 수평적 관계에서 일을 안정적으로 처리할 수 있는 감정지능을 필요로 하며, 이러한 감정지능은 서로를 격려할 수 있고 부정적인 반응에는 회복력을 도와주는 호혜적 속성을 갖는다.

팬덤과 이해관계자 자본주의

권력과 명성을 얻기 위한 문화자본 획득 경쟁은 점점 격화하고 있다. 그러나 사회에는 쏠림의 힘과 동시에 분산의 힘도 존재한다. 권력과 자본의 기존 구조에 접근하지 못한 곳에서 변화와 혁신이 시작되는 것이다. 권력과 자본은 고정되어 있지 않고 끊임없이 파

---

* 류설리, 《집합적 음악 창작 과정에 관한 연구》, 서강대 신문방송학과 박사학위논문, 2014, 95쪽.

괴되고 균열된다. 문화혁신, 블루오션, 파괴적 혁신 등 새로운 기업과 세력의 등장을 설명하는 여러 이론이 모두 이러한 혁신의 동학을 설명하고 있다. 혁신에 관한 이론들이 공통적으로 하는 설명은 기존의 권력과 자본이 갖고 있던 규칙을 거부하고 새로운 규칙을 형성한 세력만이 더 큰 권력과 자본을 획득할 수 있다는 것이다. 혁신의 이론들은 모두 새로운 세력에 의해 새로운 규칙이 만들어지는 과정을 추적한다.

새로운 세력이 힘을 갖게 되는 유력한 경로 중의 하나가 팬덤의 형성이다. 팬덤이 세력 형성에 매력적인 이유는 한 번 팬덤을 구축하면 자체적으로 지속하는 회로가 생겨나 사회자본과 경제자본으로의 전환이 지속적으로 이루어지기 때문이다. 새로운 세력은 대부분 기존에는 마이너리티로 존재했다. 파괴적 혁신의 대표적인 사례로 꼽히는 워크맨이나 사이버대학, 테슬라 자동차까지도 기존 거대 음향 회사나 기존 명문 대학, 기존 자동차 명가에 비해 보잘것없는 마이너리티였고, 애초에는 존재감 없는 변방의 움직임으로만 여겨졌다. 문화혁신의 대표적인 사례로 꼽히는 할리데이비슨이나 밴앤제리, 파타고니아도 처음에는 일부 소수 취향 그룹의 기호품 정도로만 여겨졌다. 그러나 작은 세력들이 자기들만의 규칙을 만들어 사회경제적 편익을 창출할 수 있음을 증명하면서 점점 많은 사람들로부터 평판과 신뢰를 얻게 되었고, 그렇게 팬덤은 자본을 획득해갔다.

팬덤은 적극적인 소비자들에 의해 소수의 소비를 대중적 소비로 증폭시킨다. 캐즘을 뛰어넘는 것이다. 소비자가 특정 상품에 이렇게 적극적일 수 있는 것은 자신이 직접 참여하여 세상에 적용할 수 있는 규칙을 만들어낸다는 자부심을 갖기 때문이다. 그래서 적극적 소비자들은 그 브랜드만의 규칙에 확신을 부여하고 스스로 확산의 첨병이 된다. 예컨대 할리데이비슨의 브랜드 신념을 공유하는 팬덤은 이 오토바이가 고장이 자주 나서 계속 수리해야 한다는 불평도 자신들의 방식으로 바꿔 해석한다. 할리데이비슨 오토바이를 진짜 좋아하는 '호그'라면 직접 수리할 수 있는 지식을 갖춰야 한다는 것이다. 할리데이비슨의 팬덤 '호그H.O.G.'는 아예 회사의 임원들에서부터 시작되었다. 이 회사의 임원들은 회사가 어려울 때 할리를 타고 다니며 팬들을 모았고, 팬들은 다시 이 회사로 들어가 종업원이 되어 열심히 일했다. 팬덤의 선순환이 생긴 것이다.

이러한 팬덤의 경제가 일부 회사에만 국한되지 않고 전체 경제로 확대되면 이는 자본주의라는 체제에 변혁을 가져온다. 기존 경영자와 주주에만 국한되었던 이익을 소비자와 종업원까지 확대해야 할 당위성이 생기기 때문이다. 2020년 세계경제포럼에서 등장한 '이해관계자 자본주의'나 '프로토콜 경제' 등의 개념도 팬덤과 같은 속성을 갖는다. 이해관계자 자본주의는 이해관계자들에게 새로운 규칙을 수용하고 공평하게 이익을 나누는 것을 목적으로 한다. 기존 주주 자본주의의 목적이 주주 이익의 극대화에 있었다면, 이해관계자 자본주의는 고객과 종업원, 지역주민 등 기업과 관계된 이해

관계자 전체의 이익과 공존을 추구한다. 프로토콜 경제도 블록체인(분산형 데이터 저장기술) 기반의 기술을 이용해 플랫폼에 모인 참여자들이 합의를 통해 프로토콜(규약)을 정하고, 발생하는 이익은 규약에 따라 참여자들이 공정하게 나누어 갖는 것이다. '프로토콜 protocol'은 고정된 규칙이자 약속을 뜻한다. 프로토콜 경제에서는 마치 협동조합의 조합원처럼 참여자가 규약을 만들고 그 규약에 따라 이익을 분배하는 구조다. 이러한 이해관계자 자본주의와 프로토콜 경제의 개념은 이미 팬덤에서 작동하고 있던 호혜적 분배가 확산된 개념이라고 할 수 있다.

성스러움을 위한 혁신 역량

문화자본은 사회적 시장에서 획득된다. 뮤지컬을 좋아하는 사람들은 뮤지컬이라는 생산물이 가장 유리하게 유통되는 시장을 창출해야 자신들의 지위를 높일 수 있다. 자신에게 가장 유리하게 유통되는 시장을 만드는 방법은 자신이 활동하는 장에서 성스러움을 만들어내는 것이다. 성스러움은 그 집단이 숭배하는 공통의 가치를 창출하는 것이고 그 집단 내에서 모두가 존경하고 우러러보는 것을 만들어내는 일이다. 대항문화도 기존 문화와는 다른 나름의 독특한 성스러움을 만들어내는 작업이다. 새로운 평가 원리를 만들어냄으로써 기존의 교육체제가 지배하고 있던 성스러움에 대항하고 새로운 성스러움을 찬탄하는 문화 능력을 창조할 수 있다.[*] 취향의 추구는 새로운 장을 만드는 작업으로서, 그 핵심은 새로운 성스러움을 만들고 공유하도록 하는 것이다.

문화를 둘러싼 투쟁은 특정 영역의 시장 특징이 뚜렷이 새겨진 생산물에 가장 유리한 시장을 만들어내는 쪽에 집중된다. 예를 들면, 뮤지컬에서는 노래만 잘 부른다고 뛰어난 배우가 되지 않는다. 뮤지컬의 가창은 가요나 오페라와는 다른, 뮤지컬에서만 통용되는 방식이 있다. 뮤지컬에서는 극과 가창의 조화라는 뮤지컬만의 성스러움을 추구한다. 뮤지컬 능력을 측정하는 평가체계로서 극과 가창의 조화가 다른 장르와 뚜렷이 구분되는 목표로 설정되면, 뮤지컬의 영역은 이런 기술적 이상을 토대로 하나의 큰 시장을 형성하게 된다.

새로운 영역의 부상은 모두 이러한 동학을 갖는다. 예컨대 암벽 타기는 체력적으로 남성에게 유리해서 여성은 참여하기 어려운 시장일 수 있지만, 여성 경기만의 목표와 평가체계를 구축하면, 즉 여성 선수들만의 성스러움을 뚜렷하게 부각할 수 있는 생산물을 만든다면 새로운 시장을 형성하고 장악할 수 있다. 그래서 여성 실내 암벽 타기 경기에서 새롭게 형성되는 규칙은 기존 규칙을 변형시킨다. 즉 남성들처럼 힘 있고 빠르게 암벽 등반을 하는 것이 아니라

---

[*] 피에르 부르디외, 《구별짓기(상)》, 최종철 옮김, 새물결, 2005, 187쪽.

얼마나 멋지게 등반을 하는가가 더 중요해지는 식이다. 여성들에게 실내 암벽 타기는 아무렇게나 빨리 목표에 도달하는 것보다는 얼마나 예술적으로 도달했는가가 더 중요한 지표가 된다. 여성 선수에게 '최고의 근육'은 우락부락한 등근육보다는 섬세하고 부드러운 등근육이다. 여성 암벽 타기 기술에서는 부드러움과 섬세함을 더 숭배하는 것이다. 인스타나 유튜브에서 부각되는 여성 암벽 타기 선수의 모습도 가늘고 섬세한 근육과 예술적 암벽 타기가 부각된다.

가치는 어떤 것에 다른 것보다 더 높은 우선순위를 둘 때 발생한다. 이때 시장도 나타나고 거래도 성립된다.[*] 취향의 시장에서는 실물의 거래만이 아니라 정서적 에너지의 거래도 일어난다. 취향을 갖는다는 것은 곧 취향집단에 참여할 수 있다는 것이고, 참여를 통해 집단이 개인에게 부여하는 정서적 에너지를 얻을 가능성―참여한다고 해서 모두 다 에너지를 얻는 것은 아니기 때문에―이 높아진다. 취향집단에 참여하고 그것이 상징하는 상품의 거래에 참여하기 시작하면 취향은 습성처럼 나에게 스며들어 경쟁력을 불어넣는다. 취향이 만들어내는 장field은 "자신이 좋아하는 영역에서 남들과는 다르게 잘해보려 하고 이겨내려는" 탁월성의 의지가 집약된 곳인데, 새로운 시장은 이런 곳에서 창출된다.

---

[*] 라이어널 찰스 로빈슨, 《과학으로서의 경제학이 지닌 속성과 중요성》, 이규상 옮김, 지만지, 2019, 157쪽.

6장

산업의 취향화:
취향재가 된 자동차

포드 자동차가 1908년 최초의 대량생산 모델인 T-모델을 생산했을 때, 포드는 자본주의의 새로운 시대를 알리는 상징이었다. 포드 자동차는 자동차를 대량생산하는 일관공정 시스템을 갖추며 임금은 다른 회사보다 두 배로 올리고 노동시간도 9시간에서 8시간으로 줄이면서 자동차의 대중화 시대를 열었다. 월급을 더 받고 여가시간도 늘어남에 따라 자동차로 여가를 즐기고 싶은 욕망이 생성되었다. 이른바 포디즘의 시대가 열린 것이다. 포디즘은 노동자가 대량생산한 제품을 노동자의 구매력과 결합시켜 시장의 확대를 이끌었다.

그러나 20년 뒤인 1928년, 영광스러운 T-모델은 조용히 사라진다. 이유는 T-모델에 대한 헨리 포드의 지나친 고집이었다. 자동차를 타보고 열광했던 소비자들은 점차 검은색 일색이었던 자동차에 새롭고 다양한 색깔을 요구했다. 자동차가 목적지로 데려다주는 도구에서 미적 과시용이자 타인들의 구경거리로 바뀌었기 때문이다. 하지만 헨리 포드는 이 요구를 거부했다. 대량생산이라는 가치에 어긋나는 어떤 요구도 포드에게는 쓸데없는 일이었다. 그러나 포디즘이 스스로 만들어낸 여가시간은 소비자의 욕구를 변화시켰다. 달리는 말을 대체했던 자동차는 이제 말 이상의 것을 원하는 소비자를 마주하게 되었다. 자동차는 좋은 성능에 미적 감각까지 충족시켜야 할 상품으로 바뀌어갔다. 헨리 포드를 성공으로 이끌었던 대량생산의 고집은 실패의 원인이 되었다.

그렇다면, 자동차를 말의 대체품으로 생각하던 사람들은 어떻게 다른 프레임으로 차를 보게 되었을까? 자동차는 시대를 반영한다. 자동차는 거리에서 가장 눈에 띄는 시각적 상품이다. 그래서 시대의 반영도 가장 빠르고 정확하다. 자동차가 나오자마자 인기를 끈 이유도 시대를 정확하게 반영하는 시각적 상품이어서다. 100년 전 뉴욕 거리의 주된 운송 수단은 마차였다. 그렇다 보니 도로에 쌓이는 말똥이 골칫거리였다. 마침 등장한 자동차가 말보다 '친환경적인 대안'으로 여겨졌다. 오래전부터 이동 수단이었던 마차가 온전히 자동차로 바뀌는 데는 그리 오랜 시간이 걸리지 않았다. 자동차가 등장한 지 정확히 13년 뒤에 뉴욕의 이동 수단은 말에서 자동차로 완전히 바뀌었다.

사실 자동차는 기술의 관점에서 보면 트랙터로부터 왔다. 포드도 트랙터를 개발하다 자동차를 개발했다. 그러나 트랙터는 농사일을 위한 것이었지만, 자동차는 여행을 위한 것이었다. 자동차가 대중 시장으로 들어왔을 때는 트랙터보다 마차의 대체재였다. 소비자는 차를 구매하고 운전할 때 "말보다 훨씬 간편하고 오래 갈 수 있다"라며 자동차를 말과 비교했고, 말과 비교된 자동차로 인해 욕망이 충족되는 쾌락을 체험한다. 초기 T-모델은 말과 자동차를 같은 범주에 놓고 사고하게 만들었기 때문에 성공했다. 트랙터로는 꼭 가야만 하는 길을 갔지만, 자동차로는 어디로든 멀리 갈 수 있었다. 그래서 자동차는 먼 길을 여행하는 수단으로 보였어야 했다.

그러나 그 당시 멀리 갈 이유는 없었다. 자동차는 필요의 영역에서는 굳이 있을 필요가 없는 것이었다. 그 당시 생존에 필요한 것은 트랙터였지 자동차가 아니었다. 그러나 자동차로 먼 곳을 갈 수 있다는 것을 보여주자 새로운 욕망이 생겨났다. 여행의 욕망이다. 벤츠가 처음 나왔을 때 창업주의 아내가 모토바겐Motorwagen 차를 타고 최초의 자동차 장거리 여행을 했던 이유가 여기에 있다. 자동차는 필요로부터의 거리를 증명하는 상품이었다. 그래서 차는 필요의 영역을 벗어난 계층을 상징했다. 차는 마차처럼 그것을 갖고 여행할 정도로 시간도 많고 돈도 있는 사람이라는 표식이었다.

그러나 자동차로부터 오는 만족과 쾌락은 시간이 지날수록 사그라졌다. 인간은 쾌락에 적응한다. 쾌락에 적응하면서 새로운 쾌락을 좇는 인간의 마음은 기존 프레임에서 다른 프레임으로 옮겨 간다. 비교의 대상이 말과 마차로부터 다른 것들로 옮겨 간다. 자동차에 실제로 타면서 자동차를 자신의 의복처럼 생각하는 사람들이 생기고, 자동차가 먼 거리를 달리게 되면서 개척자적 정신을 지닌 물건으로 연상되기도 한다. 험지를 다니는 자동차의 바퀴는 나의 다리와 비교되며 자동차의 의자는 나의 침대와 비교된다. 이제 자동차는 의복처럼 다채로운 색상을 지녀야 하고, 사람들이 가기 힘든 험지도 다닐 수 있어야 하며, 때로는 쉴 수 있는 공간이어야 한다. 그러다 어느 순간 자동차는 대중 상품을 넘어 작위나 훈장처럼 지위를 상징하는 베블런재 중에서도 최고의 위치에 등극했다. 귀족들의 지위 상징으로 자리매김했던 자동차 시대로—어쩌면 자동차 탄생의 본질이었던 과시적 소비로—돌아간 것이다.＊

＊ 1917년 경성에 처음 등장한 이래 자동차는 조금씩 알려지기 시작했는데 그 당시에는 부자만 자동차를 탈 수 있었던 탓에 자동차 여행 또는 드라이브에 대한 사람들의 시선은 곱지 않았다. 그 후 기생들까지 자동차 드라이브를 즐기게 되자, 1920년 조선총독부는 경성 장안의 5개 권번에 소속된 기생들이 자동차를 타고 나들이하면 엄벌에 처한다는 칙령을 발표하기도 했다. 변민주, 〈지면광고로 본 1910~1960년대의 자동차광고〉, 사이버자동차산업관, 2019.

하차감 소비에서 '탈주머니' 소비로

자동차라는 상품의 소비에서는 과시적 소비만이 아닌 또 다른 흐름도 포착된다. 자동차는 최고의 고관여 제품으로, 소비자는 모든 조건을 따져 자기에게 가장 맞는 제품을 구매한다. 그래서 가장 합리적으로 자신에게 가장 적합한 제품을 선택할 것 같지만, 그래도 선택되는 차종들은 한쪽으로 쏠린다. 소비자는 자신의 취향에 따라 자동차를 선택할 뿐이지만 그 취향은 대부분 시대와 상황이 부여하는 '선택지' 안에 있다. 내가 선택할 만한 특정 상황에 도달했을 때 취향이 형성되는 것이다. 내가 인형 모으는 취미를 가졌다 해도, 인형을 만들고 판매하는 시장이 없다면 취미가 형성되거나 인정받기 어렵다. 그리고 인형을 갖고 놀아봐야 또는 인형을 갖고 노는 것을 봐야만 내가 인형을 갖고 무엇을 할지 알게 되듯이, 취향은 실제로 내가 그것을 경험해볼 수 있을 때 취향으로 형성된다. 취향의 형성은 기회의 축적으로 인해 가능하다. 자동차를 실제로 타본 사람만이 자동차가 부여한 쾌락에 적응하고 자신의 결핍된 욕망을 자동차에 투영할 수 있다.

경험의 시대에 자동차는 최적의 상품이 되었다. 자동차를 '하차감'(자동차를 타고 있을 때 느끼는 만족감보다 타지 않고 있을 때의 만족감—타인의 시선 같은—이 중요하다)과 동일시하고 자신의 지위를 과시하며 최대한 자동차를 지위재로 만드는 정주의 욕망을 드러내기도 하지만 여전히 축적의 욕구보다는 경험의 욕구와 연결되는 상품이다. 자동차는 집이라는 재화와는 극단적으로 반대의 지향점을 갖는다. 포드 자동차의 노동자들은 포드에서의 노동이 아닌, 포드의 자동차를 타고 어디론가 여행 가기를 원했다. 포디즘 시대 노동자들의 꿈은 포드 자동차를 타고 어디론가 떠나가는, 노동으로부터의 해방, 좁은 집으로부터의 해방이었다. 자동차는 어디론가 떠나기 위한 것이다. 〈델마와 루이스〉에서도 영화의 처음부터 끝까지 자유로움은 자동차로 비유되었다.

자동차는 하드웨어 사물이지만 물리적 구속으로부터의 탈출이라는 '해방감'을 상징한다. 자동차를 산다는 것은 탈주를 위한 행위다. 그래서 자동차는 음악과 결합한다. 음악 없는 자동차는 상상하기 어렵다. 음악은 개인의 자유로운 정신을 표현하기에 가장 적합한 영역이며, 물리적 사물은 전혀 없이 오직 경험만으로 축적해야 하는 콘텐츠다. 그래서 음악은 인간의 자유로운 취향을 대표한다. 부르디외는 "어떤 음악을 좋아하세요?"만큼 취향을 세세하고 면밀하고 정확하게 파악할 수 있는 질문은 없다고 했다. 그렇다면, 지금 우리 시대에 음악 말고 취향을 파악할 수 있는 대표 질문은 "어떤 차를 좋아하세요?"일 것이다. 그래서 자동차와 오디오의 결합은 자동차 산업 발전의 필연적 결과물이다. 음악은 신체의 제약 없이 어디서나 움직이며 들을 수 있고 자동차로는 어디든 가고 싶은 곳으로 갈 수 있다. 음악과 자동차는 개인의 취향을 드러낼 수 있는 최적의 영역이자 산업이다.

자동차는 이제 취향재로 전환되고 있다. 사실 자동차는 그 탄생에서부터 취향재의 잠재성을 갖고 있었다. 자동차는 랩톱 컴퓨터나 스마트폰의 스크린처럼 시공간을 압축한다. 시공간 압축은 곧 자유로움이다. 어디든 가고 싶은 곳으로 갈 수 있기 때문이다. 물론 자동차는 시공간 압축에 있어서는 스마트폰 화면만큼 완벽하지 못하지만 그보다 더 많은 실재감을 제공해주었다. 자동차로 나를 표현하고, 자동차로 옮겨진 나는 그곳에서 또 다른 나를 표현한다. 자동차를 통해 나는 계속 확장된다. 자동차가 생기고 나서 여행도 본격화되었다. 내가 가는 곳은 일하는 곳만이 아니라 구경하고 즐길 수 있는 곳도 있다. 그러다가 자동차 자체가 구경거리가 되었다. 내가 탄 자동차에서 나는 바깥을 보지만 타인은 내 자동차를 본다. 타인의 사생활을 엿보는 스크린처럼 차와 차 창문으로 엿보는 타인의 삶이다. 거리에서 자동차는 아케이드의 부분이 되었고 시선의 권력을 분점하게 되었다. 그러다 자율주행 시대의 자동차는 나와 내 연인, 친구, 가족의 휴식 공간이자 내가 좋아하는 엔터테인먼트를 즐기는 공간으로 변화한다. 그렇게 자동차는 취향재로 전환되었다.

어떤 테슬라 자동차 구매자는 유튜브의 리뷰에서 "테슬라 코리아의 서비스는 쓰레기"라고 말한다. 차를 인도받을 때 여기저기 흠집이 많았고 서비스도 불친절하다고 불평한다. 그런데도 자신은 이

차를 사는 데 거금을 썼고 이 차를 절대 환불하지 않겠다고 공언한다. 그 이유는 이 차에 서비스를 뛰어넘는 훨씬 더 큰 편익이 있기 때문이다. 그 테슬라 구매자는 전기차라는 정체성과 자율주행 기능의 편익 때문에 다른 문제들을 쉽게 잊는다. 오히려 그의 불평 때문에 그 유튜브 영상 리뷰는 진정성이 느껴지고 더 많은 신뢰를 얻는다. 그 사람의 진정성은 불평에도 불구하고 값비싼 차를 자기 돈으로 구매한 것에 있고 거금의 지출이라는 최종 결정에 그 사람의 진짜 평가가 들어가 있다고 믿기 때문이다. 특정 사물에 지출하는 '거금'은 돈 자체보다 그의 마음을 상징한다. 그것이 신뢰감을 창출한다. 카메라 시장에서도 첨단 디지털카메라보다 훨씬 불편한 필름카메라 라이카를 고집하는 사람들이 있다. 그들에게는 사진을 진정 사랑하는 사람이라는 표식이 붙는다. 그의 라이카에 대한 사랑은 진실하다. 왜냐하면 라이카에 거금을 지불한 사람이기 때문이다.

진정성 시대의 이야기 실천가들

이제 진정성의 시대에 접어들었다. 정확히 표현하면, 진정성을 마음속 깊이 감춰두는 것이 아니라 드러내야 하는 시대에 접어들었다. 자기가 추구하는 자신만의 가치에 직접 돈을 쓰는 시대가 된 것이다. 그래야만 타인의 신뢰도 얻을 수 있다. 타인의 요구에 의해 그리고 타인에게 과시하기 위해 소비하던 시대에서 자기 내면의 목소리에 충실해야 하는 시대로 바뀌었다. 물론 이전에도 그런 류의 사람들이 없었던 것은 아니었다. 그러나 예전에는 소수였고, 때로는 은둔자나 '자유로운 영혼'으로 치부되었다. 이제 사회는 이들을 진정성 있는 사람들로 추켜세우기 시작했다. 시골 빵집에서 효모를 개발하여 건강한 빵을 만드는 사람들, 귀농해서 빈집을 공동 주거지로 바꿔내는 청년들, 소도시에서 책방을 운영하며 지역주민들과 소통하는 사람들은 자신의 가치를 실현하는 사람의 상징이 되었다.

언어가 공기처럼 오랜 세월 가상가치contingent value*였듯이, 환경도 자본주의의 팽창에 따라 가상가치가 되어 가치의 시장을 지배한다. 자동차의 경우 자동차를 구매할 때의 주요 요소들은 대략 연비, 가격, 디자인, 브랜드 정도다. 자동차의 초기 시대에는 디자인과 브랜드, 가격이 중요하더니 이제 시대가 바뀌어 연비가 점점 더 중요해지고 있다. 환경을 중시하는 소비자들이 등장한 것이다. 그런데 이들은 값비싼 차를 살 때도 연비를 따진다. 비싼 차 값에 비하면 기름 값을 아끼는 것은 별로 대수로운 문제가 아니다. 그런데도 럭셔리 카를 사는 사람들이 연비 좋은 차를 고른다. 작은 돈의

---

* 가상가치란 비시장 재화의 가치에 대해 가상적인 상황이나 시장을 설정했을 때 발생하는 가치로서, 가치의 측정은 주로 설문조사에 기반한 지불의사금액을 측정하는 방식으로 시행되고 있다. 정혜경·정은주, 〈공공도서관의 가치평가를 위한 가상가치평가법 분석〉, 《한국정보관리학회》 24(1), 2007.

절약보다는 환경을 보호하려는 의지가 있음을 보이려는 것이다. 오히려 연비 좋은 하이브리드 차량이 일반 차량보다 더 비싸다. 유지비가 조금은 절약되겠지만 차 값에 비하면 조족지혈이다. 이전에는 고려 대상도 아니었던 환경이 하나의 중요한 가치를 생산하게 된 것이다.

한 조사에 의하면, 자동차 같은 고가의 상품은 아니라도 친환경 상품에 대해 2030세대 소비자들은 두 배에서 세 배까지의 가치를 더 매기기도 한다. 1,000원짜리 플라스틱 칫솔 대신 대나무 칫솔에 2,000원까지 더 지불하겠다는 사람들이 26%, 세 배의 가격까지 가능하다고 말한 사람도 10%였고, 추가지출 의향이 없다고 답한 비율은 13.7%에 불과했다.*

그렇다면 여기서 자본은 무엇으로 전환되고 있을까? 물론 친환경 자체의 신념과 행동도 자본을 구성한다. 그러나 친환경은 또 언젠가 시대가 변하면 다른 이슈로 변해갈 것이다. 그래서 자본은 내기물 그 자체라기보다는 내기물을 획득할 수 있는 능력이다. 즉 방

---

* 2030세대는 친환경 대체품 구입에 얼마나 관대할까? 설문조사에서는 1,000원짜리 플라스틱 칫솔을 대신하는 대나무 칫솔에 얼마나 더 큰 비용을 낼 수 있는지도 물었다. 응답자들은 '최대 2,000원'(26.1%)을 가장 많이 꼽았고, '최대 1,200원'(24.0%) '최대 1,500원'(20.0%)이 뒤를 이었다. 플라스틱 칫솔 대비 3배까지 지출할 수 있다고 응답한 비율은 10.1%, 4배는 6.1%로 나타났다. 추가지출 의향이 없다고 답한 비율은 13.7%였다. https://www.chosun.com/special/future100/fu_general/2020/10/20/H5WAIDYJZBEKVASTHI4CFZ7FLU/.

법지이지 사실지가 아니다. 친환경 시대가 왔을 때 친환경 기술을 가장 빠르게 내놓을 수 있는 능력을 갖춘 사람과 그런 능력자를 배출할 수 있는 시스템이 자본이 된다. 예컨대 친환경 시대에 중요한 기술은 전기차 기술이 되고, 동물고기 대체 식물 추출 기술이 되고, 코로나 백신 기술이 된다. 그리고 이러한 기술을 갖고 있는 사람들, 이러한 기술을 갖고 있는 사람들을 배출할 수 있는 시스템을 갖춘 조직, 그리고 이런 기술이 올 것이라고 예측하고 이 기술들을 퍼뜨릴 수 있는 환경을 조성할 능력을 갖춘 사람들이다. 그렇다면 자동차 산업에서는 연비의 시대와 새로운 연료의 시대가 오고 있다는 것을 예측하고 이 기술을 축적할 수 있는 능력이 자본이 된다. 예측 능력을 갖추고 있으면 평균이윤율이 낮은 분야라고 해도 그 분야에서 자신과 자신의 네트워크만은 계속 평균보다 높은 이윤을 획득할 수 있다.

그렇다면 친환경은 어떻게 시대의 가치로 부상해서 평범한 사람들에게까지 인식되었을까? 사실 친환경의 가치가 우리 인식에 들어온 것은 기후변화에 관한 연구와 함께 그 결과를 사람들에게 알린 '이야기 실천가storytelling practitioner'들 덕분이다. 이들이 없으면 기후변화의 과학적 사실들은 파편적으로만 존재할 뿐이다. 툰베리Greta Thunberg는 자신의 내면 지향적이고 건강에 민감한 취향을 환경운동으로 전환시켰다. 취향을 자기의 이야기로 만들어 동료들에게 전파하는 일로써 친환경 사회운동가가 된 것이다. 자신의 자폐적 약점을 자신만의 특수한 취향으로 변모시켜 더욱 설득력 있는 이야기를 만들어내고, 이것이 상징가치를 생성하여 소비자의 선택과 산업의 변화로 이어진 것이다. 결국 수백, 수천, 수만의 툰베리가 경제적인 영역으로 침투해 소비자의 선택을 바꾸고 생산 구조를 변화시킨다.

환경운동이나 사회운동은 철저하게 비경제적인 동기에서 출발한다. 비경제적인 동기여야 이야기가 힘을 얻는다. 진정성과 독특함이라는 동기가 신뢰를 심어주기 때문이다.* 진정성과 독특함은 자신만의 이야기에서 나온다. 이러한 이야기 실천가들에 의해 친환경의 가치가 확산되면 친환경을 기술로, 산업으로 발전시킬 수 있는

---

* 진정성이 신뢰로 이어지는 이유는 진정성이 협동의 가능성을 높이기 때문이다. 오스트롬(Eliner Ostrom)은 협동의 발생 이유에 대해 말한다. "행위자들이 집합행동에 참여하기 위해서는 협동을 통해서 얻을 수 있는 이득이 협동의 부재 상태에 비해서 상당히 크다는 인식이 공유되어야 한다. 즉 모두가 극단적인 자기이익 추구를 자제하고 협동의 규칙을 따르는 경우 각자 자유롭게 행동하는 경우에 비해서 이익이 된다는 것을 함께 인식하고 있어야 한다는 것이다. 물론 이는 필요조건이기는 하지만 충분조건은 아니다. 왜냐하면 여전히 배반의 전략을 사용할 가능성, 무임승차를 할 가능성, 공유 자원을 약속한 양보다 많이 획득할 유혹이 존재하기 때문이다. 이로부터 협동이 모두를 위해 이로움에도 불구하고 협동이 이루어지지 않는 사회적 딜레마가 발생하게 된다." 오스트롬은 사람들이 배반의 전략을 선택하는 것은 협동의 의사가 없어서라기보다는 다른 사람들이 협동을 할 것이라는 확신이 없기 때문이라고 본다. 조건부 협동의 전략을 채택하고자 하는 의사가 있다 하더라도 다른 사람들의 배반으로 인하여 자신만이 순진한 바보가 되는 경우를 우려하여 협동을 하지 않는 경우가 많다는 것이다. 결국 진정성은 배반의 전략, 무임승차를 할 가능성에 대한 걱정을 줄여 신뢰감을 높인다. 엘리너 오스트롬, 《공유의 비극을 넘어: 공유자원 관리를 위한 제도의 진화》, 윤홍근·안도경 옮김, 랜덤하우스코리아, 2010.

능력과 조직이 이윤을 얻을 기회를 갖게 된다. 비경제적 동기가 기업의 경제적 이윤을 창출하는 회로의 원천이 되는 것이다.

취향은 자기 자신이 좋아하는 것이지만, 그 안에는 인정의 욕구와 과시의 욕구가 함께 스며들어 있다. 자동차도 자기 확대의 도구로써 과시의 상품이기도 하다. 그래서 사람들은 자동차를 통해 유명해지려 한다.* 알랭 드 보통Alain de Botton은 사람들이 유명해지고 싶어하는 이유를 다음과 같이 말한다.

사람들이 그토록 필사적으로 유명해지기 바라는 까닭은 외면당하고, 업신여김당하고, 구석에 홀로 남겨지거나, 줄 맨 뒤로 가라는 명령을 받거나, 없는 사람 취급을 당하고, 몇 주 뒤에 다시 전화 달라는 소리를 듣는 것이 정말 불에 덴 듯 고통스럽기 때문이다.**

마찬가지로 외면당하지 않으려고, 업신여김당하지 않으려고 좋은 자동차를 산다. 옛말에 억울하면 출세하라고 했다. 그 말의 현대

---

* 자동차처럼 값비싼 상품이 아니라 미디어도 여러 사람에게 보여줄 수 있는 수단이 되면서, 미디어를 통해 유명해지기 위해 노력하는 사람들이 늘어나고 있다. 그래서 자동차를 포함한 현대의 미디어가 명성에 대한 욕망을 부추긴다는 점에서 마이크로 셀러브리티(micro-celebrity)의 시대로 개념화할 수 있다. 마이크로 셀러브리티에 대해서는 김은미 외,《SNS 혁명의 신화와 실제》, 나남, 2011, 235쪽; 김종길,《피핑톰 소사이어티》, 집문당, 2013, 145쪽 참조.

** 알랭 드 보통,《뉴스의 시대》, 최민우 옮김, 문학동네, 2014, 201-202쪽.

판은 "억울하면 값비싼 자동차를 몰고 다니라!"다. 그렇지만 바르트Roland Barthes는 바로 그 이유 때문에 자동차를 다르게 본다. 자동차를 과시적 상품에서 마술적인 성소聖所로 격상시킨 것이다. 바르트는 자동차가 중세의 성당과 같은 특성을 갖고 있다고 주장한다. 고딕 양식의 성당처럼, 자동차는 사람들의 업신여김으로부터 나를 보호한다. 또한 자동차는 나를 위한 작품이다. 알 수 없는 예술가의 열정이 서려 있는 성당처럼 자동차의 이미지는 한 시대를 대표하는 최고의 창조품이다. 자동차는 일부 사람만이 누릴 수 있는 순수하게 마술적인 대상이다.* 자동차를 성소로 본다는 것은 나를 위해 어떤 예술가가 열정을 바쳐 나의 공간을 만들어주고 그곳에서 안주할 수 있다고 인식하는 것이다.

그렇게 자동차는 거주하는 장소가 되었다. 도로 위에서, 거리에서, 숲에서, 자동차는 나를 감싸는 공간이자 내가 생활하고 때로는 휴식하고 잠자는 공간이 되었다. 자동차는 결코 집이 될 수 없지만 임시 거주용 텐트는 될 수 있다. 거주하는 곳이란 내가 타인의 방해를 받지 않고 편안히 쉴 수 있는 곳이다. 그런 곳이 꼭 고정되어 있을 필요는 없다.

사실 과시의 대상이 된 자동차의 역사는 민주화와 대중화의 역사였다. 대공황 시절 빈곤한 사람들도 자동차로 여행했다. 이동 자

---

* 존 어리, 《모빌리티》, 강현수·이희상 옮김, 아카넷, 2014, 218쪽.

체가 희망의 척도였다. 오픈로드는 모험과 낭만의 새로운 기회를 제공했다. 로드무비는 절망 속에서 희망을 말하는 장르가 되었다. 로드무비는 대부분 가난하거나 핍박받는 사람들의 장르다. 가난해서 차로 먼 거리를 떠나야 하는 사람들의 이야기가 대부분이다. 그 길 위에서 핍박과 고난을 겪지만 결국 '자기들만의 독특한 방식으로 목적을 성취하는' 스토리다.

〈미스 리틀 선샤인〉은 미인대회에 나가는 딸을 위해 온 가족이 함께 도시로 여행을 떠나는 이야기를 그린 영화다. 여행 중 가족 간 불화는 계속 이어지고 길 위에서 고난도 계속 일어난다. 딸은 어른들을 흉내 내야 하는 미인대회에서 이상하고 충격적인 춤을 춰 모든 사람을 놀라게 한다. 일반적인 미인대회와는 완전히 다른 공연이 되었기에 주최자와 판정단은 격분하지만, 이제 이들 가족은 오히려 상황을 즐긴다. 공연이 끝나고 가족들은 호텔 보안실에서 캘리포니아주 미인대회에 다시는 참여하지 않는다는 약속을 하고서야 풀려난다. 이들에게 자동차와 오프로드는 고난과 고통 속에서도 유대를 잃지 않는 상징이라 할 수 있다.

또한 자동차는 은신처가 되었다. 차 안에서 창문을 통해 볼 수 있는 풍경이 있다. 그것은 나의 작은 세계다.[*] 조르주 상드는 초가

---

[*] Bull M, "Automobility and the Power of Sound", *Theory, Culture and Society*, 2004: 247. 존 어리, 앞의 책, 235쪽에서 재인용

집에서 살기를 바라는지 궁전에서 살기를 바라는지에 따라 사람들을 나눌 수 있다고 말한 바 있다. 바슐라르는 더 복잡하게 얘기한다. 성城을 가지고 있는 사람은 초가집을 꿈꾸고, 초가집을 가지고 있는 사람은 궁전을 꿈꾼다.* 창문은 바라보는 곳으로서 꿈을 상징한다. 집에서 창문으로 바라보이는 모든 것이 집에 속하듯이,** 차에서 바라보는 모든 풍경은 나의 차에 속한다. 차는 창문을 가진 거주의 공간이 되었다. 바라보는 경험만으로도 대지와 풍경에 대한 소유효과를 불러일으킨다. 차는 판옵티콘panopticon의 공간이면서 동시에 세상으로부터 벗어나 보호받고 싶은 논옵티콘nonopticon의 모습도 있다.

거주처이자 은신처인 자동차를 사람들이 과시하고 싶어하는 이유는 차가 집처럼 지위의 상징이 되었기 때문이기도 하지만, 점점 자동차가 인테리어나 패션처럼 취향재가 되어가기 때문이다. 자동차가 취향재가 되었다는 것은 자동차를 통해 지위를 과시하는 것보다는 나의 스타일을 과시하는 쪽으로 옮겨 갔다는 것에서 확인할 수 있다. 물론 값비싼 차를 타고 다니면서 부유함을 과시하려는 부류도 여전히 많지만, 자신만의 개성을 지닌 차를 통해 내가 그만큼 독특하다는, 즉 "자유로운 사람"—물론 이런 자유로움은 재정

---

* 가스통 바슐라르,《공간의 시학》, 곽광수 옮김, 동문선, 2003, 156쪽.
** 가스통 바슐라르, 앞의 책, 159쪽.

적으로 여유가 있다는 것을 함께 포함한다—임을 애써 보여주려
하기 때문이다. 차를 통해 자신은 돈과 연봉만 충실히 따르는 필요
의 세계에서 벗어났으며 자신의 취향을 충분히 즐길 줄 아는 문화
자본의 소유자임을 드러내고 싶은 것이다.

　자동차는 이동하며 여러 사람을 만나게 하고 여러 사람에게 보
여줄 수 있는 상품이다. 이동은 곧 연결이다.* 사람들과의 정해진
만남과 우연한 만남에서 구체적인 언사 없이도 타인에게 자신의 지
위를 가장 잘 드러낼 수 있는 것이 자동차다. 자동차는 그렇게 베블
런재가 되었다. 그렇지만 이전처럼 높은 경제적 지위를 보여주는 것
에서 특수 지위형 베블런재로 바뀌었다. 베블런은 현대 자본주의
의 소유 제도가 생산과 무관한 자들, 생산수단을 소유한 자들, 즉
부재 소유자로부터 유래한다고 보았다. 베블런에게 소유란 개인의
전유가 아니라 타인에 대한 우위라는 관계를 의미한다. 소유권을
가능하게 하는 것은 누군가가 만들거나 선점하거나 발견했다는 사
실 그 자체가 아니라, 타인이 그것을 사용할 수 없게 만드는 배타적
인 사회적 지위다.** 그런 면에서, 개인이 특정한 지식이나 자원을
소유하고 그 소유가 타인의 지배와 관련되기보다는 자신의 일상적
인 생산과 직접 관련된다면, 그 소유는 자본주의의 소유권에 반하

---

* 마누엘 카스텔, 《커뮤니케이션권력》, 박행웅 옮김, 한울아카데미, 2014, 63쪽.
** 우상권, 《베블런의 소유개념에 대한 연구》, 서울대 사회학과 석사학위논문, 2017.

는 특성을 갖는다.

그래서 자동차가 일반 지위재가 되는 시대와 특수 지위재가 되는 시대는 다르다. 차가 1%의 성공한 사람만이 소유하는 재화를 상징할 때는 일반 지위재의 시대였지만, 스포츠카와 클래식 카, 전기차, 소형 차 미니는 자신의 신념과 취향을 보여주는 특수 지위재의 시대를 열었다. 이를테면, 전기차는 오랫동안 일반 지위재의 역할을 해온 자동차를 특수 지위재의 영역으로 바꾸고 있다. 즉 돈과 속도의 가치로만 평가받던 자동차가 이제 신기술, 친환경, 안전성, 거주성, 자율주행 같은 다양한 가치에 따라 각각의 우선순위로 재편되고 있기 때문이다.

최근 전기자동차 구매 의향을 조사한 한 연구에 의하면, 유류 비용과 충전 여건 등 경제적인 요인도 구매 의향의 중요한 요소이지만, 소비자의 최종학력과 신기술 관심도, 친환경 관심도 역시 구매 의향과 관련하여 상관관계가 높게 나타났다. 즉 학력이 높을수록, 신기술에 대한 관심이 높을수록, 친환경에 대한 관심이 높을수록 전기차를 구매하겠다는 의사가 높은 것이다.[*] 전기차를 타고 다

---

[*] 상관관계지수만을 보면 전기차 구매 의사와 가장 높은 관계가 있는 문항은 '전기차에 대한 정보'(.309)이고 그다음이 신기술 관심도(.299)이며, 주변 전기차 구매자 여부(.257), 전기차 인지 여부(.252), 친환경 관심도(.250) 순으로 나타나고 있다. 인지도와 주변 구매라는 '결과적 변수'를 제외한다면 직접적인 구매의 원인으로 작용하는 것은 신기술과 친환경이라고 할 수 있다. 환경부, 《실구매자 이용·실태 조사분석을 통한 전기차 보급 활성화 연구》, 2017, 132쪽.

닌다는 것은 신기술에 관심 많은 혁신 지향적 인력이며 환경보호에 관심이 많은 문화자본 인간임을 드러낸다. 자동차가 신념과 취향을 과시하는 상품이 된 것이다. 그러면서 자동차의 위계적인 산업 구조도 파괴되고 있다. 하나의 기준으로 서열화되었던 가치체계가 다양화되면서 새로운 규칙이 만들어지고 거기에 적합한 기술과 상품을 생산하는 기업들이 새로운 기회를 포착하는 시대가 된 것이다. 100년 동안 지배적인 지위를 차지했던 자동차 기업들이 친환경 얼리어답터들을 타깃으로 하는 신생 전기차 기업들에 밀리는 시대가 된 것이다.

전기차 기업에서는 기업가와 기술노동자 사이의 관계가 수평적이고 역동적이다. 혁신가인 기업가가 새로운 기술에 대한 실험을 직접 실행하기 때문이다. 그리고 이러한 실험이 실패로 끝나거나 더 디더라도 고객과의 수평적 소통이 이를 보완한다. 자동차 시장에도 얼리어답터들의 팬덤이 생겨나기 시작했기 때문이다. 신기술과 친환경과 같은 새로운 가치들은 팬덤을 동반한다. 새로운 가치에의 신념으로 무장한 공동체 팬덤은 생산자의 실수를 불평하면서도 공감과 지지로 바꿔 수용한다. 결국 팬덤은 웹과 SNS를 기반으로 영업직원을 없애버렸고 판매와 구매가 직접 연결되는 시스템을 안착시켰다. 고가의 차를 살 때 영업사원에게 대접받고 스스로 지위가 높은 사람임을 느꼈던 시대가 아예 사라져버린 것이다.

이제 자동차는 내가 직접 주문하고 직접 수령해 오는 전자제품이 되었다. 도움을 주는 사람은 팬덤의 동료들이다. 이들 팬덤의 동료는 끊임없이 새로운 정보들을 SNS와 유튜브에 업로드한다. 기존 구매자가 신규 구매자를 도와주면 자동차 회사는 보상을 지불한다. 협력에 대한 보상이다. 테슬라의 협력 보상금은 10만 원이다. 쿠폰을 주면서 기존 구성원과 새로운 구성원의 "용기 있는 협력"에 박수를 보내는 것이다. 또한 이 보상금은 팬덤의 신입 회원이 된 것을 축하하는 보상이다. 취향의 시대는 취향의 유사성집단인 팬덤을 생산하고, 팬덤은 기존 산업이 갖고 있던 수직적이고 위계적인 구조를 수평적이고 협력적인 구조로 재편한다.

2부

취향 속의 한국사회

7장

취향경제의 부상

한국 경제의 특징 중 하나는 대기업의 비중이 높다는 것 이외에도 소규모 자영업자가 과도하게 많다는 것이다. 한국의 자영업 비율은 OECD에서도 '비정상적으로' 높은 25.1%에 달한다. OECD 평균은 2018년 기준 15.3%이다. 한국은 2018년 OECD 회원국 가운데 그리스(33.5%), 터키(32.0%), 멕시코(31.6%), 칠레(27.1%)에 이어 다섯 번째로 자영업자가 많다. OECD 기준 자영업자는 우리나라 기준 자영업자에다가 무급 가족 종사자까지 더한 '비임금 근로

자의 비율'을 기준으로 한다. 아시아 국가 중에서는 일본이 우리나라에 이어 두 번째로 자영업자가 많지만, 비중은 10.3%에 불과하고 순위도 25위다. 자영업자 비중이 낮은 나라는 미국(6.3%), 노르웨이(6.5%), 덴마크(8.1%), 캐나다(8.3%) 등이다.

자영업자의 높은 비중은 한국 노동 시장의 특징을 잘 보여준다. 노동 시장이 유연하고 재취업이 잘되는 나라는 자영업자가 많지 않다. 이런 나라들은 고용 중심의 경제를 갖고 있다. 반면에 한국처럼 평균 근속 기간이 길지 않거나* 직장을 한 번 그만두면 재취업이 어려운 나라는 자영업 중심의 경제를 갖게 된다. 고용 비중이 줄면서 자영업 비중이 자연히 늘어나기 때문이다. 이는 고용의 질이 좋지 않다는 뜻으로, 그만큼 사회에 대한 만족도에도 영향을 미친다. 유럽에서도, 사회에 대한 만족도가 낮은 국가일수록 자영업자 비중이 높은 것으로 조사되었다. 이런 조사 결과로부터 개인의 개성을 존중하지 않고 위계질서가 뚜렷한 사회, 고용 시장이 유연안정성flexible security을 갖추지 않고 폐쇄적인 국가일수록 사회생활

---

* 2010년 이후 노동 시장의 이중구조 심화로 인해 우수 인적자본의 대기업 쏠림 및 중소기업 기피 현상이 심화되면서 기업 규모, 근로 형태에 따른 임금 격차가 확대되었다. 이처럼 노동 시장 이중구조화 심화는 비정규직 고용이 많은 중소기업과 정규직 중심의 대기업 간에 임금 격차가 크게 벌어지는 배경이 되었다. 근속 연수도 2000년 이후 대체로 격차가 확대되는 모습을 보였다. 비정규직의 평균 근속 기간은 2004년 정규직의 34.8%이었으나 2017년 비정규직의 평균 근속 기간은 30개월로, 정규직(91개월)의 33.0% 수준으로 떨어졌다. 장근호, 〈우리나라 고용구조의 특징과 과제〉, 《경제분석》, 한국은행 경제연구원, 2019.

의 만족도가 낮고 자영업자의 비율이 높음을 유추할 수 있다.

한국의 높은 자영업 비중은 대기업체제와 연결되어 있다. 대기업이 주도하는 고용 구조와 그에 따른 고용의 이중화로 고용 불평등이 심화되어 결과적으로 사회적 만족도가 낮아졌다. 일반적으로 선진국이 될수록 자영업자는 줄어들게 되는데, 한국의 경우 반대로 낮은 고용안정성 때문에 자영업자가 높은 비율을 유지하게 된다. 그렇지만 자영업의 비중을 이렇듯 간단한 문제로 간주하고 넘어가기에는 좀 더 복잡한 경로가 존재한다.

자영업의 비중이 높다는 것이 한국 경제의 경쟁력을 갉아먹는 고질병이라고 알려져 있지만, 다른 한편으로 기존의 전통적이고 정통적인 기업문화에 대한 불만으로 인해 자영업자가 되는 경우가 많다는 데서 또 다른 특성을 찾을 수 있다. 붕어빵 노점부터 음식점까지, 자영업의 분야는 기존의 대기업이 장악한 공식적 시장과는 전혀 다른 시장이다. 자영업자들은 강력한 권력을 가진 대기업과 대기업의 하청을 받는 대다수 중소기업이 관심 없는 영역으로 진출할 수밖에 없다.

그런데 1990년대 이후 자영업의 특성은 변화한다. 노래방과 PC방이 그 예다. 특별한 기술 없이 기기를 들여놓고 아르바이트생을 고용하면 유지가 가능한 업종의 등장은 자영업자들에게 새로운 기회의 시장이었다. 자영업의 새로운 블루오션으로서 문화소비 영역의 수요가 열리기 시작한 것이다.

1990년대부터 증가하던 노래방 창업은 1999년 최고의 증가율을 기록한다. 물론 2000년 이후 카페와 스크린골프 등 새로운 여가문화가 확산되면서 노래방은 정체되기 시작했지만 그래도 여전히 노래방은 한국에서 가장 널리 퍼진 독특한 여가문화 공간이다. 노래방은 보통 사람에게 가수의 노래를 직접 불러보는 경험을 제공했고, 점수와 길이, 차례의 제약이라는 특정한 규칙이 적용되는 특별한 공간이었다.

노래방이 그렇게 확산된 것은, 아이러니하게도 개성을 존중하지 않고 관료화된 한국의 기업 구조 때문이었다. 기업에서 한 번 퇴출된 개인은 동종 산업으로 재진입하거나 타 산업으로 전직할 수 없는 제도적 미비가 소규모 영세 자영업을 키운 것이다. 다니던 직장에서 퇴출된 이들은 기술이나 지식, 많은 자본을 요구하지 않는 카페나 치킨집, 노래방을 열며 비자발적 자영업자가 되었다. 특히 노래방은 1990년대 이후 회식 후 2차나 3차 코스가 되면서 하나의 문화로 자리 잡았고 단순한 기술조차 요구하지 않아 창업하기에 가장 좋은 업종이었다. 이렇게 많아진 노래방이 노래 부르기를 일상의 문화로 만들었다.

위계적이고 관료적인 한국 기업과 학교의 전통은 노래방뿐만 아니라 가수들의 경로도 바꾸어갔다. 학교의 서열놀이에 적응하지 못한 어린 청소년들은 노래와 음악이라는 새로운 놀이의 장으로 대거 몰렸고 그곳에서 모던록, 얼터너티브록과 같은 기존 음악에의 통념을 깨는 사람들이 등장하면서 음악 산업은 다양한 소년 소녀 인재의 집합소가 되었다. 여기저기서 모인 음악 인재들이 스타 지향적인 지위 상승의 욕망과 결합하면서 한국의 대중음악은 산업으로 커가기 시작한 것이다. 이렇듯 노래방과 케이팝의 성장에는 폐쇄적이고 위계적인 한국 노동 시장과 그것으로부터 파생된 보수적 문화에 대한 '저항적 특성'이 존재한다.

공급과 수요 측면의 이러한 기반이 음악 산업의 혁신성을 추동했고 케이팝을 성공시킨 중요한 요인으로 작용했다. 사회적 통념을 깨고 혁신적 파괴를 실천한 음악인들의 성공이 한국사회에 널리 퍼진 위계적이고 고답적인 틀을 깨는 시작점이었던 것이다. 음악 산업을 시작으로 성장한 콘텐츠 산업은 1990년대를 지나 2000년대로 들어서며 게임을 중심으로 급성장했고, 콘텐츠 산업의 성장은 한국 젊은 인재의 직업관과 일하는 분위기를 바꾸는 거점이 되었다. 콘텐츠 분야의 혁신적인 분위기는 거꾸로 전통적인 재벌 기업으로까지 퍼지게 된다. 서태지, 빅뱅, BTS처럼 기존 통념들을 깨는 '카리스마적 대중 스타'에서부터 홍대의 인디밴드와 록밴드까지, '소수자의 스타' 시대를 거쳐온 문화혁신의 상징들이 전통을 거스르며 새로운 시대를 열기 시작한 것이다.

경로의존의 우연성과 적합성fitness

경로의존은 인간의 인지적 능력으로 파악할 수 있는 선형적인 결정이라기보다는 다양한 경로로 뻗어나가는 비선형적 방식으로 나타난다. 현대사회에서의 취향도 처음에는 작은 일이었지만 비선형적 경로의존을 타고 거대한 경제적 결과를 가져왔다. 한국의 높은 자영업 비중과 자영업자에 의해 선택된 노래방과 PC방의 존재, 그것과 병행하여 학력자본과 대기업 자본으로부터 독립하여 자기가 좋아하는 것으로부터 산업 성장을 모색했던 대중음악가와 게임 개발자들이 서로 상승작용을 일으키면서 거대한 경제적·사회적 전환이 생겨났다.

여기에 1990년대부터 급속하게 퍼지던 인터넷이라는 대중자아 소통 기술을 기반으로 취향의 경제는 급속히 확산되었다. 특히 PC방은 게임 산업 성장의 인프라가 되면서 한국에서 독특한 게임 문화가 퍼지게 만들었고 게임 산업의 수요를 견인했다. 지금은 거대기업이 된 카카오도 PC방 창업으로 시작했던 기업이다. 취향 시장의 성장은 '생존을 위한 선택을 해야만 했던 사람들'과 '거대한 욕망 없이 취향 중심의 인생을 살고 싶었던 사람들' 그리고 '취향을 통해 지위 상승을 실현하고 싶었던 사람들', 이 세 부류의 사람들이 서로 결합해 만들어낸 것이다. 이러한 경로의존의 과정에서 카리스마적 스타들이 탄생했다. 이들 스타는 신분 상승의 좌절된 욕구를 취향을 통한 지위 상승으로 전환시키는 데 성공했다. 이들의 성공은 '특이한 우연성'에 의해 가능했다. 각 영역의 우연한 만남은 상보적인 적합성이 되어 시너지효과로 진척되었다. 새롭게 만들어진 콘텐츠 시장은 수요조건과 공급조건이 각기 다른 지점에서 유래되었음에도 불구하고 시장의 성장에 크게 기여했다.

인터넷의 등장도 사실 그 근원은 독재정권에 의한 재벌 이익 창출을 위한 것이었다. 초고속 통신망과 무선 통신망에의 투자는 정경유착의 산물이었다. 그렇지만 전통적인 권력이 소프트웨어와 콘텐츠 시장까지 지배할 만큼의 여력은 없었다. 또한 자유로운 인디 문화의 창발도 학교 교육의 관료적 서열화, 재벌과 관료의 권위적이고 보수적인 조직 운영에 대한 거대한 반감으로부터 나왔다. 도시에 편재한 소규모 자영업의 번성은 노동 시장의 이중구조로부터 유래했다. 돈을 벌기보다는 자기가 좋아하는 프로그램을 만들려는 개발자집단은 주5일 근무제의 정착과 배낭여행의 유행으로 부상한 여가문화와 개인화 추세의 심화로부터 등장했다. 이러한 인프라 투자와 문화적 변화의 각 요소들은 역사적으로 보면 서로 다른 상황에서 유래했지만 상호 결합되는 시대를 맞았고, 이들 간의 수요·공급의 정합성을 띠면서 취향 중심의 산업으로 급격하게 전환되었다.

이 과정에서 탄생한 카리스마적 스타들은 이전의 재벌가나 명망가들, 관료엘리트들과는 완전히 다른 길을 걸었다. 마치 서태지가 그 당시 취업을 보장했던 '공고 졸업'을 포기하고 자기가 좋아하는 일을 추구했던 예술가적 태도와 유사하다.

취향인의 예술가적 기질은 삶의 우선순위를 바꾼다. 지금까지 한국인이 해왔던 방식인 '남이 좋아하는 것을 내가 하면서 남을 시기하는 것'이 아니라 '자신이 좋아하는 것을 내가 하고 남을 인정하는 것'으로 삶과 일의 최우선순위를 바꾼 것이다. 이러한 취향의 독립정신은 때로는 특정 영역과 갈등을 빚기도 하지만 또 다른 영역과는 적합성을 높여 변화를 이끌었다. 예컨대 서태지 팬덤이 등장하면서, 이들은 가정에서는 부모와 갈등을 빚었지만 사회적으로는 사전심의 폐지부터 가요순위 폐지에까지 나서며 거대 방송국에 저항했다.* 팬들이 저항적 태도를 표현하며 적극적으로 정책에 목소리를 내기 시작한 것이다. 서태지 팬의 주류는 10대와 20대였다. 이들은 서태지를 통해 공정하지 못한 것이 무엇인지를 깨달았고 팬덤의 힘으로 저항을 공식화하며 대중적인 지지를 이

---

* 사전심의 폐지에 가장 오래 헌신한 가수는 정태춘이다. 그는 1978년 데뷔곡 〈시인의 마을〉이 한국공연윤리위원회 심의 끝에 상당 부분 개작되어 데뷔 음반에 수록된 것을 계기로 대한민국의 가요 사전심의 제도에 대한 반대 운동을 시작했다. 1990년 〈아, 대한민국〉, 1993년 〈92년 장마, 종로에서〉 등 비합법 음반을 내면서 사전심의 폐지 운동을 전개하여 1996년 헌법재판소의 '가요 사전심의 위헌 결정'을 얻어냈다. 정태춘은 "가요 사전심의는 일제 때부터 내려오는 검열제도의 잔재로 군사독재 때 건전한 사회비판을 담은 가요를 칼질하는 데 악용됐다"면서 가요사전심의를 철폐해야 한다고 주장했다. 《중앙일보》 1993년 10월 22일.

끌어냈다.

이러한 팬덤의 힘은 PC통신으로 인한 소통 구조의 대대적인 변화 덕분에 가능했다. 팬덤 안에서 모르는 사람들과 음악에 대해 얘기를 나누면서 음악을 즐겼고 자기 스스로가 남을 인정하는 기술을 익혔다. 자기가 좋아하는 영역에서 나보다 더 고수들이 있다는 것을 알게 된 것이다. 내가 인정하고 숭배해야 할 대상이 내가 좋아하는 가수만이 아니라 동료 팬들로까지 확장되었다. 음악을 즐기는 사람들, 가수를 좋아하는 사람들 사이에 음악과 가수에 대한 호불호 차원만 있는 것이 아니고 수많은 수준이 있다는 것을 알게 되었다. PC통신을 회고하는 한 사람은 이렇게 말한다. "음악을 좋아해서 음악 잡지에서 전문가들이 쓰는 글만 보다가 PC통신에 들어가니 '지미 헨드릭스가 최고인가, 잉베이 말름스틴이 최고인가' 하고 서로 싸우고 있더라."*

취향의 분야별·수준별 분화와 다양성은 소통과 지식 공유를 폭발시켰고, 이는 더 나아가 삶의 방식과 일의 방식에서 협력의 가능성을 증폭시켰다. 예컨대 게임 산업은 게임을 좋아했던 사람들이 모이면서 생산자 내부의 다양한 수준의 생산자가 소비자가 되고, 소비자 내부의 다양한 수준의 소비자가 생산자가 되는 순환과 확산 구조가 만들어진 것이다. 아무리 게임을 싫어하는 사람이라

---

* https://m.pressian.com/m/pages/articles/40424?no=40424.

도, 게임의 종류가 수없이 많다면 그중에 좋아하는 게임이 없을 수 없다. 그래서 수많은 종류의 게임이 있으면 내가 좋아하는 게임을 남도 좋아할 가능성을 높인다. 다양성을 통해 새로운 산업이 탄생하는 순간이다. 대중은 더 많은 세분화와 더 많은 차별화를 통해 협력의 가능성을 높인다. 서로 다른 영역이 많을수록 서로 간에 더 나은 적합성의 영역을 찾을 가능성이 높아진다. 특히 PC통신은 지역적 구분을 없앴고 전국을 하나의 단위로 만들었다. 인터넷의 등장은 국가의 구분을 없앴고 세계를 하나의 단위로 만들었다. 대중자아 소통의 기술이 글로벌화하면서 더 많은 세분화는 더 많은 적합성으로 연결되고 있다.

최근에는 경북 영주의 호미가 글로벌 상품이 되었다. 이 호미는 경북에서도 찾기 어려운 시골의 대장장이가 만든 것이다. 그는 아마존에서 주문이 왔다는 얘기를 듣고 왜 브라질에서 주문이 오는지 궁금해했다고 한다. 경북 영주의 대장장이가 만든 호미가 전 세계 원예가들 사이에 유명해진 이유는 아마존에서 판매한 호미를 써본 사람이 있었고 그 사람이 리뷰를 달았기 때문이다. 그리고 그 이전에 석노기 장인의 호미를 본 아마존 셀러가 있었다. 그 아마존 셀러는 배송의 부담 없이 모든 물류를 대행해주는 아마존 FBAFulfillment by Amazon를 이용했다. 그렇게 호미를 써본 사람들이 팔이 안 아프다, 왼손잡이 오른손잡이 둘 다 쓸 수 있다, 내구성이 좋다는 리뷰들을 올렸고, 입소문은 쉽게 온라인을 타고 흘러갔다.

석노기 장인은 묵묵히 호미를 만들었고, 한국의 아마존 셀러는 석노기 장인을 찾아가 생산량을 늘려달라는 부탁을 한다. 그는 또한 어떤 리뷰에서 봤던 "나무로 된 호미 손잡이에 자꾸 찔린다"는 불만을 전달해서 호미 손잡이 나무를 아예 갈아달라고 부탁함으로써 호미의 품질 개선에도 기여한다.

과거를 사는 석노기 장인이 미래의 부를 앞당기려는 아마존 셀러를 만남으로써 새로운 시장이 개척되었다. 석노기 장인과 서구 원예 취향인들의 만남은 우연이었지만, 자동적으로 발생한 것은 아니다. 석노기 대장장이의 존재와 서구 원예 취향인의 부상, 그리고 아마존 셀러의 등장, 아마존 물류, 아마존 리뷰어들의 합작품이다. 작은 호미 하나에 이렇게 많은 영역이 관여했지만, 서로 간의 분화된 역할들이 적합성을 발휘하며 잘 수행됨으로써 생산과 소비에 참여한 모든 사람이 만족하는 결과를 낸 것이다.

카리스마적 스타와 도시의 성장

실리콘밸리처럼 대학이 도시 성장의 핵심 역할을 한 곳이 있는가 하면, 한 개인의 취향으로부터 도시 성장이 시작된 사례도 있다. 일본 시마네현 오다시 오모리초는 폐광 후 쇠락해진 산골 마을이었다. 이곳을 다시 일으킨 기업 '군겐도'는 한 라이프스타일 혁신가로부터 시작되었다. 시작은 취향의 작은 산물이었으나 점차 상품으로 진화했고, 오랜 세월에 걸쳐 확산되더니 도시까지 성장시켰다. 이제 현대사회에서는 그러한 특정 공간에서의 취향이 채 10년도 걸리지 않고 글로벌하게 성장한다. 새로운 플랫폼이 등장했기 때문이다.

온라인 가상세계에서는 짧은 시간 안에 바로 거대도시가 만들어진다. 가상세계의 카리스마 스타들은 신봉자들을 모으는 과정에서 기존 전통적 권위자들의 방해를 받지 않는다. 온라인의 가상세계는 카리스마적 스타가 무수히 탄생할 수 있는 곳이다. 카리스마적 가치는 일상적인 경제행위에 복종하지 않는 것으로부터 발생하는데,* 온라인은 일상적인 오프라인 공간에서 충족되지 않은 욕망을 대리하고 대체하려는 욕망으로 넘치는 곳이기 때문이다. 온라인에서 카리스마적 스타가 탄생하면 오프라인의 기존 권력자들과 투쟁할 힘을 얻는다. 온라인에서 얻은 자유로운 에너지는 오프라인의 경직성을 균열시키는 파괴적 혁신의 원천이 된다.

새로운 플랫폼의 등장은 기존 거대기업들에 대항하는 새로운 세력을 탄생시켰다. 전기의 등장으로 GE가, 디지털 애니메이션의 등장으로 픽사가, 전기자동차의 등장으로 테슬라가 부상했듯이, 인터넷의 등장으로 마이크로소프트가, 검색과 동영상의 등장으로 구글이, 스마트폰의 등장으로 애플이, 전자상거래와 AWS의 등장으

---

* 막스 베버, 《경제와 사회》, 박성환 옮김, 문학과지성사, 1997, 453쪽.

로 아마존이 플랫폼을 이끌면서 산업을 평정하는 신기업이 되었다. 이렇듯 한국에서는 온라인과 모바일, 게임 플랫폼의 시대에―기존 부자들이 물론 이들 플랫폼을 선점하지 못했기 때문에―기존 부자들이 진출하지 않은 새로운 플랫폼 분야에서 새로운 세력이 형성되었다. 카카오, 넷마블, 엔씨소프트, 넥슨이 새로운 플랫폼을 기반으로 콘텐츠 연합체를 형성해서 기존 대기업이 진입할 수 없는 막을 치고 새로운 시장을 장악하며 성장했다.

물론 이 과정은 험난하다. 기존 세력으로부터 콘텐츠 소비는 쉽게 비난받는다. 중독, 시간 낭비, 인생 낭비라는 비난에 휩싸인다. 내연기관 자동차 같은 전통 산업도 물론 폐암과 지구온난화, 대기오염, 교통사고의 주범이라는 비판을 듣는다. 그러나 이는 크게 문제되지 않고 부수적인 필요악 정도로만 여겨질 뿐인 반면,* 콘텐츠 중독은 인생의 낭비로 쉽게 이어지며 본질적인 악의 진원지가 된다. 자동차가 부수적인 필요악이 되는 이유는 자동차의 대체재가 없기 때문이다. 대중교통, 자전거, 걷기, 달리기를 위한 인프라가 잘 구축되어 있다면 자동차는 쉽게 제거되어야 할 대상이 될 수 있지만 우리 도시에서는 자전거도, 걷기도, 달리기도 어렵다. 또한 모든 인프라가 자동차를 위해 만들어진 상태에서, 자동차에 대한 비

---

* 2012년에만 전 세계적으로 700만 명이 대기오염 때문에 사망한 것으로 알려졌다. 최혁재, 〈비흡연성 폐암의 실체〉, 약학정보원, 2014.

판은 대안 없는 비판이 되어 족쇄로 돌아온다. 그래서 전통 산업에 대해서는 필요악을 굳이 언급하지 않는다.

반면, 콘텐츠 기업은 비난의 공세에 시달리며 바닥에서부터 커 올라왔다. 그 바닥은 전 국민이 만들어낸 수요 기반이다. 스마트폰 과 인터넷의 다중접속 네트워크로 인해 콘텐츠는 점차 대체재 없 는 상품이 되어갔다. 그리고 안정적인 콘텐츠 공급망은 생계유지 조차 힘들었던 개발자들의 '존버'에서 만들어졌다. PC게임의 불 법복제, 머드게임의 중간착취로 먹고살기 어려웠던 게임 개발자 들이 인터넷을 만나면서, 즉 초고속망이 깔리고 하드웨어 인프라 와 네트워크 투자로 전 국민이 콘텐츠에 접근 가능해지면서 온라 인게임과 모바일게임이 폭발적으로 늘어났다. 온라인게임 리니지 는 2000년 이후 매년 100% 이상 성장했다. 그 기반에는 '백수 이 용자들'만이 아니라 자신들이 좋아하는 것을 일로 삼으려는 수백 명의 '백수 개발자들'이 있었다. 이들로부터 안정적으로 인력을 공 급받을 수 있었던 게임 회사가 규모의 경제를 형성할 수 있었던 것 이다.

이 백수 개발자들은 게임 산업이 유망해지고 난 뒤 게임 산업 에 뛰어든 사람들이 아니다. 이들은 어릴 적부터 게임이 좋아서 게 임 개발을 시작했으나 사회 부적응자 취급을 받으며 저임금과 과노 동에 시달리던 PC게임 개발자 집단들이다. 이 개성적 취향인들은 1992~98년의 기간에는 적체되어 있다가 게임 산업의 내부로 유입되어 한국 게임 산업의 성장 기반이 되었다.* 마치 오스틴과 시애틀이 좋아서 불황기에도 그곳을 떠나지 않았던 테크 인력들이 오스틴과 시애틀의 테크 기업을 키운 것처럼, 그들은 자신이 가꾸고 정주했던 가상세계가 좋아서 다른 업종으로 떠나지 않았던 사람들이다. 콘텐츠 산업의 카리스마적 기업과 스타는 이러한 '잉여 인력들'로부터 탄생했다.**

---

* 남영, 〈한국 온라인게임 산업의 출현: 기술의 공생 발생〉,《한국과학사학회지》2014; 36(3): 319.

** 소설 시장도 비슷한 경로를 걸었다. 1990년대 이후 경쟁이 격화되면서 신춘문예를 통해 등단한다는 공식이 바뀐 것이다. 웹과 영상매체의 영향력이 커진 반면 신춘문예의 폐해가 거듭되면서 신춘문예는 신뢰를 잃었다. 문학은 영화나 게임, 웹툰 등에 자리를 내주고 주변으로 이동하고 있다. 현재는 웹소설처럼 누구나 마음만 먹으면 문인이 될 수 있는 아마추어 문단 시대. 1990년대 이전에는 신춘문예의 위상이 높아 등단 매체에 의문을 품지 않았다. 등단 시스템의 서열화도 없었다. 그러나 상업성이 부각되면서 등단 구조 서열화도 강화된다. 문학동네, 창비, 문학과지성사 등 대형 출판사들이 독자적인 신인 선발을 수행했고 신인 작가들도 복수 등단 이력이 있었다. 이러한 등단 시스템이 서열을 이루자 작가들은 자신의 이력을 업그레이드하기 위한 발판으로 복수 등단을 선택하게 된다. 복수 등단자들의 선택은 대체로 시, 동화 등 다른 장르에서 소설 장르로 이행한 경우가 많다. 소설 장르의 상금과 시장성이 가장 컸기 때문이다. 시장이 서열을 강화하고, 작가들은 자신의 서열 상승을 위해 복수 등단을 선택한다. 이 과정에서 일부 작가들에게 등단 기회가 몰리게 되고, 반대로 신인을 넘어서는 고지가 너무 높아져 절필하는 문인도 늘어나게 된다. 이렇게 서열에 들지 못한 작가들은 절필하거나, 아예 문학지 서열이라는 메커니즘에서 빠져나와 독자와 직접 만나는 방식을 선택하기도 한다. 독자와 직접 만나는 것이 성립한 이유는 그곳에 새로운 분류와 등급 시스템이 만들어졌다는 뜻이다. 이청, 〈등단 시스템의 변화와 복수 등단의 의미〉,《로컬리티 인문학》2018: 261-86.

카리스마적 동네 도서관

자동차 선팅이 어느 사이엔가 거의 모든 자동차에 입혀졌다. 판매업자들은 자외선 차단에 좋다면서 강권한다. 물론 번거롭고 돈도 많이 든다. 그렇지만 선팅을 하지 않은 차를 보기 힘들다. 대부분의 차가 짙은 선팅을 해서 차 안을 들여다볼 수가 없다. 차 창문을 통해서 다른 차들의 움직임을 살펴야 운전하기 더 용이할 텐데 모두 짙은 선팅으로 가리고 있다. 법으로도 짙은 선팅은 금지라는데, 다들 짙게 했다. 이해하기 어려운 상황이지만 거기에는 이유가 있다. 시선 때문이다.

내 차에 선팅을 하지 않으면 남들은 내 차를 보지만 나는 다른 차를 볼 수 없다. 나는 감시받는 자가 되고 그들은 감시하는 자가 된다. 자외선 차단용 선팅이 시선의 권력으로 이어진다. 선팅은 남을 감시할 수 있다는 지배의 욕망을 키우고, 그래서 교통법규를 무시하더라도 죄책감 없이 갈 수 있게 한다. 위반하는 순간 어디선가 '작은 특권의식'이 자동적으로 올라온다. 짙은 선팅에서 시작된 거리의 분위기가 교통법규를 경시하는 풍조를 만든다. 감시받는 판옵티콘적 사회에서 마이너리티의 역동성은 떨어지고 피해를 입지 않기 위한 '무심코 따라 하기' 풍조만이 퍼진다. 결과적으로, 짙게 선팅한 차만 거리를 다니면 답답하고 무기력한 도시가 되고, 도시의 도로와 거리도 답답하고 무기력해진다.

이와 반대되는 카리스마적 분위기의 사회도 있다. 카리스마는 전통과 대세를 따라가지 않으면서 자신의 독자적인 방식에 확신을 갖고 대중을 이끄는 사람의 특성이다. 카리스마는 인간이 만든 사물이나 공간에도 적용된다. 여러 사람이 모이지만 세상의 물질적인 흐름에 역행하는 상징이라면 이러한 사물이나 장소를 '카리스마적 상징'이라고 명명할 수 있을 것이다. 이런 흐름은 누군가가 의지를 갖고 해야만 만들어진다. 자동차 선팅처럼 개입하지 않고 내버려둔다면 지배와 피지배의 본능적 감각은 어느 순간 인간의 관계를 침식한다. 의식적으로 개입해서 카리마스적 상징을 만들어내야 한다. 선팅을 벗기라고 의식적으로 개입하면, 선팅을 하고 싶지 않았지만 어쩔 수 없이 했던 사람들이 먼저 선팅을 벗고 나타난다.

많은 사람들이 대도시로 몰리고 있지만, 사람들이 몰리기 때문에 어쩔 수 없이 대도시에 사는 사람도 많다. 누군가가 의식적으로 개입해서 지역에 카리스마적 상징을 잘 만들어놓으면, 먼저 발 벗고 그곳으로 달려가는 사람들도 꽤 있다. 일본 사가현의 다케오시가 그런 곳이다. 후쿠오카에서 자동차로 한 시간 반 정도 거리에 있는 다케오시는 도서관 하나로 지역에 새로운 분위기를 불러일으켰다. 다케오시는 원래 도자기와 온천으로 잘 알려진 인구 5만 명 정도의 작은 도시였다. 2010년 기준 일본 평균 고령화율 23%에 비해 다케오시의 고령화율은 25.6%일 정도로 고령화와 저출산으로 인해 심각한 상황에 처해 있었다. 이곳의 도서관을 기획하고 운영한 곳은 바로 '취향을 기획하고 제안하는 회사' 츠타야 서점이다.

다케오시 공무원들은 2013년 도서관의 리뉴얼을 츠타야 서점에 맡겼고, 그들은 도서관을 라이프스타일 공간으로 재탄생시켜 지금은 연간 이용객 100만 명이 넘는 '유명한 소도시'가 되었다. 인기 비결은 도서관을 타인에게 자랑할 만한 장소로 만든 츠타야의 기획 능력과 다케오시 행정의 열정적인 지원이었다. 다케오 도서관은 기존 운영 방식을 넘어서서 새롭고 다채로운 기획으로 채워졌다. 예컨대 봄에는 핑크를 주제로 한 책을 모아놓는 등 시기에 따라 새 책을 만날 수 있는 기획이다. 지역 특산품, 문구류도 판매해서 쇼핑의 재미도 제공한다. 젊은 층에 인기 있는 스타벅스 커피점도 유치했다. 커피를 마시며 모든 책을 자유롭게 열람할 수 있도록 했고 어린이들을 위한 각종 체험 프로그램도 개설했다. 오후 6시 폐관과 1년에 70일에 이르는 휴관제도를 없애고 매일 오후 9시까지 운영—리뉴얼과 장서 재배치 등은 9시 이후 개관 전 시간까지—했다. 그 효과로 외지인이 이용객수의 40%를 차지하게 되자 주변 음식점의 매출이 20% 늘었고, 숙박시설 예약률도 2배까지 올랐다. 이를 기반으로 의료 복지 시설도 보강했다. 5명에 불과했던 시립병원 의사를 20명으로 늘리고 첨단 의료 기기도 도입했다.

이제 다케오시는 좋은 병원이 있는 소도시로도 알려졌다. 젊은 부부를 유치하기 위해 관민일체형 초등학교를 운영하는 등 교육 개혁도 시도했다. 그 결과, 다케오시는 일본에서 이주하고 싶은 지방

도시 5위에 꼽힌다.* 다케오 도서관은 다케오시의 카리스마적 상징이 되어 하드웨어와 콘텐츠 그리고 기관 운영에서 혁신의 모델이 되었고, 다케오 도서관에서 다져진 혁신 역량을 지역 전체로 확산하고 있다.

그렇다면, 다케오 도서관의 성공은 어떤 카리스마적 상징 때문에 가능했을까? 무엇이 시류를 거슬러 카리스마적 위엄으로 보이게 만들었을까? 그것은 다케오 도서관이 과시한 20만 권의 책이다. 20만 권의 책을 모두 한눈에 들어오게 만들어 도서관이 시선의 권력을 독점하며 도서관에 대한 고정관념을 깨버렸다. 도서관은 책을

---

* 다케오 도서관을 만든 히와타시 시장의 다음 목표는 교육 개혁이다. 히와타시 시장은 "젊은이가 이주하고 싶은 도시로 만들려면 대도시보다 경쟁력이 있는 학교를 가져야 한다"며 학원과 손을 잡았다. 도쿄권에서 독창적 수학·일본어 교육으로 유명한 학원 '하나마루 학습회'와 최근 10년 계약을 맺었다. 교사와 학원강사가 공동으로 커리큘럼과 교재를 개발해 보급하고, 교사들은 학원 수업 노하우를 전수받는다. 초등학생은 시에서 무료로 받은 태블릿 PC를 이용해 하나마루가 만든 교재로 예습하고, 학교에서는 심화학습을 할 예정이다. '관민일체형 초등학교'도 개설하여 가족이 다케오시에 사는 조건으로 전국을 대상으로 학생을 모집할 예정이다. 무선 랜 정비까지 총 4억 엔가량의 예산은 국가보조금 등을 활용할 계획이다. 다케오시의 재정적자는 2005년 409억 엔에서 2011년 317억 엔으로 92억 엔이 줄었다. 계속 높아지던 고령화율도 2013년 4월 30일 기준 25.98%로, 증가세가 멈춘 상태다. 젊은 층이 일부 유입된 것으로 추정된다. '살고 싶은 도시 만들기'를 향한 다케오시의 행정 개혁이 일부 효과를 거둔 것으로 보인다. 그러나 히와타시 시장의 개혁에 찬성만 있는 것은 아니다. 지방의 지적문화유산을 수집·보전하는 공공도서관의 기능 상실에 대한 우려와 시민의 자발적 학습의 중심 공간이 상업화돼 이런 교육적 역할을 하지 못하고 있다는 비판이 가장 크다. 이와 함께 도서관 위탁운영 업체가 관내에 유료 렌탈점을 운영해 지역 렌탈 업체들이 운영난을 호소하고 있다. 공공서비스가 지역 사업자들과 경쟁하는 구도가 만들어진 것에 대한 우려가 크다.《월간 주민자치》 2016년 6월 17일(http://www.citizenautonomy.co.kr).

보는 곳이 아니라 보관하는 곳이라는 세간의 관점을 파괴하고 모든 책을 한눈에 바라볼 수 있게 했다. 그것은 책으로 만든 압도적 풍경이다. 압도된 마음은 숭고미로 빠져든다. 거침없이 트여 있으니 정확하게 책을 찾아 집지 않고 천천히 걸어서 자신의 취향 섹터로 찾아갈 수 있다. 취향별로 나눠진 구역에서 책을 브라우징하고 그러다 눈에 맞는 책을 찾으면 커피를 마시며 읽어볼 수 있다. 다케오 도서관의 공간은 거대한 콜로세움이나 돔 경기장을 방불케 한다. 나는 중앙 무대에 있고 빙 둘러쳐진 관객석에 책이 있다. 나는 무대의 주인공이 되어 나를 응원하는 책들을 둘러볼 수 있다. 20만 권의 책은 과거의 지식이 축적되어 현재에 빛나고 있는 것들이다. 이것들을 벽 사이에 가두지 않고 돔에 전시함으로써 도서관은 위엄을 획득한다. 다케오 도서관의 압도적 풍경은 도시에 세운 위대한 작품이 된다.

상품의 가치는 시간에 따라 감소하지만, 작가나 예술가의 작품 가치는 시간에 비례해 커진다. 예술가는 한 주제나 하나의 방식으로 지속적으로 작품을 만들어내고 그 축적의 시간이 길어질수록 더 큰 가치를 지니게 된다. 예를 들어, 성당 건축의 가치는 그 시간에 비례한다. 현재의 가치는 미래의 가치와 동등하거나 미래의 가치에 종속된다. 일반적으로 기능적 건축물은 빨리 지을수록 좋지만, 성스러움을 추구하는 성당의 건축 기간은 오래 걸릴수록 더 가치 있다. 성당 건축에 100년을 예상했다면 그 기간이 137년으로 늘어난 것 때문에 아쉬워하거나 손해를 봤다고 생각하지 않는다. 오히려 37년이 더 걸림으로써 성당은 더 많은 가치를 발할 수 있고 그만큼 방문객들에게도 더 가치 있는 작품으로 다가온다.

작품을 만드는 것은 스스로에게 완벽을 기하는 과정이며 시간을 들여 스스로 만족을 얻기 위한 노력이다. 그렇게 하나의 작품에 오랜 시간을 몰두하면, 그것은 완성되는 순간 하나의 카리스마적 상징이 된다. 그것이 완성되어 내 눈 앞에 펼쳐지면 그것은 '진실의 순간moment of truth'*이다. 나와 내 공동체의 거대한 상징자본이 생성되는 순간이다. 상징자본이 안착하면 이를 중심으로 다른 에너지들이 그 주변에 모여들고, 그렇게 도시는 성장한다.

마이너리티가 만든 마케팅

세상의 자산은 '많이 가진 자가 전체의 대부분을 가지는' 멱함수의 법칙이 지배한다. 이것은 세상이 불확실할 때 더욱 힘을 발휘한다. 모르는 동네에 가서 커피를 마시려고 할 때 프랜차이즈 매장

---

* 기업이 고객과 만나는 15초 동안이 고객을 평생 단골로 만들 수 있는가를 결정하는 진실의 순간(MOT: Moment of Truth)이다. 1981년 'MOT 마케팅'이라 불리는 고객 접촉 포인트에서의 서비스 혁신을 추진해 적자에 허덕이던 스칸디나비아 항공을 1년 만에 흑자로 전환시킨 얀 칼슨 당시 사장이 한 말이다. 《동아비지니스리뷰》 2010년 2월. 건축이나 전시, 웹사이트의 작품도 처음 접했을 때가 고객에게 주는 인상을 결정하는 중요한 순간이어서 진실의 순간이라고 할 수 있다.

에 들어가게 되는 것도, 경험하지 못함으로 인한 불확실성을 감소시키기 위함이다. 마이너리티는 작기 때문에 알려지기도 어렵고 그렇기 때문에 더 작아진다. 그러나 작은 것은 유동성이 높고, 그만큼 다른 작은 것과의 연결 가능성도 높다. 물론 현실적으로 네트워크 효과는 큰 것에서 더 높게 나타나지만, 작은 것은 유동적이어서 잠재성만큼은 무시할 수 없다. 이런 잠재성이 활발히 발현되는 곳이 바로 가상공간이다.

모르는 동네에 있는 카페나 식당 검색을 하면 그곳은 아는 동네가 된다. 인간은 불확실성에 민감하지만 동시에 새로운 것에는 호감을 느낀다. 이 둘의 상쇄작용은 어느 정도 예측이 가능하다. 불확실성이 어느 정도 감소하면 새로움 쪽으로 눈길이 가게 마련이다. 처음 가는 카페나 식당의 리뷰를 확인하는 것은 불확실성을 감소시키는 동시에 새로움의 욕망을 충족시키는 일이다. 사람들이 매긴 평점은 즉각적이어서 멀리서도 눈에 띄는 거대한 간판과 같은 역할을 한다. 리뷰 평점을 보고 좀 먼 곳에 있는 작은 가게라 해도 기꺼이 간다. 그래서 가상공간의 탐색에는 시간자본이 중요하다. 최근 리뷰는 어떤지, 초심은 변하지 않았는지 확인해야 하기 때문이다.

지금 충청권에서는 대전이 가장 큰 도시이지만, 원래 충청도라는 지역명은 충주와 청주에서 따온 것이다. 예전에는 충청도에서 충주와 청주가 가장 큰 도시였다는 말이다. 그렇다면 어떻게 대전이 가장 큰 도시가 되었을까? 그 옛날 청주에는 양반이 많았고 한양으로 통하는 육로를 비롯해 가진 것이 많았다. 근대에 들어서자 기차가 지나갈 길이 필요해졌다. 이때 청주와 충주는 철길을 무시했다. 이미 육로를 통해 모든 자원을 충주와 청주가 차지하고 있었는데 굳이 지저분하게 연기 뿜고 다니는 기차를 필요로 하지 않았다. 철도와 역은 대전으로 갔다. 철길과 기차역에는 사람이 들끓었고 오염도 심했다. 역전 동네는 지저분했다. 그러나 시간이 갈수록 대전은 교통의 요지가 되었고 얼마 지나지 않아 상황은 역전되었다. 남북분단 뒤에는 전국의 교통이 대전을 중심으로 짜이면서 대전이 충청도의 가장 큰 도시가 되었다.

사실 무엇이 좋고 나쁜가는 아주 긴 안목에서 봐야 하지만, 그렇게 본다 해도 무엇이 얼마나 발전할지를 예측하기란 어렵다. 미래는 불확실하기 때문에 사람들은 새로운 것에 대해 거부감을 쉽게 표출한다. 그래서 한 국가의 취향의 다양성은 미래의 생존을 위한 포트폴리오다. 무엇이 미래를 결정할지 알 수 없기 때문에 최대한 많은 경우의 수를 확보해야만 한다. 영화와 만화가 처음 나왔을 때는 철로와 같은 대우를 받았다. 오염원으로 간주되었던 것이다. 할리우드 키드와 만화방 소년은 음침한 청소년의 삶을 의미하는 말이었다.

지금은 게임이 만인의 공적이 되어 철로처럼 오염원으로 간주되고 있다. 그렇지만 얼마 후에는 아이들은 게임을 하며 프로그래밍 학습을 하고 또 게임으로 영어를 배운 아이와 그러지 않은 아이의 격차가 날지도 모른다. 20년 뒤에는 부모가 아이들에게 게임을 강권하고 아이들은 게임하기 싫다고 피해 다니는 날이 올 수도 있다. 먹함수 사회의 허점은 여기서 드러난다. 먹함수 사회는 변화에 취약하다. 한쪽으로의 쏠림이 커지면 다른 쪽으로 방향을 틀기 어려워지기 때문이다. 그래서 먹함수의 사회여도 그 안에서 다양성과 역동성을 최대한 확보하는 것이 중요하다.

허사비스와 머스크, 크리슈머cresumer의 마음가짐

알파고를 만든 데미스 허사비스와 테슬라의 일론 머스크는 인공지능을 상징하는 혁신 아이콘이다. 둘 다 어릴 적부터 게임을 좋아했다. 게임에 빠져서 지낸 인물들이다. 이들은 원래 천재였고 어린 시절 잠시 게임에 빠진 것이라고 할 수도 있겠지만, 이런 결과적 해석을 넘어 좀 더 살펴볼 내용이 있다. 게임을 너무 좋아해서 중독자가 됐을지도 모를 사람들이 어떻게 세계적인 인공지능 개발자가 될 수 있는가라는 질문이다.

한국 최대의 모바일게임 기업 컴투스의 설립자인 이영일 해긴 대표가 어느 대담에서 게임중독을 퇴치하는 '제대로 된' 방법을 말한 적이 있다. 바로 직접 게임을 개발해보는 것이다. 게임 중독자는 게임을 좋아하는 사람이기 때문에 교육으로 유도하면 잘 따라올 수 있다. 그래서 게임 개발을 공부하고 실제로 개발하기 시작하면 오히려 게임을 덜하게 된다는 말이다.

게임중독자가 게임을 개발할 수 있게 만들면 게임중독 퇴치에 크게 도움이 된다는 것은 이론적인 근거가 충분한 주장이다. 많은 게임중독 연구는 게임중독을 불러일으키는 가장 큰 요인으로 자기조절 능력의 결여, 자기통제의 결여를 지목한다. 같은 게임을 하더라도 어떤 사람은 중독에 빠지지만 다른 사람은 중독에 빠지지 않는 이유를 자기조절 능력에서 찾는 것이다.

한 연구에 따르면, 자기통제는 해석수준과 깊은 관련이 있다.[*] 해석수준은 두 가지로 나뉜다. 하위 해석수준은 구체적이고 부수적인 속성에 주목하고 지엽적인 처리 과정에 초점을 둔다. 반면 상위 해석수준은 추상적이며 본질적인 속성에 주목하고 전체적인 처리 과정에 초점을 둔다. 자기통제란 즉각적인 욕구나 욕망을 자제하는 능력이기 때문에 장기적으로 목표 달성을 위한 행동에 도움을 준다. 이때 상위 해석수준의 사람들은 행동의 본질적 측면을 보는 성향 때문에 목표를 달성하기 위한 자기통제에 쉽게 도달한다. 그래서 상위 해석수준의 사람들은 게임중독에도 잘 빠지지 않는다.[**] 중독 증세란 즉각적인 보상을 원하는 것에서 시작되고 먼 미래보다는 가까운 미래에 집착하기 때문에 발생한다.

---

[*] 정의준·유승호, 《해석수준 이론과 거리감 효과》, 커뮤니케이션북스, 2015.
[**] 김혜영·유승호, 《게임디스티그마》, 커뮤니케이션북스, 2020.

해석수준 이론을 게임 이용과 게임 개발에 각각 적용해보면, 그 둘 사이에는 큰 차이가 존재한다는 것을 알 수 있다. 게임을 할 때는 대개 화면 바로 앞에서 즉각적이고 구체적인 반응에 집착하지만, 게임을 개발하려면 게임의 처음부터 끝까지 그 과정을 머리에 그려야 하고 일의 차례를 생각해야 한다. 게임 개발을 하려면 게임을 먼 미래의 시간, 멀리서 바라보는 상위 해석 능력을 키워야 하는 것이다. 게임 개발에 투여하는 시간을 늘릴수록 상위 해석수준에 도달할 가능성이 높아지고 그에 따라 자기통제의 능력도 점차 커진다. 결국 시간이 지날수록 게임 개발과 게임 이용은 게임을 화면 앞에 두는 겉모습은 똑같지만 마음가짐은 하늘과 땅 사이의 격차로 커진다.[*]

게임 개발 교육으로 게임중독을 퇴치할 수 있다는 말은 사실 게

---

[*] 사실 게임을 플레이할 때도 전체를 보는 능력을 터득할 수 있다. 게임을 잘하는 사람은 특히 그렇다. 조지 허버트 미드는 이것을 삶으로 확장해, 정체성을 확보하는 방법으로 삶에서의 게임 능력을 보았다. 게임을 통해서 보면 전체를 볼 수 있는 능력을 터득할 수 있다. 놀이와 게임의 차이는 단순히 타인의 마음을 읽을 수 있는가 아니면 전체를 볼 수 있는가다. 미드는 구기 운동의 예를 들어, 구기 운동을 즐긴다는 것은 플레이어 역할 하나하나보다는 전체를 통해 다른 멤버의 역할까지 파악할 수 있다는 것을 부각한다. 게임을 통해 게임에 참여하는 구성원, 즉 타자만이 아니라 규칙에 의해 전개되는 게임에 참여함으로서 한 명 한 명의 행동이 전체를 통해 지배된다는 것이다. 게임에 참여해서 플레이한다는 것은 곧 자신의 마음에 공동체가, 사회가 들어온다는 의미다. 게임에 참여함으로써 그 게임은 하나의 사회를 표방하며 그 사회를 내 마음으로 가져와 하나의 가치로 삼게 된다. 개인적 행위는 곧 사회적 행위다. 정신의 내적 구조는 그 개인이 소속한 사회로부터 취할 수 있는 것이다. 하홍규,《조지 허버트 미드와 정신의 사회적 구성》, 철학탐구, 2011.

임중독 문제의 해결뿐만 아니라 산업 발전에도 중요한 언급일 수 있다. 초보 게임 개발자부터 허사비스나 머스크 같은 지식과 콘텐츠의 혁신가로 발전할 수 있는 잠재성이 '게임 많이 하기'에서 시작될 수도 있기 때문이다. 이들은 자신이 좋아하는 것에 자칫 중독될 수도 있지만, 좋은 여건과 분위기만 갖춰진다면 자신이 좋아하는 것을 목표로 바꾸고 자기통제의 힘으로 그 목표를 향해 가는 크리슈머cresumer의 삶으로 나아갈 수도 있다. 결국 성장하는 지역은 이러한 크리슈머가 넘쳐나는 곳이다. 크리슈머가 많은 곳에서는 어떤 분야가 성장할지 알기 어렵다. 그곳에서는 어떤 분야도 성장할 수 있기 때문이다.

AI 개발자와 오케스트라

핀란드에는 세계 100위권에 드는 대학이 하나도 없다. 핀란드의 대표 대학인 헬싱키대학도 100위권 밖이다. 500위권에는 10개 정도의 대학이 있다. 그런데 고등교육 투자는 GDP로 환산했을 때 세계 1위다. 효율성 면에서 보자면 핀란드의 고등교육 투자는 거의 꼴찌에 속한다. 가장 많은 돈을 투자했는데, 세계 대학 순위는 엉망이기 때문이다. 그래도 핀란드는 초등학교 코딩 교육을 세계에서 가장 먼저 도입한 국가다. 핀란드는 2017년 EU 국가 중 가장 먼저 공식적으로 AI 전략을 발표했다. 슈퍼셀 같은 세계적인 비디오

게임 회사도 있다. 노벨상 수상자도 17명이나 된다. 세계적인 지휘자—유수의 오케스트라 지휘자—도 7명이나 된다. 핀란드 인구는 500만 명이다. 서울 인구의 반이다. 이 작은 나라에서 어떻게 이런 게 가능했을까? 오케스트라 지휘자는 또 어떻게 키울 수 있었을까? 오히려 오케스트라 지휘자 양성 사례를 보면 핀란드의 인재 양성 시스템이 잘 드러난다.

오케스트라 지휘자가 길러지기는 대단히 어렵다. 훌륭한 지휘자가 되려면 오케스트라를 지휘해본 경험이 있어야 하기 때문이다. 그런데 핀란드에서는 지휘자가 되려는 학생이 있다면 이들이 오케스트라를 지휘해볼 기회를 어떻게든 제공해준다. 세계적인 명문 대학이 없어도 최고의 인력을 양성할 수 있는 이유는, 어릴 적부터 자기가 좋아하는 것을 찾아 공부할 수 있는 여건을 조성해주기 때문이다. 자기가 좋아하는 것을 공부할 수 있는 시스템을 만들기 위해 교육 투자가 이루어진다. 오케스트라 지휘자를 양성할 수 있는 조건을 최대한 마련해주는 것이다. 오케스트라 지휘자 사례가 이렇다면 다른 사례는 '안 봐도 비디오'다. 핀란드의 교육에서는 그 어떤 종류의 교육도 지원해줄 인프라가 되어 있는 것이다. 그리고 그 효과는 성인이 되어 나타난다. 핀란드의 수많은 종류의 스타트업이 그 결과를 말해준다.

스웨덴 말뫼의 전 시장 리팔루는 쇠락해가는 제조업 지역을 새롭게 성장시키는 데 성공한 가장 중요한 요인으로 '마음가짐의 전환transformation of mindset'을 들었다. 리팔루 전 시장은 말뫼의 전환에 대해 "우리는 조선업 다음으로 어떤 산업을 선택할지 토론한 적이 없다. 말뫼를 청년을 위한 시험대testbed로 내놓았을 뿐이다"라고 말했다. 그는 이렇게 덧붙였다. "스웨덴 사람에게는 본래 스스로 더 탐구하고 교육받고 싶어하는 성향이 있다. 조선업도 새로운 배를 디자인하고 만들어낸다는 면에서 그런 성향에 맞았던 일이었다. 그렇지만 산업 전환의 시점이 왔고 적절한 시기에 마음가짐의 전환에 성공했다."* 스웨덴의 조선업은 한국의 조선업 성장 탓에 2002년 소위 '말뫼의 눈물'을 흘리며 국제 시장에서 몰락했다. 말뫼는 조선업을 고집하기보다 서비스 기반의 산업으로 전환했다. 터닝 토르소Turning Torso 같은 건축물 등을 통해 도시의 이미지도 미래 지향적으로 전환하여 도시의 매력을 끌어올렸다. 그리고 리팔루 전 시장의 예상대로 말뫼는 오랜 노력 끝에 젊은 인력들을 모으는 데 성공했다.

사실 핀란드와 말뫼의 사례는 예외적이다. 전 세계적으로 거의 대부분의 도시는 뉴노멀의 시대에 성장하기보다는 쇠락하고 있다. 그런데 핀란드와 말뫼는 젊은 인재들을 길러내고 돌아오게 만드는 데 성공했다. 그 해답의 내용은 평범하게도 '마음가짐'이다. 얼핏 보기에 뜬 구름 잡는 얘기 같지만 "스스로 탐구하고 교육받고 싶어하

---

* 〈말뫼 모델에 대한 네 가지 질문과 답〉, LAB2050(https://medium.com/lab2050).

는" 마음가짐과 그것을 위한 지원 시스템인 것이다. 스스로 탐구하고 학습하는 것은 자기가 좋아해야만 할 수 있는 사고와 행동이다. 무슨 일이든 동기가 가장 중요하다. 동기의 다른 말은 곧 자발성과 자신감이다. 자발성과 자신감이 모든 일의 성공에 가장 중요한 요소다.

스스로 탐구하고 학습하는 성향은 이제 젊은 MZ세대 인력들의 유전자가 되어가고 있다. 왜냐하면 이들은 스트리밍, 소셜미디어, 가상현실, 그리고 이 모두를 합쳐 등장하고 있는 메타버스 Metaverse* 같은 대안적 공간에 점점 익숙해지고 있기 때문이다. 이들 젊은이에게 핀란드와 말뫼 같은 오프라인 여건은 제공되지 않지만, 메타버스에서는 핀란드나 말뫼에서처럼 하고 싶은 일을 거의 다 구현할 수 있다. 많은 청소년이 이미 마인크래프트와 로블록스, 포트나이트 같은 게임 속에서 메타버스의 세계를 경험하고 있다. 자기가 하고픈 일을 마음껏 할 수 있는 환경에 있어본 경험이다. 그래서 이들은 자신이 뭘 좋아하는지, 어떤 성향의 사람인지 같은 자신의 정체성을 찾는 데 다른 세대보다 훨씬 능숙하다. 메타버스의

---

* 메타버스라는 말은 부캐(부캐릭터) 아바타들이 거주하는 가상세계를 일컫는 말로서, 미국의 SF소설가 닐 스티븐슨(Neal Stephenson)의 〈스노크래시(Snow Crash)〉라는 작품에서 최초로 쓰였다. 해커이면서 피자 배달부인 주인공은 현실에서는 존재감이 없지만 자신이 만든 메타버스 안에서는 신적인 취급을 받는 존재다. 흥미로운 점은 주인공이 현실에서 최강의 피지컬을 자랑하는 인물과 가상과 현실을 오가며 서로 쫓고 쫓긴다는 것이다. 스티븐슨의 소설 속에서 메타버스는 현실세계와 대조되는 세계로 그려진다.

다양한 경험을 통해 자신의 취향을 길러보고 확인해봤기 때문에 호불호도 명확하다.

메타버스에서는 내가 사람을 가르쳐볼 수도 있고, 광장에서 사람들 앞에서 연설을 해볼 수도 있고, 사람을 치료해볼 수도 있고, 자동차를 몰아볼 수도 있고, 오케스트라를 지휘하는 것도 가능하다. 모두 오프라인에서는 일정 자격이나 일정 조건을 갖춰야만 할 수 있는 것들이지만 메타버스 세계에서는 비용과 시공간의 제약 없이 실제 사람들과 온라인에서 상호작용하며 다양한 일을 벌일 수 있다. 메타버스를 통해 자신의 지향점을 찾으면 탐구를 시작할 수 있고, 그것이 장기적으로 일자리와 연결되면 누구보다도 높은 노동 동기를 가지고 일을 시작할 수 있다. 높은 노동 동기는 최고의 생산성이 나올 수 있는 여건이다.

비선형적 경로가 어떻게 펼쳐질지는 예상하기 어렵다. 초기 조건이 바뀌면 결과의 격차는 엄청나게 커지기 때문이다. 그래서 다양한 분야에서 자신감에 찬 인력들이 여러 가지 시도를 한다는 것은 그것으로부터 새로운 경로가 시작되어 비선형적으로 발전해갈 가능성이 그만큼 크다는 의미다. 소수의 엘리트와 지배 그룹에 들지 못한 '다수의 마이너리티'들에게 취향을 계발할 수 있는 여건과 공간을 열어주는 것은 개인의 발전과 경제의 발전에서 아주 중요한 일이다.

오프라인에서 한계에 부딪힌 이들에게 온라인에서 대안적 경로를 열어주고, 그곳에서 그들의 새로운 도전을 물질적으로, 교육으로, 정서적으로 지원할 필요가 있다. 수많은 프로그램이 돌아가는 테스트베드에서 서로 지지하고 유대하는 환경이 만들어진다면, 그곳은 '산골짜기의 거대한 토굴에 많은 사람이 모여 서로 대화하고 토론하는 세상'이 될 것이다. 이곳으로 한 수 배우러 왔다가 좋은 동료를 만나고 친구를 만들고 그러다 네트워크가 만들어지면 그곳에만 머무르지 않고 더 큰 세상으로 튀어나가 새로운 공동체를 건설하고 싶은 마음이 생길 수 있을 것이다. 그런 마음가짐에 충실한 정책을 펴는 것이 국가와 지역의 성장을 지속 가능하게 만드는 가장 강력한 처방이다.

8장

외로움 시대의 구원재

취향의 등장과 호혜성의 무대

한국에서 취향이 시대적인 흐름을 타고 산업으로 형성되기 시작한 것은 1990년대 이후부터라고 할 수 있다. 이때부터 팬덤이 등장했기 때문이다. 팬덤은 공통의 취향을 추구하는 사람들이 자신의 취향을 대표하는 스타를 다른 사람들과 공유하고 싶어할 때 생성된다. 사실 팬덤 바깥에서 볼 때는 생각 없는 사람들의 모임 같지만, 팬덤은 자기가 좋아하는 것을 내면적으로 향유하고 싶다는 욕망과 함께 그 내면의 것을 다른 사람들과 함께 나누려는 의도가 충만할 때 형성된다. 인간은 자신의 고유한 것을 타인에게 인정받을 때 정서적 에너지를 얻는데, 그 시대에 어떤 장에서도 해주지 못했던 인정욕구의 충족을 팬덤은 충실히 수행해준다. 학교와 가정에서의 불안과 두려움이 팬덤을 통해 유대와 설렘으로 바뀐 것이다. 팬덤은 개인적이고 산발적으로 존재하던 취향이 서로 공감하는 취향으로 확장되었음을 알린다.

무대에 서고 싶어하는 이유는 그 무대를 바라보는 사람이 많기 때문이다. 반면 무대에 서 있는 사람도 관객을 바라본다. 무대 뒤에는 무대와 관객을 바라보는 스태프들이 있다. 이들 각각은 상호 간에 기대하는 바가 있고 그 기대가 충족되면 인정받고, 정서적인 에너지를 얻는다. 그렇게 특정 무대에서 각자 역할을 맡아 할 일이 생긴 영역을 취향의 장field of taste이라고 부르기로 하자. 모든 사람은 그렇게 특정한 취향의 장에 속하게 된다. 장은 하나의 독립된 사회이기도 하다. 장에서 역할들이 적절하게 배분되고 그 역할들이 상호작용하면서 서로의 기대한 바를 충족시키면, 그 장은 참여한 구성원들에게 만족을 주고 점차 더 큰 세력을 갖게 된다.

사람들이 그 장에서 충족하고 싶어하는 욕구는 각자의 역할에 대한 의미 부여와 소통 그리고 역할에 대한 보상과 인정일 것이다. 그런 욕구가 상호 만족할 만하게, 즉 호혜적으로 일어나면 그 장은 흥하고 그러지 못하면 쇠퇴한다. 호혜성이 흥망성쇠의 결정요소가 되는 것이다. 물론 그 호혜의 수준은 엄청난 것이 아니라 서로 박수 치고 함께 소리 지르는 것에서부터 시작해 사회적인 기부까지, 소소한 것에서 공익적인 것까지, 광범위하고 다양하다. 특정 장이 호혜적일수록 그곳에 소속되고 싶은 사람이 많아질 것이고, 특정 장에 소속되고 싶어하는 사람들이 많아질수록 그 장은 점점 더 세력을 확장할 것이다. 호혜성은 시간을 확장해보면 그 성격이 더욱 두드러진다. 짧은 시간에서 보면 오직 스타를 위한 팬의 함성만이 존재하는 듯하지만, 시간을 펼치고 보면 그 역동성이 드러난다.

힙합부터 트로트까지, 장르를 가리지 않고 방송국의 오디션 프로그램이 최전성기다. 하지만 1980년대에는 대학가요제와 강변가요제가 대학생들의 로망이었다. 대학가요제와 강변가요제는 매년 대학생들에게 큰 화제가 되었으며 수상은 곧 인기로 연결되었다. 1980년대는 대중음악의 황금기였다. 인기는 음반 판매고로 이어졌고 엄청난 수익을 안겨주었다. 그러나 음악 창작자들에게 인기만큼의 수익이 돌아가지는 않았다. 파워는 방송국과 음반 제작사에게 있었고, 방송국과 음반 제작사에 밉보였다간 바로 인기가 하락하는 시절이었다. 음악 애호가들과 만나는 접점, 창작자의 콘텐츠가 소비자와 만나는 출구는 방송국과 음반 제작사가 전부였기 때문이다. 그러다가 1990년대 서태지가 나타났다.

서태지는 자신의 음악으로 자신의 팬을 확보했다. 기존에도 가수의 팬은 많았지만 스타를 중심으로 팬들이 모여들 뿐, 팬들끼리 공동체를 형성하며 자신들만의 네트워크를 만드는 경우는 없었다. 그런데 서태지가 등장한 시기에는 달랐다. 음악성과 팬덤이 절묘하게 맞아떨어졌다. 서태지의 음악도 새로웠을 뿐만 아니라, 팬덤이 PC통신을 기반으로 자신의 음악적 취향을 타인과 공유하는 경험도 새로운 것이었다. 대학가요제나 강변가요제로 대중가요의 수요와 창작 열기가 고조되던 시기에 서태지 팬덤이 온라인을 기반으로 형성되기 시작한 것이다. 이제 서태지는 음반사와 방송국에 의존할 필요가 없어졌다. 서태지가 내는 음반을 선구매하려는 팬들이 줄을 섰기 때문이다. "악악대고 소리 지르며 철없이 굴던 오빠 부대"가 서로 소통하는 팬덤이 되어 고정 수요층으로 떠오르자 음악 산업의 권력관계가 거대한 변환을 맞이하게 된 것이다.

권력은 배급업자에서 창작자로 이전되었고 창작자의 권력은 네트워크를 통해 더욱 강화되었다. 서태지는 음악 산업에서 하나의 '상징혁명'이었다. 상징혁명이란 당연한 것으로 인식하는 것과의 단절을 의미하는데, 서태지가 상징혁명일 수 있는 것은 방송국과 음반사의 명령을 단호하게 거부하고 미디장비를 장착하고 팬들과 직접 소통했던 '최초의 인간'이었기 때문이다

창작자가 기존 유통업자와의 관계에서 이전보다 더 권력을 획득할 수 있는 배경은 그만큼 음악 애호가의 층이 두터워지고 그들이 서로 소통하며 자신들의 네트워크를 자본으로 만드는 능력을 가

지게 된 것이다. 그렇게 애호가층이 두터워지고 유통업자와의 권력관계가 수평적이 될수록 창작자들은 더 많은 권력과 수익을 얻게 된다. 그러면서 음악 산업에 더 많은 인재가 유입되고 다시 이들에 의해 더 많은 수익을 창출하는 선순환이 발생하는 것이다. 음악 산업의 팬덤이 자신들만의 소통 네트워크를 만들어 고정 수요층을 형성함에 따라 팬들의 공동체는 그 자체가 곧 자본이 된다. 팬덤이 자신들의 스타가 불이익을 받을 때 또는 팬덤 스스로 스타를 위해 적극적인 행동을 취할 때 다른 거대자본과 같은 권력을 갖기 때문이다.

1995년 서태지와 아이들의 〈컴백홈〉이 나오기 전 이미 예약 판매량이 50만 장을 넘었다. 음악을 들어보지도 않고 주문한 물량이 50만 장이다. 팬들은 '들어보지도 못한 음악'을 일단 주문부터 했다. 한 스타의 문화자본이 팬덤 덕분에 경제자본으로 전환한 것이다. 이 일은 상품 소비에 대한 통념을 깨뜨렸다. 아예 없는 상품을 예약 주문한다는 것은 기존의 합리적인 사고를 뛰어넘어 새로운 가치로 이전했다는 얘기다.

기획사의 등장이 이를 잘 반영한다. 외형적으로 기획사는 스타를 관리하는 조직인 듯하지만, 실제로는 스타 개인이 관리할 수 없는 팬을 관리해주는 곳이다. 가수의 공연 기획도 사실은 팬을 각 지역마다 잘 모아서 수익을 창출하는 것에 초점이 맞춰진다. 광고 또한 팬들에게 가장 매력적으로 보일 수 있는 분위기를 만드는 것이 기획사의 노하우다. 스타 개인의 능력으로 팬을 분석하고 대응하기에는 한계가 있기 때문이다. 스타가 마음대로 해도 팬이 따라오는 시대는 지났다. 스타의 행동 하나하나가 팬들에게 어떤 영향을 미치는지 데이터로 분석할 수 있는 능력이 기획사 성공의 요건이다. 스타의 팬덤을 관리하고 확장하는 것이 문화 산업의 중요한 영역으로 떠오른 것이다.

팬덤은 SNS 같은 대중자아 소통의 기술 인프라가 있기 때문에 가능했지만 팬덤의 유지에는 철저하게 호혜의 원리가 작동한다. 팬들은 미래에 대한 기대와 보답을 서로 간의 호혜적 소통에 기초하여 체득한다. 여기서는 주는 것이 우선이다. 팬들은 자기가 알고 있는 지식을 먼저 제공한다. 그러면 다른 팬들이 대응하고 반응한다. 팬들은 즐거웠거나 불쾌했던 경험을 서로 공유하고, 그것에 다른 팬이 반응하며 자신들이 비슷한 사람임을 확인했을 때 공유의 동기가 더 커진다. '미싱태지 프로젝트'가 대표적 사례다. 서태지가 8집 싱글 앨범을 낼 때 미싱태지 사이트를 개설해 이곳에 접속한 팬들이 비밀번호를 알아내 퀴즈를 풀면 자료를 다운받아 볼 수 있게 했고, 퍼즐 형태의 지도를 획득해서 조합하면 서태지 15주년 기념관 위치를 알아내 오픈 당일 찾아갈 수 있도록 했다. 이러한 미션을 완수하기 위해 팬들끼리의 소통이 광범위하게 이루어지면서 팬덤은 더욱 강화되었다. 서태지 팬덤의 핵심인 '버팔로'가 계속 유지될 수 있는 것도 이러한 스타와 팬 간의, 팬과 팬 간의 지식과 정보에 대한 호혜적인 놀이가 있었기 때문이다. 호혜적인 상호작용은 팬덤을 느슨하지만 강력한 공동체로 진전시켰다.

팬덤은 팬으로 구성된 공동체다. 그 공동체에서는 다양한 역학이 발생한다. 좋아하는 스타를 숭배하기 위한 다양한 의례도 만들어진다. 팬덤 안의 팬들끼리는 서로 만난 적이 없어도 쉽게 친해진다. 콘서트 장에 혼자 와도 옆 사람과 서로 인사하며 오랜 이웃처럼 담소한다. 그렇지만 기대한 상호작용 의례에서 벗어날 경우 팬덤은 무자비한 응징을 가한다. 그런 의례를 지키지 못하는 팬은 때로는 축출되기도 한다. 팬덤 안에서는 모두 의례를 지켜 서로의 상호작용으로부터 에너지를 얻기를 원하기 때문이다. 그래서 가장 활발하게 호혜적 관계가 유지되지만 그 근저에는 서로에게 동료압박peer pressure을 가하는 구조가 있다. 호혜관계에서 서로의 기대치를 충족시키기 위한 압박이 존재하는 것이다.

지금 이 시대 팬덤의 대상은 연예인, 가수, 감독, 작가, 요리사 같은 스타에 국한되지 않는다. 사람을 넘어 특정 브랜드일 수도 있고, 상품일 수도 있고, 영화나 게임일 수도 있다. 좋아하는 브랜드에는 오랜 충성을 다하고, 좋아하는 게임은 10년 이상 플레이한다. 추종하는 브랜드와 게임에 문제가 생기면 그 브랜드와 게임을 떠나기보다는 문제를 먼저 제기하고 새로운 방식의 접근을 요구한다. 마치 그 브랜드나 회사에 소속된 직원이나 임원처럼 말이다. 이것은 문화의 장에서 가장 잘 드러난다. 영화와 음악에서부터 게임, 춤,

등산까지 광범위하게 펼쳐진다. 좋아하는 것에서 하나의 공동체를 만들고 그 공동체의 규칙을 철저하게 지키는 팬덤의 속성을 확산시키는 것이다.

작은 공동체의 작은 규칙들은 그 공동체에 참여하는 개인에게는 거대한 규칙이 된다. 그러한 규칙이 모여 한 시대의 규칙을 형성한다. 2010년 이후 페미니즘의 확산은 이런 작은 규칙들이 모여서 거대한 규칙을 형성한 결과다. 마이너리티였던 여성들이 문화의 장에서부터 전면에 등장했다. 이들이 자신들에게 호혜적이지 않았던 기존 규칙을 자신들만의 호혜적 규칙으로 바꾸기 시작했다. 오버워치, 걸스, 여성 실내 암벽 등반가 등의 등장이 그것이다. FPS게임도, 힙합도, 암벽 등반도 모두 남성의 전유물이었지만, 여성들이 자기들만의 규칙을 만들면서 새로운 취향 공동체를 만들었다. 이들은 초기에는 팬덤 내에서 소수로 시작하지만 점차 문화적 캐즘을 깨고 대중화에 성공했다.

중장년들도 자신들만의 규칙을 만들기 시작했다. 트로트의 부흥이 그 예다. 트로트는 2020년에 대세가 되었다. 중장년의 장르였던 트로트가 10대도 즐기는 코드가 되었고, 〈미스터트롯〉의 톱7에 오른 가수들은 모두 스타가 되었다. 이들은 노래도 잘하지만 모두 자신만의 스토리가 있다. 부모 없이 스승의 배려로 성악을 배운 사람, 경남 하동에서 색소폰과 트로트를 유튜브로 배운 소년, 전국을 돌며 트로트 행사로 생계를 유지하는 청년들이다. 오히려 잘 배우고 부유한 사람들은 트로트의 세계에 끼기 어려웠고, 이들의 성공에는 제대로 꿈을 키우지 못했던 사람들에 대한 팬들의 공감과 배려가 깔려 있다. 그래서 스타에 모든 관심을 집중시켜 세상의 불평등을 가린다는 비판에도, 팬덤은 오히려 이들을 통해 이 사회의 불평등을 고스란히 드러냈다.

팬덤 소비자는 이제 대기업이 생산한 양질의 기능적 상품에 집중하기보다는 자신의 감정을 충실하게 대변하는 콘텐츠에 집중하고 있다. 팬덤은 새로운 공동체로부터 새로운 수요 창출자의 역할을 하고 있는 것이다. 똑같은 뮤지컬을 몇 번씩 보는 충성 관객은 시장에 반하는 비합리적이고 '멍청한 소비자idiot consumer'가 아니라 뮤지컬 시장을 이끄는 핵심 고객이다. 뮤지컬의 흥행은 뮤지컬에 대한 이들의 '비합리적이고 배타적인 사랑'에서 시작된다.

이제 팬덤은 아예 프로슈머를 넘어 생산자가 되었다. 팬클럽이 앨범 순위 분석 기사를 써 보도자료를 배포하고 착한 기부를 하고 홍보하는 등(BTS의 팬클럽인 미국 아미들은 미국 각 도시에서 라디오 홍보를 한다) 기획사들이 하던 일을 직접 챙기기 시작한 것이다. 작은 스마트폰의 SNS를 플랫폼 삼아 열망으로 뭉친 팬들의 손가락이 거대한 힘을 창출했다. 팬덤은 명실공히 생산의 영역과 가치의 영역으로 진입했다.

구원재로서의 스크린

한국인의 외로움 지수는 높다. 노인들뿐만 아니라 청년들도 외로움을 많이 느낀다. 조사에 의하면, 청년들이 외로움을 느끼는 이유는 돈이다. 엠브레인의 2019년 조사에 의하면, 평소 청년들이 일상생활에서 외로움을 느끼는 이유 1위는 '경제적인 여유가 없어서'(40%)이다. 딱히 만날 사람이 없어서(37%), 미래에 대한 희망이 없어서(31%), 다른 사람들과 비교가 되어서(30%) 등이 뒤를 잇는 이유다. 돈이 없어서 사람을 만날 수 없고, 만날 사람이 없으니 얘기 나눌 사람이 없고, 함께 공감할 사람이 없으니 타인보다 내가 못하다는 생각을 하게 되고, 결국 미래에 대한 희망이 사라져 외롭다.

돈이 없어 외롭다는 청년들은, 돈이 생기면 제일 먼저 무엇을 할까? 100만 원이 생기면 명품을 사고, 1,000만 원이 생기면 해외여행을 가고, 1억 원이 생기면 자동차를 사고, 10억 원이 생기면 아파트를 사겠다고 한다. 사실 이런 상품들은 필요재이기도 하지만 어떤 이에게는 인정받기 위한 지위재다. 아파트나 자동차도 이미 입지와 '하차감'이 중시되는 시대가 되었다. 외롭다는 것은 타인에게 인정받을 만한 것이 내게 없기 때문에 밀려오는 고독감이다.

외로움의 시대라고 하지만, 홀로 자유롭게 즐기는 시대이기도 하다. 홀로 있는 것과 외로움은 비슷한 듯하지만 완전히 다르다. 홈

트레이닝부터 팬츠트렁크족까지 다양하다. 집에서 할 수 있는 것들을 한다. 집에서 하는 이유는 경제적인 이유 때문이지만, 한편으로는 집에서 할 수 있는 것들이 늘어났기 때문이다. 좁은 집의 인테리어를 바꾸는 일도 하지만, 이건 자주 할 수 있는 일도 아니고 한 번 할 때마다 돈도 많이 든다. 반면 콘텐츠는 무한하다. 집에서 집 밖의 무한한 세계에 접속하는 것이 가능하기 때문이다. 특히 20~30대의 청년 홈족의 절반 이상은 온라인 구독서비스를 이용한다. 남성은 주로 게임을 하고, 여성은 영화를 본다.[*]

외로우면 우울하다. 자유로움을 추구하는 심성은 독립적인 것을 지향하지만 여기에는 허점이 하나 있다. 자유로움은 외로움을 수반한다. 반면 어딘가에 소속되어 있으면 외롭지는 않지만 구속받기 쉽다. 자유로움과 외로움은 서로 상응한다. 우울증은 외로움과 관련이 깊다. 사실 1인 가구 생활자 중 경제적 궁핍이나 외로움을 문제로 꼽은 비율은 남성이 여성보다 높다. 여성은 가장 큰 문제로 안전을 든다. 안전하지 못한 것에 대한 두려움이 1인 가구 여성에게는 가장 큰 문제다. 그렇다면 여성의 외로움은 안전 때문에 중요성이 뒤로 밀리는 것일까? 아니다. 오히려 더 악화된다. 외로움에 대한 인지이론에 따르면, 사회적 위협에 민감할수록 외로움을 더 많이 느낀다고 한다. 위협을 느낄 때 외로움은 더 가중되는 것이다. 위

[*] KB금융지주경영연구소, 〈2019 한국 1인가구 보고서〉, 2019.

험한 상황이 외로움의 감정을 숨길 뿐이다.

소통에 능하다고 해서 외로움을 꼭 덜 느끼는 것은 아니다. '외로움'과 '홀로'는 구분되어야 한다. 모든 시간을 혼자 보내는데도 외로움을 모르는 사람이 있는가 하면, 항상 사람들에게 둘러싸여 있는데도 유별나게 외로워하는 사람들이 있다.* 외로움은 주관적 현상이다. 외로움은 주위 사람들의 수보다는 개인의 의미 있는 사회적 상호작용에 좌우된다. 오히려 주위에 사람들이 많이 있을 때 외로움을 더 많이 느낄 수도 있다.

자살이 봄에 많이 일어나는 이유도 이와 비슷하다. 이른바 스프링 피크spring peak다. 3월에서 5월 사이인데, 이건 모든 나라에서 공통적인 현상이다. 남반구인 호주에서도 봄철인 10월에 자살이 가장 많다. 그 이유가 햇볕이라는 설이 있다. 햇볕은 우울증을 줄여주지만, 갑작스럽게 햇볕을 많이 받게 되는 봄철에는 감정 기복이 심해진다. 갑작스러운 햇볕이 우울증을 악화시킨다는 것이다.** 이것은 햇볕이라는 물질이 신체에 주는 생리적인 현상이고, 주로 집에 있는 시간이 긴 사람이 집에 들어오는 햇볕으로 인해 감정이 악화되는 이유는 흩어졌던 사람들이 봄에 모두 모이기 때문이다. 모두

---

* 라르스 스벤젠, 《외로움의 철학》, 이세진 옮김, 청미, 2019, 28쪽.

** 전홍진, 〈가장 극단적 선택 많은 달은 5월, 일조량 증가가 감정기복 초래〉, 《중앙일보》 2019년 4월 30일.

모이게 함으로써 사회적 비교가 최고조에 달하는 계절이라 외로움을 더 많이 느낀다는 것이다. 봄철은 햇볕의 폭증기가 아니라 햇볕으로 인한 만남의 폭증기다. 햇볕의 폭증이 만남의 폭증과 겹쳐 외로움의 폭증 현상을 일으킨 것이다.

우울증에 대한 사회적 비교 이론은 불평등이 심화하면서 더욱 설득력 있는 논거가 되고 있다. 윌킨슨Richard Wilkinson의 《불평등 트라우마》에 의하면, 소득이 낮은 계층이 소득 최상위 계층보다 우울증을 앓을 가능성이 35배나 높다. 우울증은 무능력과 열등감, 수치심 같은 사회적 평가로부터 기인하는데, 불평등한 사회일수록 사회적 평가에 대한 불안이 높기 때문이다. 사람들은 홀로 있을 때보다 군중 속에 있을 때 사회적 평가에 더욱 민감해지고 더 많은 외로움과 우울을 경험한다.

그렇다면 외로움과 우울증을 극복하는 가장 '용이한' 방법은 무엇일까? 그것은 취향을 갖는 것이다. 용이하다는 것은 가장 비용이 적게 들면서도 접근하기 쉽다는 뜻이다. 용이한 것이 곧 취향이 된다. 릴케가 말한 대로, '숨겨진 의미 없이 단순하고 확실하게 그곳에 있는' 익숙하고 친숙한 대상들의 세계로 들어감으로써 획득할 수 있는 것이 바로 취향이다.* 취향이란 좋아하는 사물과 직접적으

---

* 피에르 부르디외, 앞의 책, 153쪽.

로 친숙한 관계를 맺는 것이다.[*]

　지금 시대에 중년들에게 가장 익숙하고 친숙한 대상은 산이다. 청년들에게 가장 익숙하고 친숙한 대상은 스크린이다. "산이 거기에 있기" 때문에 등산을 하는 것처럼, 청년들도 "콘텐츠가 거기에 있기"에 영화나 게임을 좋아한다. 그래서 등산은 중장년의, 영화와 게임은 청년들의 취향이 되었다. 등산과 영화, 게임은 외로움의 시대에 나를 위로해주고 지지해준다. '홀로이지만 홀로가 아닌' 듯한 환상을 취향이 제공하는 것이다. 나와 같은 콘텐츠를 보고 나와 유사한 사람이 있다는 것을 자각하는 것만으로 위로받고 지지받는다. 거기에 등산과 영화와 게임 그리고 일상의 이야기가 올라간 SNS 게시물은 나의 취향이 인정받고 있다고 느끼게 한다. 그런 면에서 외로움과 사회적 비교의 상극은 취향이다. 사회적 비교를 의식할수록 취향을 갖기 어렵고, 취향을 가진 사람은 사회적 비교의

---

[*] 취향은 정신적 힐링을 동반한다. 건강 불평등도 완화한다. 평균수명의 경우 수입 격차에 따라 차이가 크지만 뇌혈관 질환과 자살을 뺄 경우 그렇게 큰 격차는 아니다. 오히려 평균수명이 가장 긴 직업은 종교인이다. 종교인이 가장 오래 산다는 것은 건강과 수명에 정신적 요소가 물질적 요소보다 훨씬 중요하다는 것을 방증한다. 모든 인간의 일상에서 정신에 가장 크게 미치는 활동은 취미일 것이다. 노인의 여가 만족도를 살펴볼 때, 애완동물 돌보기, 정원 손질, 바둑, 장기, 체스, 등산 등 참여적이고 상호작용이 많고 지식이 필요한 활동의 경우 여가 만족도가 높았고, TV 시청, 라디오 듣기, 집 근처 산책, 국내여행 등 상호작용이 적고 취미에 필요한 지식이 적을수록 여가 만족도가 낮았다. 홍석호, 〈경제적 부담과 건강 문제를 겪는 노인들의 여가만족 요인에 관한 연구〉,《한국노년학》 40(1), 2020.

식에 압도되지 않는다. 취향을 갖는 사람은 취향에 소속된 공동체의 규칙에 몰입하느라 사회적 비교의식이 약화된다.

청년들이 외로움을 느낄 때 가장 손쉽게 접근하는 것은 동영상이나 음악 스트리밍, 춤, 게임 들일 것이다. 경제자본이 없어도 시간만 있다면 즐길 수 있는 것들이고, 비용부담 없이 게임이나 유튜브에서 타인들을 만날 수 있다. 콘텐츠는 기존의 일반적인 소비와는 달리 저가로 즐길 수 있는 시간과 공간의 장을 제공한다.

또한 그 공간에서는 자신의 자유로움을 인정받을 수 있는 다양한 방법을 획득한다. 영화, 음악, 춤, 게임 같은 취향은 나의 자유로움을 즐기면서도 타인에게 인정받을 수 있는 수단이 되었다.* 콘텐츠 장은 경제 장에서 충족되지 못하는 심리적 욕구를 대리 충족시킨다. 콘텐츠에 몰입해 있을 때는 캐릭터와의 '유대의 환상'이 생성된다. 예컨대 내가 좋아하는 캐릭터를 다른 사람도 좋아하면 유대감을 느끼는 것이다. 그런데 이런 유대의 환상은 사회적 지지에서 오는 자신감과 같은 효과를 갖는다. 외로우면 자신감이 줄어들고

---

* MZ세대가 선호하는 모임의 유형은 비슷한 취향을 가진 사람들과 교류(87.3%)하는 모임이었고, 또한 이들의 57.9%가 취향·취미가 비슷하다면 처음 만나는 사람과도 쉽게 교류할 수 있다고 답했다. 타인에 대한 공포가 '취향' 때문에 사라지고 있다. 또한 취향은 밀레니얼 세대와 Z세대의 관계 설정의 핵심이 되고 있다. 또 밀레니얼 세대와 Z세대는 비정기적이고(56.2%) 친목이 없거나 강요하지 않는(63.4%) 모임을 선호해 취향을 중심으로 교류하면서도 느슨한 관계를 추구하는 모습을 확인할 수 있다. 대학내일 20대연구소, 〈라이프스타일 및 가치관 조사〉, 2019.

자신감이 줄어들면 외로움이 더욱 가중된다. 외로움을 벗어나는 과정이란 곧 자신감을 찾는 과정으로서, 콘텐츠는 이러한 선순환의 회로를 만든다.

스크린 아비투스

콘텐츠 장이 인정욕구를 충족시킬 수 있는 물리적 조건 중의 하나는 거대 스크린이 아닌 작은 스크린이다. 작은 스크린은 바로 여기에, 가까이 있다. 스마트폰 스크린은 내 손과 손가락 거리 안에 모든 것을 압축시켰다. 작은 스크린이 거리를 좁혔고 좁혀진 거리는 사람들에게 접촉의 감각을 부활시켰다. 이렇게 좁혀진 거리는 그만큼의 심리적 안정감을 가져온다. 물론 내가 좋아하는 것과의 접촉이라는 점이 전제된다. 사람은 좋아하는 사물이나 이미지, 사람이 가까이 있는 것을 좋아한다. 반면 좋아할 수 없는 것들이 가까이 있는 것을 싫어한다.

작은 스크린은 모든 것을 손 안으로 끌어왔지만 그만큼 좋아하는 것과 싫어하는 것에 대한 반응의 차이가 극대화한다. 좋아하는 것이야 가까이서 보면 더욱 좋지만, 멀리서는 무던하게 볼 수 있던 것들도 가까이서 보면 거부감을 불러일으키는 경우도 있다. 작은 스크린은 각성을 강화하여 호불호의 감정을 양극단으로 격화시킨다. 스크린 아비투스는 작은 스크린 탓에 급격하게 생성된다. 거리감이 사라진 작은 스크린이 청소년 시기부터 오랜 세월 일상의 습관이 되면서 몸에 체화된다. 내 감정을 악화시키는 것은 회피하고 내 감정에 맞는 것은 획득하는 편애의 습관이 몸에 배는 것이다.

배척당한 자에 의한 배척과 포용exclusion and inclusion by the excluded

2015년 9월, 런던 동부의 작은 가게 하나가 수백 명 시위대 공격을 받았다. 일부는 복면을 쓰고 연막탄이나 페인트를 던졌다. 시리얼 킬러 카페Cereal Killer Cafe라는 이름의, 시리얼 120종을 판매하면서 매장에서도 먹을 수 있게 해놓은 가게다. 시리얼을 좋아하는 사람에게는 취향 저격의 카페다. 가격은 그릇당 5파운드(8,000원) 정도로, 다른 시리얼 가게보다는 비싼 편이다.

시리얼 가게가 들어선 곳은 쇼어디치라는 지역이다. 과거 낙후된 지역이었지만 문화예술인들이 모여들면서 공연장도 생기고 힙한 분위기로 바뀌었다. 문제는 그 후부터다. 부동산 가격이 급상승하기 시작한 것이다. 힙해진 동네에 시리얼 킬러 카페도 새롭게 문을 열었다. 반면 원주민들은 둥지를 떠나야 했다. 이른바 젠트리피케이션 현상이다. 시리얼 킬러 카페 앞 시위는 젠트리피케이션을 반대하는 운동가들이 주도했다. 이들은 "아무도 감당할 수 없는 비싼 집은 원치 않는다", "술집도, 브리오슈 가게도 원치 않는다"고 외쳤다. 카페 주인은 주변에 대형 프랜차이즈도 있고 명품 브랜드 가게도 있는데 자신만 공격당한다고 억울해했다.*

시리얼은 아이들이 좋아하는 음식이다. 그렇지만 이 지역의 아이들 49%가 빈곤선 아래의 삶을 살고 있다. 이곳에 시리얼을 비싸게 판매하는 시리얼 킬러 카페가 들어온 것은 빈곤가정에겐 하나의 위협일 수 있다. 아이들이 가고 싶은 곳이 새로 생겼지만 갈 수 있는 돈은 없기 때문이다. 가정의 평화도, 주거의 평안도 불안해진다. 동네의 다양성 증대가 빈곤계층에겐 오히려 위협적이다. 생존이 보장되어야만 포용적 태도도 마음에 자리 잡을 수 있다. 결국 다양성을 인정할 수 있는 여유의 부재인데, 잉글하트Ronald Inglehart와 그의 동료들은 30년 동안 세계 가치관 조사를 한 후 결론을 이렇게 내렸다.

생존이 불투명할 때 문화적 다양성은 위협으로 다가온다. 모두에게 돌아갈 만큼 무엇 하나 풍족한 것이 없을 때, 외부인은 자신들의 몫을 빼앗아 갈 위험한 국외자로 인식된다. 불확실한 세상에서 예측 가능성을 최대화하기 위해 사람들은 전통적인 남녀의 역할 구분과 성별 기준을 고수한다. 거꾸로 생존이 당연시되기 시작할 때, 인종적·문화적 다양성은 흥미롭고 자극을 주기 때문에 긍정적인 가치를 갖게 된다.**

---

* 〈런던의 고급 시리얼 가게가 공격받은 이유〉, 《중앙일보》 2015년 9월 29일.

** World Values Survey, "Findings and Insights". Retrieved from http://www.worldvaluessurvey.org/WVSContents.jsp Accessed on: 15. 12. 2020.

그렇다면 한국의 상황은 어떨까? 한국인은 다양성을 포용하는 태도를 지니고 있을까? 잉글하트의 세계가치관 조사에 따르면, 한국은 인종 차별이 심한 나라 중 하나다. 다양성을 여전히 거북해한다는 것인데, 이를 잉글하트의 이론에 대입해보면 한국은 여전히 생존이 불투명한 나라다. 우리처럼 빠른 경제성장으로 OECD 진입에 성공한 나라가 여전히 생존이 불투명한 나라일 수 있을까?

2019년 전국의 20세 이상 성인 5,000명을 대상으로 "한국에서는 어떤 경우에도 굶어 죽을 일은 없다"라는 문항에 찬반을 묻는 설문조사를 했다. 그 결과, 뜻밖에도 응답자의 50%가 그렇지 않다고 답했다.* 대한민국 성인의 반 정도가 내 삶이 잘못되면 굶어 죽을 수도 있다는 생각을 가지고 있다는 것이다. 한국사회는 절대빈곤의 상태는 벗어났다. 그러나 설문조사의 결과는 절대빈곤사회의 구성원이 가진 정신수준과 유사하다. 아마도 그 이유는 양극화 심화에 따른 상대적 박탈감으로 인해 내가 잘못되면 극빈층으로 떨어질지도 모른다는 걱정을 미래의 어느 시점을 떠올리며 하고 있기 때문일 것이다. 산악족의 경우처럼, 미래의 생존이 불투명해진 사회에서는 생존경쟁이 최우선으로 부상하고 협력의 가능성은 닫힌다. 혐오가 사회의 전체 분위기를 지배하게 되는 것이다. 혐오는 모든 개인을 적과 아군으로 구분하며 개인의 고유한 속성을 밀어

---

* 석승혜·유승호 외,《패닉 소사이어티》, 가쎄아카데미, 2020.

내버린다. 개인들은 적과 아군을 대표하는 집단의 표본으로 취급되고 외부인은 적으로서 경멸의 대상이 된다.

인천 한 지역에서 붉은 수돗물이 나왔을 때 한국에 난민으로 입국한 무슬림들이 저지른 일이라는 말이 인터넷에 떠돌았던 적이 있다. 혐오는 생존에 대한 불안감 때문에 등장하지만, 그것이 나타나는 방식은 무엇보다도 '협소화'다. 혐오에는 개인이 존재하지 않는다. 오로지 전체를 대표하는 표상만 나타난다. 차별받는 남성 무슬림 개개인과 여성 무슬림 개개인은 전체를 대표하는 표본일 뿐이다. 무슬림 이주자들 개개인이 겪은 불행이나 약점에 대한 이야기는 없다. 이주자들 개개인의 유머감각이나 음악성, 숙련된 기술 또는 지적·예술적·감정적 특성과 관련된 언급이나 이야기는 전혀 보이지 않는다.* 이들은 취향을 가진 개개인이 아니라 집단을 대표하는 표본으로 나타날 뿐이다.

혐오는 많은 사람의 관심을 쉽게 받고 그에 대한 보상을 쉽게 받을 수 있기 때문에 표출된다. 물론 모든 혐오가 이런 이유로 시작되는 것은 아니다. 서로 대립하는 지형에서는, 예를 들어 가장 극단적인 대립인 전쟁 상황에서는 오직 적과 아군으로 나눠 한쪽을 편드는 것이 자신에게 가장 유리하기도 하지만 또 옳은 일이기도 하다. 오히려 이 경우 적에 대한 혐오는 이타적 행동의 이유가 되기도

---

* 카롤린 엠케,《혐오사회》, 정지인 옮김, 다산초당, 2017, 77쪽.

하다. 적과 아군을 두고 아군의 편에서 적을 무찌르는 것은 당연히 용기 있는 행동이다. 전쟁에서는 모든 개개인의 이야기가 사라져야 하고 내가 싸워야 할 상대방은 상대편 국가의 표본이어야 한다. 그래야 그를 만나 싸울 수 있고 죽일 수 있다. 결국 전쟁은 인간의 개성을 피폐화한다.

그러나 평시 상황을 전쟁 상황처럼 호도하고 전쟁 상황으로 받아들일 것을 강요하며, 대립에 취약한 인간의 심리를 이용하여 실제 전쟁을 일으키는 '광란의 인물'도 있다. 나치의 히틀러는 유대인을 학살했다. 그 학살의 이면에는 나치에 소속되지 않으면 자신도 유대인처럼 생존을 보장받지 못할 수 있다는, 반대로 나치에 소속되면 생존을 보장받을 뿐만 아니라 서열에서 우위에 오를 수 있다는 지배감각의 발동이 있다. 희생양은 희생양 당사자를 제외하면 모든 사람에게 상대적인 안도감을 준다. 모든 문제를 희생양에게 돌릴 수 있기 때문에 사회에 팽배한 인지적 부조화, 인지적 긴장감을 모두 해결할 수 있다. 희생양은 문제를 회피하면서 문제를 해결하는 가장 손쉬운 방법이다. 인간은 복잡한 생각을 하기 싫어하는 인지적 구두쇠cognitive miser여서, 희생양이 지목되면 인지적 수고로움 없이 바로 결론을 내고 행동을 한다.

취향은 내면의 심도가 깊어지는 과정이지만, 그 방향이 타인을 혐오하는 쪽으로 향하면 폭력적으로 외화하기도 한다. 취향이 인지적 구두쇠 기능을 강화하면 이성적 능력은 축소되고 특정 영역만

과잉 인식하여 자신의 것과 다른 생활양식을 무시하거나 인정하지 않는 경우가 발생하는 것이다. 취향의 세계가 타락하여 눈먼 자들의 세계가 되는 순간이다.

카뮈는 자유를 향한 반란과 혁명과 싸움이 인간 존재의 필연적인 측면이라고 말했다. 그러나 이 바람직한 노력이 끝내 횡포로 변질되지 않도록 그 한계를 정하고 지키라고도 말했다.* 마찬가지로, 개인의 취향도 자유를 향한 반란이다. 그러나 이러한 바람직한 노력도 끝내 횡포로 변질되는 경우가 종종 있다. 허버트 조지 웰스의 〈눈먼 자들의 나라〉에는 안데스 골짜기에 추락해 눈먼 자들의 나라에 들어간 남자가 나온다. '눈먼 자들의 나라에서는 애꾸가 왕'이라는 속담처럼, 눈먼 이들 속에서 왕 노릇을 할 수 있으리라 기대했던 남자는 오히려 그들 속에서 비정상이며 열등한 존재로 치부되는 상황을 견디지 못해 죽음을 무릅쓰고 탈출을 감행한다. 서로서로 자신들의 세계만이 옳다고 믿는 나라에서는 자신의 취향에 대한 강조가 오히려 혐오를 강화하게 된다. 이때 취향은 부르디외가 말했듯 혐오를 기반으로 계급을 정당화하기에 가장 적합한 수단이 된다.

자기만이 옳고 타인은 모두 잘못되었다는 식으로 퇴행할 때, 취향만큼 모든 규정이 부정일 수밖에 없는 영역도 없을 것이다. 그리

---

* 지그문트 바우만, 앞의 책, 285쪽.

고 취향의 퇴행은 무엇보다도 혐오감, 다른 사람의 취향에 대한 공포감 또는 본능적인 짜증("구역질 난다")에 의해 촉발되는 불쾌감을 유발한다. "취미에 대해서는 논쟁하지 말라"는 말도 있지만 그것은 "모든 취미가 자연[본성]에 있기" 때문이 아니라 각 취향이 스스로를 자연스럽다고 느끼기 때문이다. 실제로 거의 그렇기 때문에 취향은 이데올로기가 된다. 그리하여 다른 취향을 비자연적이며 따라서 타락한 것이라고 주장하며 거부하게 된다. 미적 불관용은 가공할 만한 폭력성을 갖는다. 다른 생활양식에 대한 혐오감은 각 계급을 갈라놓고 있는 가장 강력한 장벽이라고 할 수 있다.*

취향이 부상하는 과정에서 '취향 존중'이라는 말이 강조된 이유를 역으로 생각해보면, 취향이 취향 혐오와 병존하기 때문이다. 취향은 특별해 보이고 대부분 소수의 것이다. 남들이 모두 하는 '운전하기', '걷기', '구경하기'를 취향이라고 하지 않는 것처럼 말이다. 운전에는 가속이, 걷기에는 올레길이, 구경하기에는 전시가 붙어야만 취향이 된다. 일반적이지 않고 소수의 것일 때 취향이 된다는 말이다. 소수이기 때문에 '이상한 짓'이라고 혐오의 대상이 되기도 쉽다. 물론 사회적으로 존중받는 소수의 취향도 있다. 고전 읽기 같은 것은 원래부터 존중받던 취향이지만 이는 취향이라기보다는 지식 습득이라고 인식된다. 소비적이고 효용성이 없는 것이 아니라 생

---

* 피에르 부르디외, 앞의 책, 115쪽.

산적이고 효용성이 높다는 뜻이다. 반면 취향이라고 할 때는 쓸모 없고 소비적이라는 의미가 스며 있다. 취향을 존중한다는 말은 그 것이 쓸모없기 때문에 나와 상관이 없고, 그래서 '예의 바른 무관 심'으로 대한다는 뜻이다. 결국 취향 존중에 대한 강조는 사회 저변 에 취향에 대한 혐오가 깔려 있기 때문이라고 할 수 있다.

그렇다면, 취향에 대한 관념이 혐오 쪽으로 기운 이유는 무엇일 까? 그것은 무엇보다도 취향이 직업윤리와는 반대되는 사회적 통 념을 지녔기 때문이다. 취향은 자유로움을 추구하고 조직에서 감내 해야 할 일들에서 탈피하려는 속성을 지닌다. 취향이 심화될수록 정상성을 강조하는 중심에서 밀려나는 것이다. 정상성을 강조하는 장에서 인정받기 위해, 취향은 적절한 수준에서 끝내야 한다. 일은 깊을수록 좋게 평가되지만, 취향은 얕을수록 좋게 평가된다. 취향 이 너무 깊으면 오타쿠 등의 낙인이 찍힌다. 그래서 사회통념상 취 향이 깊어진다는 것은 부정적 인식으로 넘어가는 경계선이다. 어느 정도는 즐겁게 용인하지만 어느 선을 넘으면 적대적인 가치로 취급 받는다.

간단한 해결책으로서의 혐오

취향 혐오가 드러나는 대표적인 사례가 게임 셧다운 정책이었다. 공부하고 책을 봐야 할 청소년이 게임을 한다는 것은 정상성에 어굿난다. 그래서 셧다운 정책은 헌법재판소에서 합헌 판정을 받았다. 이 합헌 판정을 통해, 한국사회는 도덕을 둘러싸고 간단함과 복잡함, 쓸모 있음과 쓸모없음으로 이항대립하고 있음이 드러났다. 한국사회는 경계가 명확하고 깨끗하고 군더더기가 없는 간단한 것을 선호하고, 성적·돈·지위·명성에 기여해야 쓸모 있다고 간주한다. 이런 이항대립은 한국사회에 강고하게 뿌리내린 듯하다. 그러나 여기에는 약간 다른 사실이 있다. 셧다운 정책에 대한 헌법재판소 재판관의 소수의견이 있었기 때문이다.

헌법재판소의 판결문에서는 게임 셧다운 정책에 대해 재판관들 사이의 극단적인 견해 차이가 드러났다. 게임 셧다운 정책에 위헌 의견을 내서 소수의견이 돼버린 두 재판관의 견해는 다른 재판관들의 견해와 현격하게 달랐다. 이들의 소수의견은 취향에 대한 혐오가 우리 사회에 얼마나 뿌리 깊은지를 잘 드러내고 있다. 여기서 두 재판관의 견해를 다시 경청해보자.

이들은 우선 문화국가의 원리를 강조한다. 헌법에 보장된 문화국가의 원리는 자율성과 다양성에 대한 보장이다. 16세 미만 청소년들이 심야시간대에 게임을 즐기는 행위는 가정이라는 공간에서 이루어지기 때문에 국가의 개입 이전에 각 가정의 독립적이고 사적인 사건이다. 청소년을 바르게 키우고 잘못된 행동을 통제하는 1차적 책임과 의무는 국가가 아니라 가정과 부모에게 있다는 점이다. 그리고 문제 해결의 방향도 셧다운제보다는 청소년들이 게임만이 아니라 보다 다양한 문화를 경험할 수 있도록 환경을 조성하고 제도를 추진해가는 것이 올바른 방향이라고 지적했다.

너무나 당연한 이야기다. 그런데 이것이 위헌 판결에서 소수의견일 뿐이라는 것이 우리 사회의 수준을 단적으로 보여준다. 두 재판관의 '소수의견'은 이런 말로 끝맺고 있다.

다수의견과 같이 청소년 보호라는 명분(입법 목적의 정당성)에 치우쳐 국가가 청소년의 수면 시간까지 챙기고 간섭하는 것을 허용한다면 21세기 이 문명의 시대에 새로운 전체주의의 단초를 허용하는 우를 범하지 않을까 두려울 따름이다. 강제적 셧다운제는 선진국에서는 유례를 찾아보기 힘든 제도이고, 게임 정책의 국제 기준은 자율 규제임을 고려할 때, 이 사건 금지 조항은 전근대적이고 국가주의적일 뿐만 아니라 행정편의주의적인 발상에 기대고 있는 것이다. "모든 문제에는 간단하고 멋지지만 잘못된 해결책이 있다"라는 H. L. Mencken의 말은 이 사건 금지 조항에 꼭 들어맞는다.

마지막 멘켄의 말은 새겨볼 만하다. 이 말을 좀 바꾸면, 간단하기 때문에 멋져 보여서 모든 문제를 해결해줄 것 같은 착각을 불러일으킨다는 말이다. '간단하게' 말하면 문제가 '쉽게' 해결될 수 있다고 확신하는 인지적 구두쇠가 돼버리는 것이다. 셧다운 정책이 시행되고 헌재의 합헌 판결이 난 이후 상당한 시간이 지났는데도 사실 청소년의 게임중독 문제는 바뀐 것이 없다. 셧다운은 문제 해결에 아무런 도움이 안 되었고 게임에 대한 혐오만을 키워 산업의 정체에만 기여했을 뿐이다.

간단한 해결책으로 문제를 복잡하게 만들기

관점을 바꾸는 것은 문제를 간단하게 해결할 수 있는 좋은 책략인 듯 보이지만, 그것은 때로는 문제를 회피하는 일이기도 하다. 그렇다고 관점을 바꾸지 않고 정면으로 마주선다고 해도 간단한 해결책이 있다고 믿으면 문제는 해결되기보다 더 꼬일 때가 많다. 문제를 단순하게 접근하면 아시타비我是他非의 직관에 의존하기 쉽기 때문이다. 선악으로 나누면 문제는 선명하게 보이는 듯하지만, 문제가 해결되기는커녕 결과적으로 더 복잡해진다. 단순함은 쏠림을 만들고 쏠림은 이성과 논리를 삼킨다. 누군가 희생양이 되고 후유증은 오래 간다. 공정함이라는 이름을 걸고 희생양을 양산할 때 그 후유증은 더욱 커진다. 예컨대, 가장 공정할 것 같은 오디션이라는 포맷으로 스크린에서 악마를 만들어내는 것이다. 오디션은 가장 간단하게 공정함을 보여주는 프로그램이 되었지만, 실제 결과는 정반대로 나타나는 경우가 잦다. 이미 사회적으로 퍼져 있는 혐오 감정에 기초해 평가가 이루어질 공산이 크기 때문이다.

스크린은 시선을 모으기 위해 가장 간단하게 공정함을 보여주는 오디션 프로그램을 만들었다. 오디션을 통해 시선을 모으고 시선이 권력을 창출하면서 스크린은 내기물이 되었다. 모두가 연예인이 된 시대다. 스크린이 나의 삶을 지배하고 스크린의 이미지가 곧 나의 이미지가 되는 시대다. 스크린은 이제 일부 사람이 즐기는 것이 아닌 모두의 내기물이 되었기 때문에 공적인 공정성이 아주 중요해졌다. 스크린에서의 공정성은 사람들의 시선을 모을 뿐만 아니라 사람을 솎아내는 것에서도 정당성을 획득한다. 스크린이 권력이 되면서 내기물을 소유한 권력자에 의한 폭정이 일어날 가능성도 높아진다. 스크린의 권력을 독점하고 있는 편집자들이 공적 편집권을 사적으로 편취할 수 있기 때문이다. 이들은 편집권을 이용해 개인적 호불호의 감정으로 출연자를 천사와 악마로 쉽게 가를 수 있다. 출연자들은 편집자 개인 소설의 등장인물이 되고 마는 것이다.

M.net의 〈프로듀스 101〉이 엄청난 인기를 끌었지만 제작진은 투표 조작으로 공분을 일으켰고 죄인이 되었다. 투표 조작은 사실 빙산의 일각이다. 편집권을 사적인 감정의 도구로 활용하여 천사와 악마로 출연자들을 나누면, 투표는 자연스럽게 그 결과로 나올 수 있기 때문이다. 투표 조작보다 더 큰 문제가 악마의 편집이다. 〈프로듀스 101〉 시즌1에서 어떤 출연자는 악마가 되었다. 투표 결과는 일정 기간 영향을 미칠 뿐이지만 출연자의 이미지는 어쩌면 아주 오랫동안 사람들에게 각인되기 때문이다. 시청자들에게 이들의 이미지는 "철없는 여동생"이나 "자기 이익만 추구하는 독재자", 혹은

"자존심은 높고 자존감은 낮은 불안한 경력자"로 그려졌다. 편집자는 리얼리티 예능의 인기를 위해 이들에게 실체와 무관한 낙인을 찍어버렸다.

리얼리티 예능은 출연자의 진실과 진정성을 보여준다고 내세운다. 그래서 아이돌 연습생이나 일반인이 출연하는 오디션의 경우, 출연자의 서사와 그에 대한 평가가 큰 쟁점이 되곤 한다. 한 인간에 대한 명예훼손이 저질러질 수 있기 때문이다. 출연자를 악마로 만드는 일에 편집자의 의도가 개입하고 있는 것이 현실이지만 이 문제를 드러내기는 점점 어려워지고 있다. 교묘한 편집은 시청자에게 진짜인 듯 비춰지기 때문이다. 스크린은 편집권의 보장이라는 명분 하에 혐오를 양산하는 편견의 스크린이 되고 있는 것이다.

혐오의 역류contra-flow: 힙합의 사례

혐오가 넘치는 사회에서는 자신의 취향을 드러내기 어렵다. 취향 드러내기가 부끄러운 일이 되기 쉽다. '숨듣명'이라는 말이 있다. 유튜브 '문명특급' 채널에서 유행시킨 말로, '숨어서 듣는 명곡'을 줄인 말이다. 2010년 초반 아이돌 노래를 듣는 취향을 부끄러워하며 붙인 말이다. 주로 가사가 직설적인 노래나 트로트풍의 노래들이다. 통념상 가사 수준이 '유치한' 것들이다. 이런 노래들은 묘하게 중독성이 있지만 바깥에서 대놓고 듣기는 어렵다. 클래식을 듣는 것은 자랑할 수 있지만, '제국의 아이들'의 〈마젤토브〉를 듣는 것은 숨기고 싶다. 숨기고 싶다는 것은 드러내고 들었을 때 힐난이 쏟아진다는 것인데, 그런 분위기에서는 그만큼 다양성이 사라진다. 반면 자신의 취약한 부분과 부정적인 과거를 드러낼 수 있다면, 그리고 그런 노출을 인정해주는 사회적 분위기가 있다면, 혐오의 감정은 그만큼 수그러들 것이다. 대표적인 예가 힙합이다. 미국의 힙합 음악은 혐오의 아성을 부수는 데 일조한 개척자적 장르라고 할 수 있다.

힙합은 어떤 부류의 사람에게는 멋있어 보이지만, 어떤 부류의 사람들에게는 범죄와 폭력을 연상시킨다. 사실 힙합은 '거리의 청소년들'이 넘쳤던 게토에서 시작되었지만, 힙합 음악 덕분에 게토는 범죄와 폭력의 지역에서 젊음의 에너지가 넘치는 지역으로 바뀌었다. 미국 다큐멘터리 〈러블 킹스Rubble Kings〉에 따르면, 1970년대 미국 브롱크스 지역 40여 개 청소년 갱들은 힙합 음악을 위해 평화 협정을 맺고 갱 단원들로 구성된 록밴드와 함께 로큰롤 음악을 즐기며 블록파티를 연다.[*]

록밴드 게토브라더스는 매주 모든 갱을 자신의 영역으로 초대해서 파티를 열었다. 거리는 범죄의 진원지에서 에너지와 흥의 진원지

---

[*] 박하재홍 블로그(https://m.blog.naver.com/PostView.nhn?blogId=buzzhong&logNo=221474000498&categoryNo=53&proxyReferer=https:%2F%2Fwww.google.com%2F).

가 되었다. 이후 갱 단원들은 디제이DJ, 엠시MC, 브레이크 댄서, 그 래피티 아티스트로 변모해갔다. 힙합이라는 예술이 폭력을 제압한 것이다. 그렇다면, 어떤 힘이 그것을 가능하게 했을까? 김봉현에 따르면, 그것은 힙합의 킵잇리얼Keep It Real 정신이다. 힙합에서 래퍼들은 솔직하게 모두 뱉어낸다. 창피하거나 감추고 싶은 것도 다 뱉어낸다.

래퍼는 랩만 잘해서는 사람들의 존경을 받을 수 없다고 생각해요. 사람들의 시선이 결국에는 사람 자체로 가거든요. 이 가사가 정말 이 사람의 생각이 맞는지 본단 말이에요. 만약 가사가 너무 멋있는 래퍼가 있는데 이 사람의 생각으로 알고 있었던 가사가 사실은 다른 사람이 써준 것이었다면 혼란스러워지는 거죠. 두 개가 일치하는 멋이 힙합에서는 되게 중요하거든요.*

에미넴의 랩 안에는 자신의 불우했던 실제 삶이 담겨 있다. 약물 중독으로 활동을 중단했다 컴백하면서 부른 노래인 〈Not Afraid〉에는 그의 심경이 담겨 있다. "나는 삶의 밑바닥으로 추락했었지만 이제는 두렵지 않아. 만약 이 노래를 듣는 네가 지금 삶의 밑바닥에 있다면, 나도 이렇게 해냈다는 걸 말해주고 싶어. 우리는 이 길

---

* 김봉현, 《정신의학신문》 2018년 12월 14일.

을 같이 걸어갈 거야. 너희가 혼자가 아니라는 것만 알아둬. 내 팬들에게 말하는데 나 다시는 너희들을 실망시키지 않을 거야. 나 돌아왔다. 정직해지자."

랩이라는 음악을 통해 자신을 있는 그대로 말하고 팬들에게 인정받고 싶은 욕망을 숨김없이 드러낸다. 부끄러워 말하지 못하는 것도 랩을 통하면 어렵지 않게 이야기할 수 있다고 연극배우 이용녀*는 말했다. 랩은 그것을 즐기는 세대의 상황과 욕망을 반영한다. 랩에 담으면 욕설도 비속어도 쉽게 용서된다. 랩은 간단한 비트만으로도 즉시성과 포용력으로 쾌감을 주는 음악이다. 랩에서는 자신에게 정직해야 하며, 그래서 공명이 따라온다. 공명은 소리를 통해 즉각적으로 상대방의 느낌에 다가간다. 그러면 혐오스러웠던 그들의 삶을 다시 해석할 수 있다. 그들의 랩을 통해 어린 시절부터 쌓인 그들의 불행을 추체험할 수 있고 노래를 따라 부르며 이해하고 공명하는 계기를 얻는다. 그렇게 되면서 힙합은 "불우한 환경에서도 스스로를 다독이며 노래를 통해 자유롭게 삶을 살아가려는 의지"로 읽히게 되었고, 자수성가 부자라는 아메리칸 드림이 사라진 시대에 또 다른 아메리칸 드림의 상징이 되었다. 그러한 힙합의 포용적 역사 덕분에 나이키부터 아디다스까지 수많은 브랜드가 힙합을 정신적인 가치로 숭배하는 스타일의 제품을 만들 수 있었다.

---

* 연극배우. 〈힙합의 민족〉에 출연해 속사포 랩을 선보여 인기를 끌었다.

이런 면에서 힙합의 역사는 구원재의 역사였다. 그것은 지식인이나 노동자에 의해 주도된 것이 아니라 슬럼가의 갱스터 내에서 가장 진보적인 인물에 의해 주도되었고, 게토 안에서 게토를 개혁하려는 노력으로 갈등을 치유해나간 인류애적인 발전이다. 계급적 갈등을 해소하기 위해서는 계급 간의 양보와 타협도 필요하지만 계급 내의 대화와 협력도 필요하다. 갱스터들은 힙합을 규칙이 있는 예술로 만들어 하나의 문화자본으로 만들어감으로써 자신들의 계급문화에 침몰하기보다는 자신들의 폐쇄성에서 탈피하면서 예술을 통해 타 계급과의 소통, 외부와의 소통으로 진척시켜나갔다. 랩을 통해 게토에 갇혀 있던 하층 계급 갱스터들이 개방성의 네트워크를 창조해나간 것이다.

문화자본은 자신들의 문화를 똑같이 재생산하는 상동적 네트워크도 재생산하지만, 외부와의 소통을 통해 이질적 네트워크를 생성하기도 한다. 상징자본은 기존 계급 안에 가두는 폭력만 있는 것이 아니다. 바깥의 상징을 확보하여 자신의 것으로 만들어 계급 이동과 계급 상승의 욕망을 충족시키려는 의지가 강한 집단도 있다. 양극화가 심한 나라일수록 욕망의 양극화가 존재한다. 즉 피지배집단 내부에서 한쪽은 무력화가 심화되지만, 다른 한쪽은 계급 이동에의 욕망이 폭증하는 양극의 집단을 생성한다. 양극화로 인해 한 계급이 다른 계급에 더욱 쉽게 지배받고 쉽게 지배적 명령에 빨려들어가지만, 이 이면에는 '탈주를 통한 지위 상승의 욕망'과 그에

대한 이야기도 함께 커지는 것이다.[*]

힙합과 랩처럼, 한국 콘텐츠도 자신들의 이야기를 통해 계급으로부터 탈피하고 중산 계급으로 상승하려는 욕망을 드러낸다. 랩처럼 이야기로 자신을 구속하는 계급적 규정을 탈피하려는 것이다. 무대는 역할을 고정시키지만 이야기와 플롯은 새로운 역할을 만들어낸다. 계급은 구속하지만 이야기는 해방시킨다. 플롯은 무대 위의 역할이라는 구속을 새롭게 규정한다.[**] 예술가와 창작자들의 작은 이야기들은 낙후된 지역에서 공명을 만들어내고 결국 지역의 번성을 이끌어낸다.

---

[*] 로저스는 랩 음악의 확산을 성인으로서의 가치와 부모의 간섭과 규제를 반대하는 젊은이들이 표출하고 싶어하는 가치를 표현하는 데 적합한 것으로 인식했기 때문이라고 봤다. 1980년대 랩이 미국에서 처음 나타났을 때 대부분의 라디오 방송국은 이 새로운 음악을 거부했다. 그러다 랩이 부모와 사회적 제도에 반발했던 중상류층 젊은이들에게 호소력을 갖게 되었다. 실제로 과격한 어조에 거부감을 느낄 것이라고 예상되었던 중상류층 백인 10대들이 랩 음악의 가장 큰 팬이 되었다. 랩 음악은 처음부터 기존 음악 관련 기관이나 제도와는 무관하게 번창했다. 랩 음악은 가정에서 저렴한 악기와 레코딩 장비를 통해 연주되고 만들어졌고, 집에서 제작한 카세트테이프의 형태로 지역의 독립 레코드회사를 통해 배포되었다. 그러다 그 후 중상류층 교외 지역의 젊은이들을 기반으로 대중화에 성공한다. 에버렛 M. 로저스, 앞의 책, 233쪽.

[**] 대니얼 리그니는 고프만을 비판하면서 우리가 계급에 대해서 이야기할 때 대면적 상호작용에서 만들어내고 훌륭하게 수행하는 이야기 또는 사회적 서사에 대해서는 거의 말하지 않는다고 비판한다. 세넷도 지적했듯이, 고프만은 무대는 있지만 플롯은 전혀 없는 사회의 이미지를 제시한다고 비판한다. 대니얼 리그니, 《은유로 사회 읽기》, 박형신 옮김, 한울아카데미, 2018, 283쪽. 마찬가지로 문화자본에 대해 말할 때도 계급의 무대(장)는 있지만 그 계급이 생성해내는 사회적 서사에는 관심이 없는, 고정된 사회 이미지를 제시하고 있다고 비판할 수 있다. 반면 이야기는 멀리 퍼져가고 새로운 가치들을 생성해내며 계급 이동을 만들어낸다.

젠트리피케이션과 예술가의 관계

지금은 한국의 청년문화를 대변하여 주류문화가 된 홍대 앞의 기원도 주변부에서의 대화와 소통에서 시작되었다. 홍대 앞에는 미술을 전공하는 학생들이 많았고 가난했던 이들은 여럿이 함께 쓰는 작업실을 값싸게 얻었다. 밤낮을 가리지 않는 청년들의 작업실이 예술가 특유의 자유로움과 결합하면서 홍대 앞은 밤새 불이 꺼지지 않는 호기심의 놀이터가 되었다. 예술가들은 이런저런 새로운 시도들을 해댔고 그런 새로움에 호기심이 많은 청년들이 호응하면서 사람들이 모여들기 시작했다. 술집과 클럽들, 로바다야키와 포차 등 이국적인 문화들이 출현했고, 거칠지만 새로운 것들에 청년들은 열광했다. 프랜차이즈 식당과 카페들이 즐비한 강남에 질린 사람들은 창의적이고 혁신적인 홍대 거리에 자연스럽게 포섭되었다. 예술가들의 동네로 시작된 홍대 거리는 작지만 새로운 것이 존중받았고 새롭게 시도하려는 청년들이 모이는 핫한 장소가 되었다.

그러다 시간이 지나 이제 뜨는 동네의 종착지인 젠트리피케이션으로 이전의 모습은 사라졌고, 오직 과시적 소비만을 추구하는 동네로 변하고 말았다. 패기 넘치던 젊은 예술가들은 어디론가 떠나갔고 '치고 빠지는 스톱업'의 노림수만이 성행한다. 그럼에도 불구하고 초기 홍대의 예술가들이 그랬듯이 '나를 찾는 문화'에 의존해 만들어진 동네들이 계속 생기곤 한다. 작지만 알찬 점포들이 자신만의 취향을 표현하고 있다. 취향으로 인해 나를 속이고 타인의 압력에 굴복하며 일하기보다는 나에게 솔직하고 나의 삶을 존중하는 방식으로 일하게 된다. 그래서 취향 중심의 삶은 자존감과 진정성의 문화와 함께 생성된다.《스트리트 H》의 편집장 정지연 씨는 이렇게 홍대 앞 문화를 얘기한다.

홍대 앞 문화의 시발점은 어떻게 보면 미대생들의 작업실 문화죠. 미대생들이 홍대 근처 살림집에 있는 차고나 반지하 방을 작업실로 빌려서, 거기서 그림 그리고 술 먹고 사람들이랑 토론하면서 자연스럽게 문화를 만들었어요. 그런 문화가 카페, 주점으로 이어졌죠. 제가 학교 다닐 때만 해도 다른 학교 학생들이 신기해했어요. "아, 이 동네 재밌는 동네다" 하고. 근데 어느 시점이 되니까 홍대문화가 한순간에 급변했죠.

그가 홍대문화를 즐긴 건 1995년부터. 지금은 자취를 감춘 록 카페에 '꽂히면서'다. 홍대 앞에 살기 시작한 것은 1999년부터라고 한다.

홍대 앞에 외부 상업자본이 많이 들어온 건 2002년 한일 월드컵 전후 클럽데이를 만들면서부터예요. 홍대 클럽 골목이 유명해지면서 이곳이 상업적으로 가능성이 있다는 게 입증된 게 그즈음이었죠. 그리고

2000년대 중반 커피 프랜차이즈가 홍대 앞에 들어왔고, 2차적으로 패션 스토어들이 들어왔죠.

젠트리피케이션은 도시의 역동성에 큰 문제를 야기한다. 임대료가 상승하고 불로소득의 근거지가 되고 문화는 획일화된다. 그러나 젠트리피케이션 논의에서는 임대료만 부각되어 예술가들의 역할을 놓치고 있다. 젠트리피케이션이 일어난 지역에서는 예술가의 적극적인 역할이 사라지는 것이다. 사실 예술가들에 의해 거리가 역동적이 되고 방문객도 늘면서 임대료가 올라간 것이지, 임대료 상승 때문에 나가야 할 예술가들이 골칫거리라고 생각하면 전도된 것이다.

예술가들은 낙후된 도시의 공간에 게릴라처럼 침투해 들어가 그곳을 새로운 공간으로 전환시킨다. 낙후된 곳에 '제정신을 갖고 발로 걸어 들어가는 사람'은 예술가들뿐이다. 예술가는 자본이 집중된 도시 중심보다는 자본으로부터 벗어난 도시 외곽, 낙후 도시, 공동화한 도시 공간을 자신들의 진지로 삼는다. 자본의 도시에서는 예술가들이 가장 유일하게 순수하게 자본에 저항하는 자들이고, 예술가들의 공간은 바로 그렇게 자본에 저항한다는 이유 때문에 사람들의 공감을 얻는다. 이렇듯 동일성의 지배문화에 저항하는 하위문화를 형성하며 예술가들은 다양성의 노동을 수행한다.

다양성 포용의 경제적 효과

특정 집단에 대한 선입관이나 편견은 경제적 측면에도 큰 영향을 미친다. 소수파에 대한 시장 차별은 고용, 노동, 소비, 교육 및 행정 등 많은 영역에서 행해지고 있다. 경제 환경에 따라 동일한 편견이 시장 차별을 낳거나 전혀 감지할 수 없을 정도로 축소되기도 한다. 그런데 경제가 저성장의 단계에 진입하고 사람들의 불안이 장기화되면 혐오와 음모 같은 선악의 프레임이 세상을 지배하게 된다. 편견으로 무장한 다수파와 소수파의 대립이 일상화한다. 다수파가 소수파에 비해 아주 우세한 경우에는 차별로 인해 소수파가 큰 피해를 입는 반면, 소수파의 크기가 작지 않은 경우에는 다수파 역시 큰 손해를 본다. 특히 영향력 있는 다수 그룹이 소수파를 생산력이 낮을 것이라는 편견으로 대하면, 능력이 있는 소수파에게 교육 훈련과 기술 개발 등을 제공하는 것을 소홀히 해 결과적으로 소수파는 무능해진다. 편견과 혐오가 로젠탈 효과를 유발하는 것이다. 결국 다수파도 함께 몰락한다. 따라서 영향력 있는 집단이 지닌 근거 없는 편견이나 선입관은 지속적인 경제 발전에 가장 큰 적이다.*

편견과 혐오는 통계적 차별과 연관되어 있는데, 이러한 통계적

---

* 게리 베커, 강연 요약문, 《매일경제신문》 1993년 9월 18일.

차별을 개인적 특성으로 전환할 수 있는 능력은 선입관을 타파하는 데 아주 중요하다. 케네스 애로Kenneth Joseph Arrow에 따르면, 통계적 차별은 개인을 그 개인이 속한 집단의 평균과 같은 인간으로 보는 것이다. 대표적인 것이 학력, 성, 지역, 종교, 자격증에 의한 차별이다. 개인에 대한 다른 정보가 없기 때문에 통계적으로 평균 산출이 가능한 집단의 특성을 개인에게 투사하는 것이다. 물론 통계적 속성의 투사는 성이나 지역, 인종처럼 타고난 것일 경우에는 부당하지만 학력이나 자격증은 어느 정도 타당해 보인다. 개인에 대한 정보가 없어 알려진 정보에 의존할 수밖에 없기 때문이다. 그러나 통계적 능력 차이가 실제로 기업에서의 능력 차이로 이어질지는 확신할 수 없다. 대부분 점수로 대표되는 개인의 능력은 기업에서 필요로 하는 능력의 일부분에 불과하기 때문이다.

기업에서는 개인의 능력이 다른 개인의 능력과 만나 시너지 효과를 내는 것이 더 중요하다. 생산성에서 개인보다 팀이 더 효율적이지 않다면 기업은 사실 필요 없기 때문이다. 자본주의의 성장이 분업의 성장과 궤를 같이해왔다는 사실이 기업의 생존과 존속에서 개인보다 팀이 더 효율적이라는 것을 역사적으로 증명한다. 기업의 성장에는 사생활에서 친교에 유리한 유유상종의 속성보다는 서로 다른 역할을 하는 분업, 그리고 분업에 기초한 협력이 더 유리하다. 그래서 기업은 커질수록 다양성을 강조하게 된다.

우버 본사의 다양성 포용성 최고책임자CDIO: Chief Diversity & Inclusion

Officer인 이보영 씨는 다양성은 종교, 성, 인종 등 다양한 배경을 가진 사람들 간의 특성을 이르는 말로, 생산성 향상을 위한 필수적 요소라고 지적했다.[*]

기업 내부의 성추문으로 홍역을 치렀던 우버는 이보영 씨를 CDIO로 영입해 다양성과 포용성 확대를 위한 적극적인 조치를 취했는데, 이보영 씨는 우버에 가자마자 '다양성 지표'를 만들어 시행했다. 다양성 지표는 직원들이 자신의 정체성을 자발적으로 표기하도록 하는 컬처서베이culture survey를 통해 조사했는데, 자신의 성정체성이나 자녀나 노부모 돌봄 노동 상황, 신체에 장애가 있는지 등을 체크해서 회사 내부 시스템에 기록하게 되어 있다. 원치 않으면 기록하지 않아도 되는데, 일 년에 두 번 이뤄지는 조사에서 직원 전체의 3분의 1 이상이 응답한다. 조사 결과, 생각보다 많은 사람들이 자신만의 특성을 갖고 있다는 점이 드러났다. 직원 중 15%가 스스로 성소수자라고 인식하고 있었고 그 외의 문항에서도 다양한 배경과 특성을 가진 회사 구성원들이 있었다. 이보영 씨는 이러한 다양성을 포용하기 위해, 진급률과 업무만족도 등과 관련하여 각 다양성의 요소에 차이가 있는지를 데이터로 분석한다. 다양성 중의 어떤 요소가 개인에게 불이익을 주는지를 확인하기 위해서다. 개인의 많은 다양성 요소 중에 회사생활에서 가장 취약한 부분의

---

[*] http://it.chosun.com/site/data/html_dir/2018/12/04/2018120402307.html.

문제를 도출하는 효율적인 방법이다.

그렇다면 이보영 씨가 제시한 해결책은 무엇일까? 물론 간단한 해결책은 숫자에 사람을 맞추는 일이다. 각 다양성 요소별로 목표 비율을 설정하고 여기에 맞추는 것이 간단한 해결책이다. 그렇지만 그녀는 숫자와 비율에서는 최소한의 쿼터만을 설정했다. 최적의 해결책을 찾기 위한 방법은 오히려 '작고 복잡한 해결책'이었다. 다양성을 조직 내에서 확산시키기 위해 이보영 씨는 작은 프로젝트들을 통해 사내 역할모델을 만들라고 조언했다. 조직 곳곳에서 소규모 파일럿 형식으로 다양성 인식을 개선할 수 있는 각종 시범 프로젝트를 운영해 성과를 거두면, 이 성과를 본 다른 구성원들의 생각도 바꾸는 계기가 될 수 있다는 것이다. 이처럼 수많은 작은 프로젝트를 통해 남들 눈에는 특이해 보일 수 있는 직원들의 경험을 포용할 수 있고, 그 과정이 조직에서 다양성을 생산성으로 전환시킬 수 있는 계기로 작용한다.

이보영 씨는 자신이 실제로 겪었던 경험을 사례로 들었는데, 미국에서조차 아시아인 여성이 회의실에 들어가면 회의를 진행하는 사람이 아닌, 음료를 준비해주는 직원으로 인식한다는 것이다. 그녀는 자신이 겪었던 일처럼 모두의 간접경험이 될 수 있는 프로젝트가 많을수록 다양성이 생산성으로 전환될 수 있다고 보았다. 다양성이 포용되기 위해서는 수많은 작은 역할모델 프로젝트를 수행해야 하고 그 수행 과정에서 다양성은 기업 구성원 간의 협력 가능성을 높이는 자극제가 된다는 얘기다.

팬덤, 시장을 만들다

경제자본의 내기물은 화폐이고 문화자본의 내기물은 특정 장에서 숭배되는 상징이다. 음악이 문화자본 형성에 중요한 이유는 기존의 산업 서열에 편입되기를 거부하고 새로운 내기물로 새로운 시장을 만들기 때문이다. 음반 50만 장을 선주문하는 팬덤 수요의 존재는 기존 시장의 공식을 파괴했다. 이들 팬덤은 자신이 좋아하는 스타가 영향력이 있으려면 고정된 수요가 존재해야 한다는 것을 잘 알았다. 산업 경쟁력이 곧 신뢰 경쟁력임을 안 것이다. 팬덤의 신뢰를 통해 스타는 많은 돈을 들이지 않고도 자본을 확보할 수 있었다. 팬덤은 기존 팬과는 완전히 달랐다. 기존 팬이 스타를 추종하며 공연장에서 거리에서 고성을 질러대며 감정적 에너지를 개인적으로 소모했다면, 팬덤은 시끄러운 공연장에서도 공연의 질서를 위해 계획된 행동을 하고 평상시에도 음악을 홍보하기 위해 이벤트를 기획하는 등 스타로부터 부여받는 감정적 에너지를 타인들과 공유했다.

이때가 바로 음악계의 권력이 방송국에서 팬덤으로 바뀌는 순간이었다. 화폐를 얻기 위해 방송계의 위계적 권위에 지배당했던 가수 등 연예인들에게 팬덤이 내기물로 떠오르게 된 것이다. 팬덤이 연예인에게 엄청난 재화를 선사할 수 있게 되면서 팬덤은 가수에게 명예와 돈을 동시에 부여하는 자본이 되었다. 방송권력이 내기물이었을 때 가수와 기획사는 품위와 명예를 버려야 했지만 팬덤이 내기물이 되면서 가수와 기획사는 팬덤으로부터 화폐를 직접 취득할 수 있었고 방송권력에 견줄 수 있는 명예까지 따라 얻었다. 숭배와 인정으로부터 권력도 발생한다. 숭배받지 못하고 인정받지 못하면 권력자의 역할을 할 수 없고, 숭배를 받고 인정을 받으면 권력자가 아니라 해도 권력자가 된다. 서태지 이후 음악뿐만 아니라 점점 더 다양한 분야, 예술에서 정치까지 팬덤의 영향력이 커지기 시작했다. 콘텐츠들이 새롭게 부상한 것은 그 분야의 스타들이 잘해서이기도 하지만 그 스타와 기업들이 만들어낸 콘텐츠를 "구석진 곳에서 이상한 일들을 좋아하는 이상한 사람들의 무리"가 소비에 앞장섰기 때문이기도 하다.

팬덤에서는 팬들의 글 쓰는 능력이 중요하다. 그 능력은 자신들이 좋아하는 것에 대한 심도에서 유래한다. 재야의 고수들은 PC통신과 인터넷 덕분에 고립되지 않고 현실로 떠올랐다. 오빠부대는 스타 1인을 숭배하지만 팬덤은 팬 중의 고수도 인정한다. 팬들의 초점은 방송국과 기성 언론이 아니라, 그리고 스타만이 아니라, 팬덤 안의 또 다른 '인싸 팬'들에게로 향했다. 숭배와 인정은 결국 바라보는 시선에서 나온다. 시선이 분산되면 결과적으로 권력도 분산된다. 기성 언론이 따라가지 못하는 동시대의 이야기―예컨대 PC

통신 소설로 인기를 끈 이우혁의 〈퇴마록〉 등—를 팬들이 자신들만의 언어로 말하면서, 이를 따라잡지 못한 기성 언론은 결국 영광의 정점에서 내리막으로 접어들었다.

대학가요제가 사라진 이유는 방송국의 독점이 한계에 다다랐기 때문이었다. 스타의 등용문은 음반 제조사와 기획사, 방송국의 오디션 프로그램 등으로 다양해졌다. 지금 시대는 기획사와 오디션 프로그램을 넘어 유튜브를 타고 누구나 눈에 띌 수 있게 되었다. 팬덤이 형성되는 경로가 그만큼 다양해진 것이다. 이제는 유튜브에서의 선점 효과와 팬덤 거래가 새로운 문제로 떠오르는 시대가 되었다.

유튜브는 방송의 민주화를 이루었다. 예전 방송국의 거대 송출 장비는 사실상 연예인이 되려는 사람에게 기회를 주기보다는 쫓아내고 솎아내는 문화자본이었다. 고프만Erving Goffman의 논리를 가져오자면, 방송국은 연예인이 되려는 사람들의 집단수용소와 같았다. 방송국의 간부들은 정신병원의 정신과 의사나 교도소의 교도관처럼 군림했고 연예인들은 입원 환자나 수감자처럼 훈계받고 감시받았다. 그러나 서태지 이후 확대된 '방송과 연예의 민주화'는 유튜브에서 정점에 올랐고, 방송사에 집중되었던 권력은 기획사로, 팬덤으로, 유튜브로 분산되었다.

지금은 유튜브를 통해 모든 것을 배운다. 과거 강남의 부모가 만들었던 신동과 천재를 로컬로 뻗어간 유튜브가 만들고 있는 것이다. 누군가의 팬으로 시작한 이들은 이제 유튜브를 통해 스스로 참여하고 생산하는 스타로 떠올랐다. 훈계받고 감시받는 훈육적 권력disciplinary power은 권력의 지형에서 작아지고 있다. 소수 권력자의 인정보다는 다수 대중의 인정이 더 중요해졌다. 권력자들은 자신에게 잘 대하는 것을 올바른 태도로 보지만, 대중은 공정하고 수평적이며 배려하는 모습을 보고 이것에 더 민감하게 반응한다.*

---

* 지금의 팬덤문화에는 평등의식이 뿌리내리고 있다. "내 새끼 하고 싶은 거 다 해"라는 마인드다. 이를 양육형 팬덤으로 정의하기도 한다. 신윤희, 《팬덤3.0》, 스리체어스, 2019. '구름 위의 스타'가 '내 새끼'로 지위가 변화했다. 그런 면에서, 어쩌면 한국의 팬덤은 북유럽적 평등문화와 상통할지도 모른다. 미드 〈하우스 오브 카드〉와 영드 〈셜록〉에 출연한 덴마크 배우 라스 미켈슨은 《우드오세(UdogSe)》와의 인터뷰에서 이렇게 말한다. "덴마크인의 기질은 영화 촬영장에서 매우 뚜렷하게 드러납니다. 평등이 무엇보다 우선시됩니다. 우리는 배우라고 해서 스스로를 남다르다고 여기거나 자동차 안에 있지 않습니다. 오히려 스스로를 촬영 팀의 일부로 여기고 촬영장을 돌아다니며 사람들과 잡담을 나누죠. 평등의식은 덴마크 사람들의 내면에 매우 깊게 자리하고 있습니다. 대부분의 사람들이 인식하는 것보다 훨씬 더 뿌리 깊은 특성이라고 저는 생각합니다." 여기서 평등의식은 수입에서의 평등을 말하는 것이 아니라 관계에서의 평등이다. 즉 배려를 의미한다. 스타 스스로가 타인을 자신의 아래나 위에 있다고 생각하기보다는 배려해야 할 대상이라고 생각하는 것이다.

9장

취향은 어떻게
자본이 되었나

정서적 에너지의 장은 어디에 있는가

한국사회의 불평등은 1990년대부터 심화된다. 정확히는 1993년 이후부터이고 1997년 외환위기 이후 급격히 심화되었다. 불평등의 급증은 사실 학력의 격차로 나타났다. 대졸과 고졸 간의 임금 격차가 1990년대부터 급격히 벌어지기 시작한 것이다. 이것은 일정한 시차를 두고 대학 입학 비율을 올렸다. 이전에 고졸자들이 보장받던 임금은 이제 대학을 졸업해야 받을 수 있는 수준이 되었다. 격차는 소수의 혜택자를 골라내는 파레토의 법칙을 부활시켰다. 일부는 엘리트가 되기 위해, 다른 사람들은 엘리트가 되기보다는 좀 더 나은 '생존 조건'을 위해 대학 진학을 선택했다. 2000년대에 들어서면서 대학 진학은 대학 진학 연령인구의 80%에 육박하게 되었다. 그러다가 2000년대 후반부터 대학 진학률이 정체하기 시작했고 그 후 일정 부분 감소했다. 이는 대졸 또한 투자대비 성과에 대한 회의가 생기기 시작했음을 의미한다. 격차가 지속적으로 확대되고 있음에도 대학 진학률이 더 이상 오르지 않는 것은 대졸자 처우에 대한 확신이 줄어들었기 때문이다. 대졸자가 많아지고 대학 간 격차가 심화하면서 사회 전반적으로 공정성에 대한 회의와 자신감의 상실이 초래되었다.

불평등의 심화는 한국의 전통적인 산업 분야에서 최고위층의 자리를 차지하고 있는 엘리트의 위계가 더 공고해졌다는 것을 의미한다. 금융과 대규모 장비 산업 및 첨단기술 집적 산업과 의료 산업까지 재벌과 대기업 중심으로 재편되면서 재계와 학계, 관계의 엘리트와 전문가들은 그 중심을 차지하며 소수 상층집단의 지위를 견고히 해나갔다. 2000년 이후 한국의 상층집단은 공고화의 단계를 넘어 배타적 단계로 넘어간다. 미국의 빗장 주거 단지gated community처럼 일상적 삶의 배타성을 강화하는 단계로 넘어간 것이다. 이는 서울 강남의 아파트 가격 상승으로 나타났다. 1993년 강남 아파트 값은 30평 기준 2.2억 원(평당 739만 원)이었고, 1999년까지 3억 원을 넘지 않았다. 하지만 2020년에는 21억 원(평당 6,991만 원)으로 상승했다.* 서울 아파트 값 평균도 2020년에 10억 원으로 상승했다. 2020년 중위소득은 474만 원(4인 기준)이다. 중위소득자가 한 푼 안 쓰고 모아서 서울 아파트를 사려면 18년, 그중에서도 강남 아파트는 대략 37년이 걸린다. 일생의 노력으로 서울에서 안정되게 사는 것을 원천적으로 봉쇄하는 것이다.

불평등은 중산층을 으깨었고 결과적으로 특정 집단의 전유와 타 집단에 대한 배타로 귀결되었다. 이는 1993년에 불평등의 저점을 찍은 이후 지난 30년간 꾸준히 한국에서 불평등이 심화한 결과다. 그러나 문제는 또 다른 곳으로 퍼져간다. 불평등보다 더 심각한 배타성이다. 가난하다는 이유로 차별하고 아예 기회조차 주지 않으면서, 그것을 실력이 없는 사람은 당연히 갖지 못하는 것으로 정당화하는 것이다. 능력주의meritocracy 이데올로기의 만연이다. 능력주의는 능력의 범위를 '표준화된 능력'—예를 들면 시험과 면접 테크닉—으로 협소화하여 자격을 갖춘 자를 최소화함으로서 불평등에서 빠져나가기 어렵게 만드는 함정이다.

한국 경제의 역사는 대기업의 역사다. 대기업의 성장이 곧 한국의 성장이었다. 고도성장도 대기업에 의한, 대기업을 위한 것이었다.

---

* 《뉴스1》 2020년 10월 14일.

고도성장은 거대자본을 동원한 국가와 이를 운용하여 이윤을 남긴 재벌의 작품이다. 이를 위해 노동자들은 철저히 희생당했고 기업과 관료 엘리트들은 재벌의 관리자로서 출세와 금권을 동시에 획득할 수 있었다. 노동집약적 제조업은 한국 대기업을 키운 산업적 자산이었다. 제조업은 거대한 토지와 공장, 장비가 필요했고 훈련된 엔지니어와 반숙련의 조립 노동자들이 필요했다. 거대자본과 교육받은 노동자들은 국제 경쟁에서 선진국의 산업이었던 조선, 정유, 자동차, 반도체를 빼앗아 올 수 있었다. 선진국보다 낮은 기술력은 저임금 고숙련 노동자에 의해 상쇄되면서 국제 경쟁력을 확보할 수 있었고 그 틈을 비집고 고도성장을 달성할 수 있었다.

인력과 자금을 확보한 대기업은 국가의 지원 없이도 새로운 산업으로 나아가기 시작했고 경박단소형 전자제품부터 일상생활용품까지, 유통과 물류까지 대기업에 의해 장악되었다. 새롭게 떠오르는 산업의 시장이 커지는 순간, 유통망을 장악하고 있던 대기업은 여지없이 새로운 시장에 침투하여 시장을 장악했다. 그러는 사이 대기업의 문화는 한국의 표준이 되었다. 충성과 헌신, 권위와 위계, 연공과 서열이라는 대기업의 사명은 곧 한국의 제도가 되었다.

그러나 새롭게 떠오르는 시장이 모두 같은 시장일 수는 없다. 물론 대기업이 가장 높은 평균이윤율을 갖고 최고 수준의 학력자본을 갖춘 인재들을 모으는 것은 변함없지만, 개인들의 개별 이윤이 평균이윤율의 쏠림을 그대로 반영하지는 않는다.* 자유로운 개인들은 공정성에 대한 의문과 회의가 퍼진 분야보다는 새로운 자신감을 얻고 공정성을 기대할 수 있는 곳으로 움직인다. 그곳에서 정서적 에너지를 얻을 수 있기 때문이다. 비록 시장의 평균이윤율에는 미치지 못하지만 정서적 에너지를 얻을 수 있는 곳에서 새로운 시장이 발현하는 것이다.

2000년 이후 디지털 시대의 인터넷 네트워크를 마주하면서 대기업의 유통망이 지배력으로 작동할 수 없는 시장이 등장했다. 대기업의 관료적 분위기와 위계적 강압을 거부하고 싶었지만 그럴 수 없었던, 자체 유통망을 구할 수 없어서 거대 유통망에 기댈 수밖에 없었던 집단들에게 디지털 네트워크는 기획 능력만으로 승부를 걸수 있는 플랫폼이었다. 자유로운 개인들의 탈주로가 만들어진 것이다. 그렇게 콘텐츠는 시대의 화두가 되었다. 오직 관료가 되거나 대기업에 충성하는 길밖에 없었던 출세의 시대에, 자유로운 정신의 소유자들은 세상과 바로 소통하는 방법을 찾았다. 지상파 방송국이 개척하는 대학가요제에만 쏠렸던 청년들의 에너지는 개인의 능력으로 대중과 소통 가능한 개인 미디어의 플랫폼 위에서 발산되었다.

물론 1990년대 들어 싹트기 시작한 콘텐츠 시장에서도 대기업

---

* 피에르 부르디외, 앞의 책, 171쪽.

은 지배자로 군림하려 했다. 그러나 2000년 이후 대기업들이 영상 사업을 포기하자 창작자들은 이것을 대기업의 콘텐츠 시장 진출 포기 신호로 받아들였다. 대기업의 진출 포기 선언은 자유로운 개인들의 자율성을 극대화할 수 있는 최고의 호기로 간주되면서 창작 벤처 붐이 일었고, 이런 분위기를 간파한 민주화된 정부가 전폭적으로 금융 지원을 시행하면서 새로운 문화 산업의 흐름이 만들어졌다.

그러나 산업이 있다고 해서 바로 자본으로 전환되지는 않는다. 산업은 시장의 움직임에 따라 일시적으로 성장할 수도 있고 정체하다가 사라지기도 한다. MP3 플레이어 같은 시장이 대표적이다. 산업이 자본이 되었다는 것은 축적과 재생산이 가능하며 또한 많은 인재가 몰렸다는 것인데, 그것은 생산자와 소비자가 그 시장에 뛰어들어 경제적 잉여와 정서적인 에너지를 얻을 때 가능하다. 구매하고 난 뒤 사용할 때 나의 욕구에 미치지 못하는 상품의 소비는 지속적으로 일어나지 않을 것이고, 그에 따라 생산도 쇠퇴할 것이다. 반면 특정 산업이 자본이 되었다는 것은 많은 사람이 지속적으로 생산과 소비에 참여하고 이를 통해 이윤을 얻는 메커니즘이 정착했다는 뜻이다.

여기서 주목해야 할 점은 이들 콘텐츠 기업의 창업자들이 가진 마음가짐의 힘이다. 이들은 '자유로움을 지향하면서도 신분 상승을 꿈꾸는' 사람들이다. 한국에서는 기존에 없던 마음가짐의 영역이다. 한국인은 자유로워지고 싶다면 신분 상승을 포기해야 했고, 신분 상승을 꿈꾸었다면 자유로움은 포기해야 했다.*

그러나 양립 불가능한 것에 마음을 두고 용기 있는 도전을 한 이들이 있었다. 이 수많은 도전자가 없었다면 아무리 콘텐츠의 세계 시장 규모가 커진다고 해도, 그리고 대기업이 콘텐츠 분야의 진출을 포기했다고 해도 한 국가에서 콘텐츠가 새로운 거대산업으로 자리 잡기 쉽지 않았을 것이다. 자유로운 정신의 소유자가 새로운 에너지를 얻기 위해 새로운 분야에 도전하며 실패를 견뎌낼 수 있을 때, 그 산업은 고급 인력의 유입에 힘입어 축적하고 재생산할 수 있는 자본으로 전환될 수 있다.

---

* 라이시(Robert Reich)는 대기업의 시스템으로 움직이는 사회에서는 대부분의 사람들이 독립적으로 생각하는 것이 극히 제한된다고 주장한다. 독창적인 생각은 전체 계획을 망치기 때문이다. 규칙과 표준적인 업무 절차라는 관료주의적 방식이 가장 중요하다. 그래서 새로운 방식보다는 이미 입증된 제품이나 서비스의 변형만을 추구한다. 예를 들어 GM은 1965년 쉐보레 임팔러를 100만 대 이상 판매했지만, 이 모델에는 새로운 개량이나 두드러진 혁신은 없었다. 이들이 개선한 것은 파워 브레이크, 파워 윈도, 파워 스티어링, 더 크고 더 힘센 엔진, 그리고 에어컨 등이었다. 1947년부터 1973년까지 미국 가구의 실질소득은 2배로 늘어났다. 5일제 근무도 도입되었다. 미국 중산층의 번영과 성장의 시기였다. 1950년대 전체 가구의 절반이 중산층에 속했다. 이들 대부분의 가구는 전문가나 중역이 아니라 거대기업에서 일하는 숙련 및 반숙련의 공장 근로자와 사무직 종사자들이었다. 이 시기는 회사가 개인을 보호해줄 것이라는 믿음이 있던 조직인간의 시기였다. 개인의 목표와 조직의 목표가 결국에는 하나로서 같은 것이었다. 로버트 라이시, 《슈퍼자본주의》, 이시형 옮김, 김영사, 2008, 47-57쪽.

중간예술로서의 콘텐츠

기존의 통념에 도전하는 사람들은 기존의 권위와 명예에 도전한다. 기존의 권위와 명예를 끌어내리고 새로운 가치를 내세우려한다. 그 새로운 가치는 새로운 탁월성을 규정하며, 이를 통해 새로운 지위와 명예를 획득할 수 있다. 명성과 명예, 즉 공인된 권력으로서의 상징권력에 도전하고 이를 획득하려는 투쟁은 항상 '탁월성을 소유하려는 상승 지향적인 도전자'를 중심으로 전개된다.* 이들은 기존의 상징권력을 우러러보지 않고 자신의 방식으로 도전한다. 도전자들은 대개 장의 중심과 정통에서 벗어나 있어 중심과 정통에 충성하지 않는 사람들이다. 이들은 독립적이고 자유로운 아비투스를 추구한다. 사회의 주류에서 멀리 떨어진 사람은 주류가 요구하는 것과는 다른 습성을 획득한다. 이들은 시류를 벗어나고 저항적인 성향을 보인다. 이들은 구조의 습성에 굴하기보다는 자신들의 습성에 적합하도록 기존의 구조를 변화시키고 저항하는 세력이 된다.**

독립을 추구하는 개인들은 자신의 상승 지향성과 탁월성을 모두 만족시킬 수 있는 새로운 분야를 개척하는데, 가장 대표적인 분

---

* 피에르 부르디외, 앞의 책, 454쪽.
** 피에르 부르디외,《과학의 사회적 사용》, 조홍식 옮김, 창비, 2002, 34쪽.

야가 중간예술이다.* 위계와 충성의 정통적이고 고급스런 문화와 불편한 관계에 있는 사람들은 기존의 정통적인 분야보다는 새로운 분야로 옮겨 가 자신이 가진 자원을 투자하며 그곳에서 에너지를 얻는다. 부르디외는 이러한 중간예술 장르를 프랑스의 경우 영화와 재즈, 만화, 추리소설, 사진예술로 보았다. 한국의 경우 그런 중간예술은 음악을 필두로 게임, 영화, 웹툰, 사진 같은 콘텐츠 분야로 볼 수 있는데, 1990년대부터 부상하기 시작했다.

이들 분야는 기존 한국의 대기업 영역이 요구하는 정신적 태도를 거부하면서 자유로운 정신을 바탕으로 탁월성과 지위 상승—즉 타인으로부터의 인정과 명예—을 끌어낸 사람들이 건설한 장이다.** 콘텐츠 생산자들은 경제 장의 거대기업 생산자들과는 마음 구조부터 달랐다. 이들 새로운 도전자는 기존의 대기업들이 갖고 있던 상징권력을 분할하기 시작했다. 경제자본이 없던 도전자들은 자신이 습득한 새로운 방식의 탁월성을 문화자본으로 만들어 거대한 경제자본에 도전했고 또 성공했다. 문화자본 획득에 성공하고 그 후 경제자본으로의 전환에도 성공하면서 콘텐츠는 경제적·사회적·문화적 가치를 지닌 자본으로 인정받았다.

이 자유로운 정신의 도전자들이 세력을 형성할 수 있었던 것은

---

* 피에르 부르디외, 앞의 책, 172쪽.
** 사진예술의 경우 한국은 주로 지식인, 대기업 관리자, 정치인들이 즐기는 장이 되었다.

개인이 아닌 집단 차원에서 에너지를 창출했기 때문이다. 집단적 에너지가 카리스마적 인물을 만들어내면서 문화자본 생성의 토대가 되었다. 한국에서 문화자본 인력은 세 가지의 경로를 통해 생성되었다.

첫 번째 집단은 컴퓨터 기술자들이다. 기계나 전기전자처럼 고가의 장비나 부품에 의존적인 산업은 대기업에 지배되고 있었지만, 컴퓨터와 소프트웨어, 콘텐츠는 소수의 인력이 저자본으로 진입 가능한 지식집약형의 산업이었고 디지털화와 오픈소스를 기반으로 창업이 용이했다. 이들 기술 인력은 대기업에 들어가 안정된 봉급생활자가 되기보다는 자유로운 삶을 원했던 고학력 전문 기술 계급들이다. 대부분은 대기업의 유통망 없이 고객과 직접적인 접근이 가능한 게임 회사를 창업했지만, 그 외에도 웹툰, SNS 등의 콘텐츠 분야에서 자유로운 정신과 에너지를 발산했다.[*]

두 번째 집단은 음악 창작가들이다. 이들은 기존의 제도화된 학교 교육을 거부하고 자유로운 삶의 징표로서 음악을 따라 살아가며 기존 대형 음반사의 후견을 거부한 채 자신의 정신성을 직접 표현할 수 있는 음악으로 대중과 소통한 사람들이다. 주로 홍대 등의 인디클럽에서 활동하던 록그룹과 재즈그룹들, 그리고 대안적인 음

---

[*] 대표자로 김정주, 김택진, 김범수, 권혁빈, 이영일, 송병준 등이 있다. 이들은 컴퓨터공학, 전자공학 등의 공학 지식을 기반으로 온라인게임과 모바일게임에 뛰어들었다.

악 스타일을 대중적으로 만들어낸 미디음악가들이다.

세 번째 집단은 인문예술가들로서, 주로 대학에서 철학과 사회학 등 인문학을 공부한 후 영화나 드라마, 평론 등의 분야에서 활약하면서 기존 독점적 산업 구조가 갖고 있던 정통성과 위계성을 거부하고 자유롭고 다양한 삶의 스타일을 영화와 드라마를 통해 표현했던 집단이다.

이들은 서로 다른 학력자본을 갖고 다른 경로로 살아왔지만 예술적인 성향을 공통적으로 지니고 있었다. 이들은 거대 방송사나 유통사에 의한 대중적 인정에 기대는 기존 기술이나 예술, 지식의 전통을 깨며 자신을 차별화했다. 상징폭력에 지배받고 복속되기보다는 중간예술을 통해 자신들의 자율성을 지키며 자유롭고 고상한 창작자가 되기를 원했다. 물론 이들은 중간예술을 통해 경제자본과 문화자본 둘 다 선취하려는 목적을 갖고 있었다. 그러나 새로운 물결을 만들어내는 일을 중심에 두었기 때문에 문화자본을 경제자본에 종속시키지는 않았다. 자신들이 갖고 있던 창작의 열정을 화폐와 바꾸지는 않았던 것이다. 이들은 새로운 게임 규칙을 만들어내는 창조자였고, 콘텐츠를 통해 대중을 설득했으며, 사회적 인정을 얻어낸 후 자신들의 게임 규칙을 새롭게 사회에 안착시켰다. 새로운 내기물로 인재들을 모으는 중간예술의 장 만들기에 성공한 것이다.

비경제성의 경제성: 경제적 가치는 어떻게 사회적으로 결정되는가

하위문화는 상업적인 주류문화를 벗어난 이들이 주로 향유하는 문화다. 대도시의 중심부보다는 주변부나 특정한 지역 또는 특정 부류에 국한되어 향유된다. 힙스터들의 문화, 힙합의 문화는 가난한 동네에서 시작되었고, 가난한 동네 사람들이 '돈 없이도' 자기들만의 방식으로 즐기는 취향에서 움텄다.

지금은 소더비 경매에도 오르는 뱅크시Banksy이지만, 그는 영국 브리스톨의 후미진 곳에서 벽화 그리기를 시작한 익명의 화가다. 미술가들이 살롱전이나 유명 미술관을 통해 부유한 유한계급들의 재정적 후원을 받으며 작품을 팔고 명사로 등극하는 주류 예술계와 완전히 다른 길을 걸었다. 오직 거리가 작업실이며, 아무도 다니지 않는 야밤에 벽에 작품을 그리고는 날이 밝기 전 사라진다. 어쩌다 바깥세상과 만나 뱅크시는 명성을 얻었고 주류 예술 시장에 진입했다. 주류 예술 시장은 새로운 것이 필요했고, 뱅크시는 그 새로움을 채워줄 수 있는 거리의 예술가였다. 뱅크시는 주변부 하위문화로 등장해 주류 예술 시장 진입에 성공했지만 종속은 되지 않은 문화혁신의 사례다. 그러나 만약 뱅크시가 주류 시장에 편입되지 못했다면 그는 여전히 주류 예술 시장의 핵심인사들에게 천박하고 저질스럽다고 손가락질을 받았을 것이다.

혐오는 사실 순수한 약자를 대상으로 하기보다는 '약자이지만 향후 위협이 될 우려가 있는' 대상을 향해 발생하곤 한다. 뱅크시 예술에 대중이 점점 더 호응하게 된다면 그건 주류 예술 시장에 타격이 될 수도 있다. 그래서 뱅크시의 작품이 많아지고 하위문화의 한 영역을 차지하게 되면 주류 시장은 뱅크시를 혐오하거나 포섭해야fight or flight 한다. 결국 자신의 의사와 상관없이 뱅크시는 주류 시장에 포섭되었고, 그렇지 않은 작가들은 혐오의 대상이 됐다.

그것은 마네의 경우도 마찬가지였다. 〈풀밭 위의 점심〉은 자산 계급의 위엄을 묘사해야 했던 기존 풍경화의 문법을 완전히 뒤집어 버린 작품이었다. 마네의 그림은 평론가들에 의해 혹독한 비난을 받았고, 마네도 낙담한 채 여생을 보냈다. 그러나 마네는 사후 인상파의 선도자이자 혁신적 화가로 칭송을 받았다. 그는 비록 모든 살롱전에서 낙선했지만 자기만의 정체성을 갖고 자기 그림을 꾸준히 그렸다. 그 기간이 오랜 세월을 거치면서 그의 실력과 혁신성을 알아본 혁신적 소비자들에 의해 복원되고 확대되었다.

가치는 객관적인 범주보다는 공동체가 부여하는 간주관적 성격을 갖는다. 고흐의 〈농부의 신발〉을 누군가가 훼손한다면 그것은 큰 손실일까? 누구에게는 그렇고 다른 누구에게는 그렇지 않다. 또 어떤 시대에는 그렇고 다른 어떤 시대에는 그렇지 않다. 지금은 이전 시대보다 더 많은 사람들이 고흐의 〈농부의 신발〉에 더 많은 관심을 갖는 시대다. 메타세콰이어 숲의 나무에 자기 이름을 새기는 것은 아무것도 아닌 일처럼 보이지만 지금 시대에는 환경의 가치에 큰 손실을 입히는 행위다. 우리는 눈에 보이지 않는 '가상가치'에 대해서 쉽게 잊고 지낸다. 가상가치는 평소에는 가치가 없지만 그것에 대해 생각하고 느끼는 순간 가치를 지닌다. 가상가치는 그 존재가 사라졌을 때 우리가 뼈저리게 후회하고 '거대한 가치를 지녔던 것이구나' 하고 깨닫는 존재들이다.

그러한 가상가치는 때로는 생존에 필요한 것이기도 하고 또한 특정 공동체에만 해당하는 것이기도 하다. 만약 동네 도서관이 없었다면 빌 게이츠의 마이크로소프트는 탄생하지 않았을지도 모른다. 그러나 동네 도서관의 가치는 계상되지 않는다. 동네 도서관은 늘 존재하는 것이어서 큰 쓸모가 있어 보이지 않는다. 동네 도서관이 계속 존속하려면 지역공동체가 동네 도서관에 가치를 부여해야만 한다. 대개 동네 도서관은 계속 적자일 것이고 개인들에게 당장의 이익과 손실을 따져보라고 하면 자기 세금이 직접 동네 도서관에 지출되는 것이기 때문에 반대한다. 그러나 공동체에 있어서 도서관은 아주 중요하다. 정보에 접근할 수 없었던 누군가가 정보에 접근하게 됨으로써 장기적으로 사회적인 부를 창출하는 데 기여할 수 있기 때문이다. 가상가치는 결국, 지금 당장 실현 가능한 가치가 아니라는 단점 말고는 가장 강력한 가치일 수 있다.

문화의 경제적 가치를 묻는다는 것

눈에 잘 보이지 않고 손에 잡히지 않는 문화를 경제적인 가치로 환산할 수 있을까에 대한 회의는 이미 오래된 것이다. 공연처럼 눈에 보이는 문화 산업은 사실 예외적인 경우이며, 일상 언어처럼 사람들의 생활 속에 녹아 있는 문화에 대해서는 가치가 없다고 폄하할 수도 있고 측정이 불가능하다는 이유로 측정 시도 자체를 하지 않을 수도 있다. 예컨대, 셰익스피어가 경제에 미친 영향은 측정 가능한가? 범주화할 수 있는 조작적 정의가 불가능하다. 그 파급력이 시공간적으로 어디까지 미쳐 있는가를 확인하기도 불가능하다. 전 세계의 수많은 사람들이 셰익스피어의 작품과 연극을 읽고 봤으며 그 덕분에 영문학은 전 세계적인 학문이 되었다. 한국만 따져도 대학에 개설된 영문학과 수가 미국 대학에 개설된 영문학과보다도 많다고 한다.

할리우드 영화와 팝음악이 미국 경제에 미친 영향도 계산 불가능하다. 미국 영화와 팝음악에 익숙해진 인재들은 미국 문화와 미국에 대한 호감도를 자신들의 전문 분야와 접합했을 것이고, 그 덕분에 모든 분야의 인재들이 미국으로 모여들어 지식의 용광로를 만드는 데 일조했을 것이다. 오히려 그러한 절대적인 파급력 때문에 문화의 가치를 경제적인 가치나 경제적 의미로 환산해 연구한다는 것이 무모하거나 또는 별 의미 없을 수도 있다. 우리 주변에 일상의 문화가 당연히 존재한다는 이유 때문에 무시해도 큰 문제가 없던 시대였다.

그러나 이제 달라졌다. 문화가 구체적이고 범주화된 형태로 우리 주변에서 나타나고 있다. 인간의 내면에서 자연스럽게 나타난 취향의 욕망들이 소비와 연결되면서 경제적인 영역과 만나고 있는 것이다. 이른바 취향의 외부효과다. 이제 취향은 신념과 윤리에 연결되어 기업의 성장과 이윤에 크게 영향을 미치고 있다. 나이키의 아동노동 근절에서 유니레버의 친환경 티백 생산까지, 신념과 윤리가 소비자의 구매력에 바로 영향을 미쳤고 그에 따라 제조와 생산 영역의 변화도 따라오게 되었다.[*]

경제의 비합리적 동기

경제는 합리적으로 이익을 추구하는 동기에 의해 작동하지만, 비합리적인 동기에 의해서도 크게 영향을 받는다. 케인스는 합리적 이성만이 아니라 야성적 충동에 의해서도 경제가 이끌리는 사례를 설명한다. 케인스에 따르면, 10년 후 구리 광산, 섬유 공장, 특허제품, 대서양 횡단 여객선, 런던의 건물로부터 얻을 수익을 정확히 추정할 수 있는 근거는 어디에도 없었다. 불확실한 상황에서 의지할

---

[*] 리베카 헨더슨, 《자본주의 대전환》, 임상훈 옮김, 어크로스, 2021.

수 있는 것은 야성적 충동뿐이다.*

야성적 충동이 경제에 이롭게 작용하려면 두 가지가 갖추어져야 한다. 하나는 자신감이고 다른 하나는 공정성이다. 자신감 약화는 국가의 약점이다. 실업자가 늘어나면 경제의 자신감이 사라진다. 자신감이 결여된 기업은 실업에 한몫한다. 자신감이 사라지면 기업은 투자를 줄이고 해외 시장 개척에도 소극적인 자세를 취하게 된다. 대공황의 수렁에 빠졌던 영국이 수렁을 벗어날 수 있었던 것도 근저에는 기업인들이 최선을 다해 일하기로 '결심'했기 때문이다. 자신감은 기업가만이 아니고 일상 도처에서 소비자의 소비도 늘린다. 스포츠 경기의 결과에 대한 심리 연구를 통해 자신감과 경제적 행동 사이의 상관관계를 확인할 수 있다. 예컨대 지역 스포츠 팀이 경기를 이기고 나면 복권 판매량이 늘어나고, 자국 축구대표팀이 국제 경기에서 진 날보다 이긴 날의 주식 시장 일별 평균 투자 수익률이 더 높다.**

또한 공정성도 중요하다. 사람들은 공정하지 않다고 느낄 때 분노한다. 동시에 자신이 하는 방식대로 다른 사람도 하기를 바란다.*** 그렇게 될 때 사람들은 행복하고 그러지 못할 때 불쾌하다.

---

* 조지 애커로프·로버트 쉴러, 《야성적 충동》, 김태훈 옮김, 알에이치코리아, 2009, 27쪽.

** 조지 애커로프·로버트 쉴러, 앞의 책, 278쪽.

*** 조지 애커로프·로버트 쉴러, 앞의 책, 2장 참조.

공정하다고 느끼면 신뢰와 협력이 생기고 개인들에게 자신감과 에너지를 불러일으킬 수 있다. 또한 역으로 신뢰와 협력이 자주 일어나는 곳은 공정함이 살아 있는 곳이다. 공정성, 구체적으로 공정성에 대한 인식perception of fairness은 자신감과 높은 상관성을 갖는다.

취향은 개인화와 섬세함을 전제로 한다. 어떤 것에 취향을 가졌다고 할 때 그 사람은 특정 영역에 섬세한 감각을 가졌다고 할 수 있는데, 그때 섬세하다는 것은 곧 이 영역에서 무언가를 구분할 수 있는 능력이 있고 그것이 높은 수준에 있다는 의미다. 어떤 영역에서 섬세한 감각을 갖고 있다는 것은 그 영역에서 명예롭고 우월한 지위를 점유할 가능성을 높인다. 이것을 역으로도 해석할 수 있다. 어떤 영역에서 명예롭고 우월한 지위를 점유하고 싶다면 그 영역에서 요구하는 지식이나 정신에 대한 섬세한 감각을 지니고 있어야 하는 것이다. 그리고 바로 그 때문에 섬세한 감각을 상징하는 재화에 가치가 부여된다.

이때 재화는 직접적인 효용성이 아니라 간접적인 효용성을 갖는다. 베블런의 정의에 따르면, 간접적인 효용성이란 소비 행위에 명예로운 특성을 부여하는 것이다.* 취향은 이와 같이 간접적인 효용성에 중요한 매개다. 내가 가진 취향을 스스로 누리지만 동시에 취향은 타인에게 보여짐으로써 기분을 앙양시키게 되는데, 이 과정

---

* 소스타인 베블런, 《유한계급론》, 이종인 옮김, 현대지성, 2018, 154쪽.

이 지배욕을 드러내는 과시까지는 아니지만, 타인에게 인정받고 싶은 전시의 욕구가 취향을 통해 만족되는 것이다. 이때 취향은 가치를 획득한다. 내 안에서 스스로에게 전시하거나 또는 타인에게 자신을 전시하면서 뿌듯함을 느끼게 하는 효용이다. 피겨 수집부터 애완동물과 게임, 채식에 이르기까지, 기존 필수 노동에서 얻는 생활 영위의 직접적인 효용과는 동떨어진 것일수록 더 높은 가치를 갖게 되는 역진적인 상황의 효용인 것이다.*

이런 효용은 혼자만의 취향으로 시작되지만, 취향이 타인의 시선과 생각에 노출되면 모방이 발생하고 관련 재화는 간접적인 효용을 갖게 되어 품위와 명예의 요소들로 전시 가치를 획득하게 된다. 이 과정이 사람들에게 구매욕구를 불러일으켜 수요가 발생하는 것

---

* 신한카드 빅데이터 분석에 따르면, 서울 소재 비건 식당 및 카페 93곳을 대상으로 조사한 결과, 2014년 8억 원에 불과했던 이용 금액이 2019년에는 21억 원으로 163% 증가했다(신한카드 이용 금액 기준). '비건'이라는 단어 자체에 대한 감성어 변화도 눈에 띈다. 인스타그램의 '비건' '채식' 검색을 기준으로 2020년 8월부터 2021년 1월까지 1년 전 동기간을 비교했을 때, '비건'에 대한 부정 감성어는 41%에서 28%로 감소, 긍정 감성어는 59%에서 72%로 증가했다. '비건' 언급량 자체도 41% 늘었다. 비건 관련 장소로는 베이커리가 1위, 식당이 2위로 꼽혔다. 흥미로운 건 1년 전 동 기간 데이터와 비교했을 때 장소 언급 순위에서 '주방', '쿠킹 스튜디오', '요리학원'보다 '편의점', '레스토랑', '디저트 카페', '브런치 카페' 등이 더 높게 나타났다는 점이다. 신한카드 빅데이터 연구소는 "소비자 인식이 달라지면서 주변에서 쉽게 접할 수 있는 편의점이나 카페를 중심으로 비건 제품 판매가 증가했다"고 설명했다(신한카드, 트렌드 정보, 2020. 4. 17.). 미국 시장조사기관 그랜드뷰리서치는 세계 비건 화장품 시장이 연평균 6.3%씩 성장할 것이라고 전망한다. 대표 기업들도 이미 존재한다. 동물 실험에 반대하고 비건 제품을 판매하는 영국 '러쉬', 미국 '닥터 브로너스' 등이 대표적이다. 한국에서도 비건 화장품 브랜드들이 성장하고 있다.

이다. 취향 중심의 시장이 발생함과 동시에 실용적인 물건을 선택할 때조차도 제품의 실용성보다는 윤리적 이슈에 대한 진정성에 더 마음이 끌리는 상태가 된다.

그렇다면 섬세함—즉, 특정 영역에서의 수월성—을 획득해야 하는 영역은 어떻게 발생할까? 오직 사회경제적 지위로만 등급화와 차별화를 일으키는 공간, 모든 초점이 사회경제적 지위에만 맞춰진 공간에서는 새로운 섬세함이 탄생하기 어렵다. 물론 취향의 지형도 사회경제적 지위에 영향을 받는다. 대기업 경영자나 고위공무원 등 관료 조직에서 최상위 지위를 차지하는 것이 차별화와 등급화의 유일한 영역인 사회에서는 취향도 관료제화된다. 취향의 영역은 대규모 조직 내에 속해야 하고, 사람들과 관계의 끈을 유지하는 방식도 시혜와 충성이라는 틀에 갇힌다. 특정 지위의 네트워크를 유지하기 위한 술자리나 골프 취향이 그런 방식으로 짜인다. 취향의 섬세함보다는 과시의 영역으로 쏠리는 것이다.

그렇다고 해서 지위 네트워크의 내기물 영역에서 배제된 수많은 사람들이 빈 공간에 그대로 무기력하게 머무르는 것은 아니다. 인간은 끊임없이 자신의 정서적 에너지를 찾는다. 에너지가 없는 곳에 수동적으로 머무르는 사람도 있지만, 어떤 사람은 스스로 자신의 심도를 펼칠 곳을 찾는다. 그런 사람들은 섬세함의 본능을 지니고 있고, 그 본능을 실현할 수 있는 공동체를 형성하며, 그럴 만한 공간을 개척하는 '예외적 인간'이다. 이런 예외적 인간들이 새로운 기준과 등급을 제시하고 유사한 생각을 가진 사람들이 이들을 따르면서 차별화와 등급화의 속성을 띠게 되는 새로운 장이 형성된다.

좋아하는 일에서 자신감 얻기

실내 암벽 등반을 하는 여성들과 인터뷰할 기회가 있었다. 이미 암벽 등반은 여성들에게 인기가 많고 아마추어 실내 암벽 등반 대회도 다수 열리고 있다. 암벽 등반은 피겨스케이팅처럼 여성이 더 주목받는 스포츠는 아니지만, 실내 암벽 등반 마니아는 여성이 더 많다고 한다. 그런데 암벽 등반을 하려면 우선적으로 힘이 필요한데, 아무래도 여성은 남성에 비해 힘에서 밀리게 마련이다. 그럼에도 실내 암벽 등반이 여성들 사이에서 더 많은 마니아층을 확보하게 된 연유는 무엇일까?

여성의 시각에서 보는 암벽 등반은 남성이 보는 암벽 등반과는 좀 다르다. 피겨스케이팅에서 여성 선수들이 더 인기 있는 이유는 힘보다는 아름다움이라는 예술적 기술을 평가하는 규칙이 있기 때문이다. 마찬가지로 실내 암벽 등반에서도 남성은 힘을 이용해 빨리 목표물에 올라가는 것을 중요시하는 반면, 여성은 속도보다는 목표물에 도달하는 멋진 동작과 기술을 더 중요시한다. 말하자면 등반에서의 표현력이 여성들에게 중요시되면서 여성 참여자가 늘어나게 된 것이다.

이전에 암벽 등반이라면 정상에 누가 더 빨리 올라가느냐 하는 단순 목표가 전부였다. 그러나 어떻게 올라갔는가라는 과정에 대한 평가가 실내 암벽 등반에 생기고 난 뒤부터는 그것이 새로운 암벽 등반의 목표이자 해석요소가 되고, 그러면서 여성의 참여가 늘어나게 되었다. 암벽 등반을 하는 여성은 우락부락한 근육보다는 세세한 근육이 발달하는 것을 더 중요시했고, 그를 반영해 남성과는 차별화된 규칙을 적용했다. 이것이 또 암벽 등반 여성 애호가들의 동의를 얻으면서 여성들에게 암벽 등반이 접근 가능한 대중적인 스포츠가 된 것이다.

자신과 비슷한 취향을 가진 사람을 만나면 기분이 좋아진다. 왜 나와 같은 취향을 가진 사람을 만나면 서로 공감하고 좋아할까? 유사성 매력similarity attraction 이론으로 설명할 수 있다. 성격이나 외모, 취향 등이 비슷한 사람에게 매력을 느낀다는 것인데, 그 이유는 짝짓기에서 비슷한 사람을 만날수록 자신의 유전자를 안정적으로 전달할 가능성이 높기 때문이라고 한다. 유사성 매력은 배우자뿐 아니라 친한 친구에게로 확대되는데, 이는 유전적으로 안전하게 느껴지는 사람과 같이 있을 때 보호받는 느낌이 들면서 편안해지기 때문이다. 생태계에서 자기 종을 먹이로 삼는 동물은 황소개구리, 코브라 등 소수에 불과하고, 대다수의 종은 자신의 종을 보호한다. 심리학자 파인스는 성격이 유사한 사람을 만나면 불안이 감소하는 이유도 이 때문이라고 말한다. 자신과 비슷한 사람과 관계를 맺음으로써 자신의 안정성을 유지하는 것이다.*

  같은 것을 좋아하는 사람들이 공동체를 만들면 서로의 보호막이 생기고, 개인은 그런 보호막 속에서 자기가 좋아하는 것을 독립된 존재로서 할 수 있다. 공동체의 새로운 규약이 만들어지고 그 공동체가 나의 개별적 취미를 인정할 때 나의 일상은 고양된다. 취향 공동체가 개인의 취향을 보호하고 고양하는 역할을 하는 것이다. 만약 실내 암벽 등반에서 여성을 위한 규칙이나 적용이 없었다면 그런 불공정을 감수하면서까지 남성과 경쟁하고 기술을 쌓으려는 여성은 없었을 것이다. 그랬다면 실내 암벽 등반은 권투나

---

* Pines AM and Keinan G, "Stress and Burnout: The Significant Difference", *Personality and Individual Differences*, 39(3), 2005. 취향이 유사성의 대표변인이 될 수 있는 이유는 취향을 통해 그 사람을 예측할 수 있기 때문이다. 어떤 것을 좋아하는지 알면 그 사람의 성품을 추측할 수 있다. 어떤 음악을 좋아하는지 알면 그 사람의 스타일도 추측할 수 있다. 어떤 공간을 좋아하는지 알면 그 사람의 인간관계도 대략 파악된다. 취향은 어쩌면 일련의 은폐된 기준들을 위한 가면 역할을 한다. 가면은 사회적 기준점을 불러온다. 침을 튀기며 시끄러운 소리로 노래 부르는 것을 즐기는 것이 그 사람의 취향일 수 있지만 그런 취향을 통해 그 사람의 절제심과 이기심의 정도를 예상할 수 있다. 부르디외는 《구별짓기》에서 장 벤제크리(Jean Benzecri)의 말을 빌려 이렇게 말한다. "각각 세 가지 특성을 소유하고 있는 세 개인, abc a'b'c' a"b"c"가 있다고 하자. 각 항에서 뒤의 두 요소를 제외하면 모든 개인은 a라는 특성에 의해 정의된 단 하나의 종에 들어가게 되고 이를 a종이라고 부를 수 있을 것이다. 그러나 a특성이 이 종과 그 안에 포함된 개인들을 규정할 수 있도록 해준다 할지라도, 이 개인들의 b, c 특성을 고려하지 않고는 이 종을 연구할 수 없다. 거꾸로 우리는 a를 통해 b, c를 연구할 수 있다. 피에르 부르디외, 《구별짓기(상)》, 최종철 옮김, 새물결, 2005.

킥복싱처럼 남성 중심의 마초적 스포츠로 전락했을 것이다. 그만큼 애호가들도 생겨나기 어려웠을 것이다.

이렇듯, 어떤 것을 좋아하게 될 수 있는 것은 그 취미의 장이 개인을 포용하는 규칙을 만들고 그것을 개인에게 다시 적용할 수 있을 때 가능하다. 좋아하는 일을 하면서 타인에게 인정받으려면 그 규칙을 내면화해야 한다. 인정을 얻기 위해서는 기본적으로 공정함을 추구해야 한다. 왜냐하면 공정한 게임이 공동체 안에서 내가 독립적으로 존재하게 하는 근거가 되기 때문이다. 내가 암벽 등반을 좋아하는데 여성으로서 남성의 힘을 따라갈 수 없다면, 즉 남성들이 짜놓은 규칙을 따라야만 할 때는 늘 지배받고 추종하는 위치에만 있게 된다. 인내하면서 살아갈 수는 있지만 역동성은 사라진다. 역동성이 사라지니 당연히 암벽 등반을 더 지속하기 힘들고, 좋아하지 않게 되거나 그만두게 될 것이다.

이때 공정성을 확보한다는 명목으로 여성이 일찍 출발하거나 또는 여성에게 가점을 부여하는 방식을 취하는 것은 어떨까? 이것으로는 한계가 있다. 여성의 자존감을 해치고 열등감을 부여하거나 남성에게 불리한 방식이라는 반발을 살 수 있다. 열등감을 느끼면서 게임을 준비하는 것 자체가 이미 효율과 효과 면에서 다른 부류에 비해 처질 수밖에 없는 상황이다.

이때 공정성은 여성에게 맞는 새로운 암벽 등반 규칙을 제정하거나 여성에게 맞는 변형된 게임을 개발하는 것이다. 즉, 자신의 조건에 맞는 장이 세분화되어 있을수록 자신에게 맞는 게임 규칙을 선택할 가능성이 높아지고 그래야 계속 좋아할 수 있다. 등반 시간은 좀 늦어지더라도 아름답게 암벽을 타는 것에 우선순위를 부여하는 새로운 규칙이 생긴다면 여성에게 암벽 타기가 좀 더 재미있어질 것이다. 다양성이 공정성을 높이는 것이다. 취향의 영역에서 나타나는 공정성의 법칙은 사회 정책에도 적용할 수 있다. 사회 전 분야에서 그 영역만의 특성을 잘 발휘할 수 있게 다양성이 확보되면 그만큼 공정성도 확보된다.

하나의 규칙 안에 나를 가둘 필요는 없다. 하나의 게임에 나를 가둘 필요도 없다. 주어진 하나의 게임에 갇혀 있는 상태는 일루지오illusio의 상태다. 일루지오는 오직 이 게임의 규칙에 합의하고 이 게임의 규칙에 지배받고 있는 상태여서 빠져나갈 생각을 하지 못하는 것이다. 일루지오를 깨는 방법은 자신이 딛고 있는 땅에서 일어나서 박차고 나가는 것이다. 그런 신념을 자신 안에 키우는 것이다. 취향은 궁극적으로 사회적으로 주어진 방식을 박차고 자유로운 영토를 개척해나가는 것이다. 그 영토 또한 고정적이지 않다. 여러 공유의 장소topos*를 찾아가며, 온전한 취향의 심도 안에서, 지성의 능력으로 특정한 종류의 피난처들을 계속 확보해가는 과정이다.

---

* 안토니오 네그리,《예술과 다중》, 심세광 옮김, 갈무리, 2010, 179쪽.

셰프의 호명

이제 음식점이든 카페든 베이커리든 책방이든 사람들을 모을 수 있는 취향의 공간은 자본이 된다. 스타벅스 입점 빌딩뿐만 아니라 이제는 건물과 공간 기획에 팔도진미의 실력을 가진 장인들을 모셔 오기 위해 피 말리는 경쟁까지 붙었다. 어느새 우리 주변에 아르티장의 시대가 슬며시 그러나 확고하게 자리 잡은 것이다.

한국에서 '셰프chef'라는 말이 사회적 지위를 얻은 것은 얼마 되지 않았다. 신문 기사를 보면 요리사나 주방장 대신 셰프라는 말이 등장하는 것은 대략 2010년 전후다. 그 당시 드라마 〈파스타〉가 방영되면서 셰프라는 말이 등장했는데, 이 드라마를 통해 셰프의 세계가 일반 대중에게 알려졌다. 이 드라마가 엄청나게 인기를 끈 것은 아니었고, 음식에 관심 있는 사람들이 보는 정도로 시청률은 그리 높지는 않았다. 그러나 이 드라마는 요리의 장이 사회적으로 자리 잡은 다른 장들처럼 엄청난 경쟁과 노력이 요구하며 셰프의 지위를 얻기 위한 자격요건이 매우 어렵다는 것을 알게 해주었다.

요리사들은 셰프가 되기 위한 특정한 규칙에 동의하고 경쟁에서 우월한 결과를 내기 위해 온 힘을 다한다. 규칙에 명확히 동의한다는 것은 규칙을 내면화하여 경쟁에 훨씬 잘 몰입할 수 있게 한다. 규칙에 대한 동의는 경쟁의 대상인 그 장의 내기물을 획득하고, 그 기술과 수단을 습득하기 위한 몰입에 중요한 조건이다. 셰프가 되기 위해서는 주방에서 요구하는 규칙을 충실히 따라야 하며, 그 규칙을 가장 잘 실현한 요리사가 그 식당을 대표한다. 이것은 셰프의 지위를 통해 드러난다. 식당의 모든 요리사는 자신들이 속한 장의 규칙을 실현한 셰프를 존중하고 칭송한다. 그렇게 요리의 장이 규칙과 구조를 갖추면, 그 규칙과 구조에 동의하며 그 장을 바라보는 계층이 생겨난다. 음식을 좋아하는 '관객'들이다.

이렇듯 취향 공동체가 형성되는 메커니즘은 전적으로 규칙의 생성과 그 규칙에 대한 동의 아래에 일어난다. 이는 모든 다른 장에도 적용된다. 음악도 특정 음악에만 있는 규칙이 있으며, 게임도 특정 게임에만 있는 규칙에 따라 게이머들, 팬덤들, 동호인들이 생겨난다. 한 사회는 그렇게 많고 다양한 취향 공동체로 자신감의 총량을 키운다.

10장

취향의 경제와
마음의 불평등

콘텐츠의 자본화

콘텐츠 산업이 영향력을 가지려면 콘텐츠만의 내기물이 있어야 하고 사람들이 그 내기물을 얻기 위해 뛰어들어야 한다. 경제적 영역에서 요구하는 내기물과는 다른, 콘텐츠에서만 얻을 수 있는 독특한 내기물이어야 한다. 그 장만이 추구하는 독특함이 있어야 사람들의 관심을 모을 수 있다. 콘텐츠는 전통 산업의 특징인 경제적 효율성보다는 '취향의 비경제성'을 강조한다. 콘텐츠는 비경제적인 것을 강조함으로써 경제적 이윤을 창출할 수 있다. 이러한 콘텐츠 산업의 역설은 콘텐츠만의 특수성에서 태동한다.

콘텐츠 산업은 전통 산업의 조립·제작보다는 인물들의 관계와 심리를 중심으로 생성되고 유지된다. 콘텐츠는 시각과 청각이라는 인간의 감각을 기반으로 하기 때문에 미학적, 윤리적인 속성이 내재되어 있다. 그래서 콘텐츠는 기존의 거대 일관공정과는 다른 방식으로 자본 메커니즘을 형성한다. 콘텐츠는 산업 내부에 콘텐츠에 고유한 분류와 등급의 장을 형성하는 것이다. 콘텐츠가 세력을 갖춘 장이 되기 위해서는 기존 경제적 논리와는 다른 콘텐츠만의 자율성을 가져야 한다.

모든 장은 세력의 장이며 이 세력을 유지하거나 변화시키기 위한 투쟁의 장이다. 행위자들은, 예컨대 경제 장에서 기업은 자기들만의 공간을 창출하는데, 이 공간은 행위자와 그 행위자들 사이에 존재하는 객관적인 관계에 의해서 존재한다. 이때 하나의 거대한 기업의 등장은 이 경제 공간을 변형시키면서 하나의 새로운 구조를 공간에 부과한다. 과학 장에서 아인슈타인은 거대한 기업과 마찬가지로 주변의 공간 전체를 변형시켰다.[*] 과학 장의 아인슈타인처럼, 경제 장의 기술 기업처럼, 콘텐츠 장에서도 혁신적인 기업들이나

----

[*] 피에르 부르디외,《과학의 사회적 사용》, 조홍식 옮김, 창비, 2002, 26쪽.

인물들이 나타나 콘텐츠 산업의 공간을 변형시키며 새로운 구조의 공간을 창출한다.

이러한 새로운 장의 형성에서 다른 장과의 차이가 중요한 이유는, 그들만의 자율성을 확보할 수 없다면 기존 경제자본의 침탈로부터 독립성을 확보할 수 없기 때문이다. 기존의 경제 장에서 추구하던 성향과는 다른 혁신적이고 새로운 방식을 통해서만 특정 장의 자율성을 행사할 수 있다. 그래야 콘텐츠 산업이 다른 경제 장의 거대기업으로의 흡수를 거부할 수 있고 콘텐츠 자체의 특정한 경쟁력을 가질 수 있다. 그럴 경우 콘텐츠 생산에 특화된 콘텐츠 전문 인력들의 재생산도 가능하다.

물론 콘텐츠의 자율적이고 고유한 논리를 강조한다고 해도 기존 경제자본과 동떨어질 수는 없다. 콘텐츠 장 또한 경제자본을 흡수할 수 있는 공간이 필요하다. 그래서 경제 장과 콘텐츠 장은 자석의 양극처럼 이윤성과 독창성을 추구하며 대립하지만 또 동시에 서로 끌어당기며 그 사이에서 특정한 장을 형성하고 문화자본의 영역을 창출한다. 콘텐츠를 자본으로 만든 기업과 인물들은 경제자본과 문화자본의 분리성을 추구하면서도 이 둘의 전환이 가능한 방법들을 추구했고 그것이 특정한 장들을 만드는 데 성공을 거두면서 한국에서 콘텐츠 산업이 자본으로서 기능하게 된다.

콘텐츠 장—그리고 그 안의 많은 작은 장들을 만드는 미디어나 인물, 기업들—은 다른 장과는 다른, 콘텐츠 장에 고유한 것이면서 동시에 콘텐츠 장만의 특수성을 갖고서도 경제자본으로의 전환에 성공한 것들이다. 콘텐츠에 고유한 속성을 갖고 있지도 않고 경제자본으로도 전환 불가능한 것이라면 몰락하거나 쇠퇴할 수밖에 없다. 반면 콘텐츠 장에서 콘텐츠만의 고유성과 독창성을 생성시키지만 경제자본으로의 전환이 전혀 불가능한 경우처럼 보인다면, 이는 어떤 특정 조건을 만나면 경제자본으로 전환할 가능성이 있다는 것을 의미한다.

　문화자본은 경제자본으로의 전환을 내포한다. 물론 그 비율이 문제다. 어떤 해석자, 즉 매개자가 개입하느냐에 따라 경제자본으로의 전환 비율이 결정될 것이다. 그러나 여기에서는 늘 문화자본의 자율성이 문제가 된다. 문화자본이 자율적일수록 경제자본으로의 전환 가능성이 높아지기 때문이다. 경제자본으로의 전환은 문화자본을 경제자본에 예속시키지 않고 독립된 자본으로 지속하게 하는 중요한 조건이다.

마음의 불평등

　취향은 불평등에 양면적이다. 개인 성장의 기회이기도 하지만 불평등을 심화시키는 요인이기도 하다. 취향은 개인의 자유로운 선택이라는 개인화의 상징으로 부상했지만, 언어와 태도부터 해석 능력까지 그리고 경제력부터 학력까지, 모든 능력이 반영된 영역이다.

특히 외부적으로 규정되는 노동과 비교해서 취향은 내면적이고 자율적이다. 유사한 취향은 있어도 동일한 취향은 없다. 취향도 사회적으로 형성되기에 동일화의 압력을 받지만, 타인과의 차별화 욕망 또한 취향에 내재하는 속성이다. 특히 교육과 토론, 경청과 대화를 통해 적극적으로 취향을 발휘할 수 있는 여건이 마련된다면 자신의 취향을 타인과 구별되는 자신만의 특성으로 진화시킬 수 있다. 개인은 취향과 취향의 심도를 통해 주체로 진화한다.

투렌Alain Touraine은 주체의 개념을 개인이 되려 하고, 개인의 역사를 창조하려 하며, 개인적 삶의 모든 영역에 의미를 부여하려는 욕망으로 봤다. 개인이 주체로 전환하는 것은 필연적으로 두 가지 긍정이 경합한 결과인데, 하나는 공동체에 대비되는 개인의 긍정이고, 다른 하나는 시장에 대비되는 개인의 긍정이다.[*] 이 두 가지의 긍정이 취향의 영역을 통해 서서히 작동하고 있다. 취향의 역사가 이제 시작되고 있는 것이다. 독점적 시장에 대항하고 기존 공동체의 압력에 저항하며 개인을 주체로 만드는 데 취향이 힘을 보태고 있다. 취향적 인간은 시장적 인간의 대척점에 서서 자신의 스타일을 스스로 만들어왔다.

취향적 인간이 확산되기 시작하면 시장의 성격도 바뀐다. 취향적 인간은 내면의 진정성을 중시한다. 이 때문에 취향적 인간은 반

---

[*] 마누엘 카스텔, 《정체성 권력》, 정병순 옮김, 한울아카데미, 2008, 28쪽.

시장적·반권위적인 속성을 지닌다. 취향적 인간이 진입한 곳은 의지를 강압하는 권위적인 곳이 되기가 어렵다. 만약 그곳이 강박적이라면 그들은 미련 없이 그곳을 떠난다. 그래서 취향적 인간이 늘어나는 시대를 맞이하면 기업조차 그들로부터 심도의 섬세함을 얻어내기 위해 반권위적이고 반전통적인 분위기를 만들어야 한다. 취향의 심도가 깊어질수록 취향인들이 만든 문화적 진지는 강고하게 구축되는 것이다. 기업의 분위기뿐만 아니라 기업의 품목도 그에 따라 바뀌어간다.

비물질 노동을 선호하는 취향인들은 경직되고 위계적인 관료적 작업 공정을 거부한다. 또 그럴 힘을 갖고 있다. 대중을 직접 대면하고 활용할 수 있는 의사소통 수단을 가졌기 때문이다. 개인이 대중과 직접 의사소통할 수 있다는 것은 자신들의 감정을 그대로 수용하고 공감할 만한 타인과 조직을 만들 수 있다는 뜻이다. 이곳에서는 대화의 네트워크가 광범위하고 동시적으로 형성돼 의견을 표출하는 세력이 쉽게 탄생할 수 있다. 개인의 취향이 쉽게 네트워크화하여 서로 의견을 공유하게 되면서 불만과 만족의 수준을 드러내기가 용이해진 것이다.

지금까지는 압도적인 시장에 적응해야 했던 '노동'과 '소비'가 개인과 개인의 네트워크를 통해 시장에 압박을 가하고 때로는 시장을 새롭게 창출하는 역할을 하고 있다. 소비 영역에 있던 혁신가와 얼리어답터들이 자신의 취향을 기반으로 네트워크를 형성해서 생산의 영역에 직접적인 영향을 끼치고 있는 것이다. 이렇듯 취향은 경제에서 중요한 영역을 차지하기 시작했다.

취향의 경제는 기업의 생산성도 규정한다. 자신이 좋아하는 분야에서 일을 할 때는 강압보다는 동기에 의해 추동되고, 그때 일의 효율도 높아진다. 회사는 생산성을 높이기 위해서라도 강박적이고 압도적인 노동 규칙에서 오는 개인과의 갈등을 최대한 줄여야 한다. 그러나 문제는 기존 물질 노동과 비물질 노동 분야의 분위기에서 발생하는 격차다. 이러한 격차는 취향적 자원이 풍부한 계층과 부족한 계층 간의 불평등을 심화시킨다.

물질적 지원과 교육의 기회가 부족했던 계층은 새로운 취향의 경제에 대응할 만한 역량을 갖추기 어려우며, 따라서 취향이 가져온 개인주의적이고 반권위적인 이념이 제공하는 기회를 누릴 여지가 없다. 오히려 전통적인 영역에서 자신의 취향을 무시당한 채 시장적 인간으로만 살아가야 할 가능성이 커지고 있다. 필요 영역에서 발생하는 불평등이 취향 영역으로까지 확대됨으로써 물질적 지원과 교육 기회의 박탈이 가속화되고, 여기에 중간예술을 통한 중간층으로의 신분 상승 가능성까지 차단되면서 불평등은 더욱 심화된다. 코로나19 시대 온라인 교육으로 인해 하층 계급 학생이 교육의 기회를 더 많이 박탈당하는 피해를 입는 상황과 같다. 자신의 취향을 찾는 것은 온라인에서 더 용이해졌지만, 취향의 심도를 계발하기 위한 이성적이고 과학적인 지식의 획득 기회는 더뎌졌기 때문이다. 개인적인 취향의 발휘는 '국제 언어'와 '알고리즘 언어'를 통해 더 많은 기회와 경험을 얻을 수 있음에도 불구하고, 기회 자체가 차단되는 것이다.

또한 성취에 대한 믿음도 불평등하게 분배되고 있다. MZ세대의 투자 가치관에 대한 한 조사에 따르면, MZ세대는 투자에 대한 지식(30%), 자신만의 가치관과 원칙(15.4%)이 운(13.6%)보다 중요하다고 선택한 비율이 높았다. 그런데 계층별로 들여다보면 응답에 차이가 컸다. 본인이 인식한 자신의 계층이 높을수록 투자 지식과 가치관이 중요하다고 보는 반면, 계층이 낮을수록 운이 중요하다고 본 것이다. 운을 1순위로 뽑은 비율은 상층은 0%, 중상층은 13.4%, 중층은 12.9%였던 반면, 하층은 22.1%였다.[*]

운이 중요하다는 인식은 개인적 성취 가능성에 대한 믿음의 부재, 즉 무기력과 관련된다. 저소득층은 스스로 획득할 수 있다는 자신감이 결핍되어 있는 것이다. 불행한 삶의 늪으로 빠져드는 사람들은 한결같이 '잘될 것 같았는데 잘 안 된다'는 말을 입버릇처럼 하곤 한다.[**] 운에 대한 강조는 사실 기회와 연결되어 있다. 내가 시도해보고 경험해볼 수 있는 기회가 닫혀 있으면 당연히 운에 기댈 수밖에 없다. 그래서 취향을 둘러싼 경쟁이 또 다른 무기력과 불행

---

[*] 〈창간기획-2030 자낳세 보고서〉, 《경향신문》 2020년 10월 13일.

[**] 고영건, 〈행복의 심리학: 멘탈 휘트니스〉, 한국심리학회웹진(http://webzine.kpsy.co.kr).

으로 이어질 수 있다는 점이 우려되는 것이다.

그래서 건강한 사회를 위해서는 취향이 경제와 사회에 끼치는 영향과 효과에 대한 분석이 필요하다. 취향 지향적인 경제 시스템은 기존 계급 구조를 더욱 단단하게 만들기보다는 취향을 통해 새로운 기술을 익히고, 유대와 인정을 얻어 자기의 계급에서 탈피할 수 있는 자신감을 부여하는 시스템이어야 한다. 그러기 위해서는 모든 정책의 지향점을 취향 중심적으로 바꾸어야 한다. 자신이 좋아하는 것을 더 좋아하고 계속 좋아할 수 있도록 취향의 심도에 기여하는 프로그램을 전 사회 영역에 확산해야 하는 것이다. 그러기 위해서는 취향의 개인성을 주체성으로 전환해 스스로 공동체에 기여할 수 있는 기회를 부여해야 한다. 기존에 공동체로부터 받던 강박을 공동체에 기여하는 방향으로, 기존 시장으로부터 받던 강박을 시장을 창출하는 방향으로 돌려야 한다.

복지 시스템은 시혜적인 차원을 넘어 자신이 좋아하는 것을 찾아서 함께 즐기고 자신도 공동체에 기여할 수 있도록 도와주는 '문화적 처방cultural prescribing'으로 진화되어야 한다. 학교 교육은 시험용 교과목 배치에서 벗어나 모든 개인이 취향에서 출발할 수 있는 '1만 개의 취향 프로그램'을 만들 수 있어야 한다. 문화적 처방을 위한 다양한 프로그램과 문화돌봄사 같은 취향 중심의 프로그램 운영 인력의 양성, 그리고 개인 맞춤형 교육 프로그램도 적극 도입되어야 한다. 극단적인 사례이긴 하지만, 핀란드가 가난한 학생 1명을 오케스트라 지휘자로 만들기 위해 외부 오케스트라와 함께 자신의 기량을 닦는 기회를 제공했던 것과 같은 시스템이다. 이는 한 개인의 취향과 그 기량의 향상을 위해 온 사회가 노력해야 한다는 의미다.

취향 기반 영크리에이터 프로그램은 모든 개인의 자신감의 보고다. 영크리에이터 프로그램은 프랑스에서 시행하고 있는 것으로, 빈곤 퇴치에 상당한 효과를 보이고 있다. 이 프로그램에 참여하는 청년들 중 상당수는 공식적인 지위에 있는 누군가(교사, 관료 등)의 인정을 진지하게 받아본 적이 없는 사람들이었다.* 이 프로그램에서는 스스로를 강하고 역량 있는 존재라고 생각하도록 북돋워주는 동영상을 보여주는 것부터 시작해 자신이 하고 싶고 또 잘하고 싶은 분야에서 제작 역량을 키워나갈 수 있는 모든 지원을 아끼지 않는다. 이러한 프로그램은 일련의 자존감 회복, 자신감 충전을 가져오고 이것은 출석, 수업 태도, 심지어 학업 성적에까지 긍정적인 영향을 미친다. 《타임》지는 영크리에이터 프로그램의 이러한 효과를 극찬하며, 기본적으로 생계에 필요한 지원을 하는 것보다 더 근본적인 빈곤 타파 정책으로 평가했다.** 왜냐하면 이 프로그램을 통해 빈곤층이 자신들의 마음의 태도mindset를 변화시켜 자신감을 회

---

* 아비지트 배너지·에스테르 뒤플로, 《힘든 시대를 위한 좋은 경제학》, 김승진 옮김, 생각의힘, 2020, 534쪽.

** "We can help poor people by treating them with respect", *TIME*. Dec 09, 2019.

복했기 때문이다.

취향 중심 경제는 빈곤한 청년이 경쟁의 공포에 겁먹고 새로운 시도를 쉽게 접어버리는 무기력을 타파하고 자신의 취향이 '무조건 존중받는 환경'에서 역량과 자신감을 향상시킬 수 있는 인력 개발 구조를 필요로 한다. 재미있게 하고 싶은 일이 온라인게임 말고는 없는 청년에게는 게임 제작과 창작의 모든 경험과 노하우를 제공해 줄 수 있는 사회가 청년을 무기력의 공포에서 벗어나게 돕는 사회라고 말할 수 있다. 취향 중심의 경제 구조는 '보이지 않는 청년들'에게도 기회를 주어 창조적 인력으로 양성하는 '인정적 정의'와 '회복적 정의'를 실현하는 시스템이다.[*]

취향 중심의 경제는 계급 간의 이동과 유대가 활발한 역동적 사회를 실현한다. 모든 사람이 각각의 취향과 그 심도를 개척할 수 있는 기회를 갖는다는 것은 새로운 세계로의 접근 가능성이 높아진다는 것이다. 이는 우연한 만남의 가능성을 촉진시켜 개인들에게 부여된 계급적 경직성을 탈각시킨다.[**] 이때 취향이 다른 이들이 서로에게 보이는 배타성에 적극적으로 개입해 취향이 소셜믹스social

---

[*] 김문조, 《한국사회통합론》, 다산출판사, 2019.

[**] 취향의 심도는 사물에서 상품의 성격을 박탈한다. 예를 들어 수집가의 경우가 그렇다. "수집가는 사물의 이상화라고 하는 그의 특기를 실행한다. 그는 사물을 소유함으로써 사물에서 상품으로서의 성격을 박탈해야 하는 시지포스적인 임무를 짊어지고 있다." 발터 벤야민, 《아케이드 프로젝트1》, 조형준 옮김, 새물결, 2005, 124쪽. 이런 면에서 보자면 수집가의 수집 행위는 상품에 의한 계급 차별을 무력화한다.

mix에 기여할 수 있도록 하는 시스템을 짜는 것이 중요하다. 예를 들어, 게임의 세계에서는 기업 대표와 대학 신입생이 위계 서열 없이 해당 공동체의 규칙을 따라 우연히 만날 수 있다.* 취향을 통해 서로 다른 계급들 사이의 '우연한 만남'과 '기쁜 마주침'이 대폭 증강할 수 있는 것이다. 이것은 소셜믹스가 주택 단지를 넘어 지역적으로 확산하는 효과를 갖는다.**

인정과 유대라는 인간의 가장 기본적인 소통감정의 추구는 취향의 대표 영역인 스포츠에서 자주 볼 수 있다. 고도 성장기를 지나면서 한국인이 스포츠에서 가장 많은 위안을 받은 이유도 민족주의라는 이데올로기 외에도 계급을 뛰어넘는 인정과 유대의 감정을 스포츠가 제공했기 때문이다. 스포츠 경기는 인정과 유대로 넘쳐난다. 인정을 통해서는 뿌듯함 같은 성취감을 느끼고, 유대를 통해서는 편안함과 안전감을 느낀다. 스포츠에서는 그 종목에만 특수

---

* 백종원은 2019년 3월 9일 방송한 KBS2 〈대화의 희열〉에서 결혼 전 인터넷게임 '월드 오브 워크래프트(와우)'를 즐겼다고 밝혔다. 당시 백종원과 같은 길드 공대원이었던 청년이 "저 내일부터 게임 못 한다, 엄마가 취직하라고 했다"라고 말했을 때 백종원은 "야, 그러지 말고 내 밑에서 일어나 해봐"라고 그에게 제안했다. 그 주인공은 더본코리아 슈퍼바이저가 되었다. 그는 "처음에는 유명하신 분인지도 몰랐다. 아이디가 '밥장사'인 것만 알았다"면서 "게임에서 만나 지금까지 9년 동안 인연을 이어오고 있다"라고 밝혔다. 백종원은 그에 대해 "일 잘하고 있다"면서 "게임하는 애들이 감각이 있다"고 덧붙였다.

** 남기범, 〈보통도시로서 포용도시 논의와 서울의 과제〉, 《대한지리학회지》 53(4), 2018; 안토니오 네그리·마이클 하트, 《공동체: 자본과 국가 너머의 세상》, 정남영·윤영광 옮김, 사월의책, 2014.

한 규칙이 차별 없이 진행되기 때문에 계급 격차와 관련 없이 타인과의 유대 경험을 오롯이 가질 수 있다. 《우리 아이들》을 쓴 퍼트넘 Robert D. Putnam은 미국에서도 스포츠를 통해 부자와 가난한 자 사이의 교류가 활발히 이루어졌다고 말한다. 퍼트넘은 미국사회에서 경쟁이 격화하고 학업이 점점 중요한 성공의 지표가 되면서 학교와 지역에서 스포츠가 쇠퇴하고 있으며 그만큼 계급 간의 소통이 이루어지는 가능성도 줄어들고 있다고 비판한다. 스포츠는 단순히 육체적인 운동만이 아니라 계급 간의 소통이 이루어지는 공간이었고, 또한 모든 규칙이 계층 간에 차별 없이 적용되는 공간이었다.

한국의 경우, 학교에서 스포츠 활동을 할 기회가 거의 없고, 있다 해도 개인적인 운동에 그치기 때문에 스포츠를 통해 유대를 쌓을 시간이 많지 않다. 사교육과 학업, 대입에 모든 에너지가 집중되어 있어 유대감과 인정을 쌓을 여지가 거의 없는 실정인 것이다. 현재 한국은 초중고 각급 학교에서 스포츠와 운동에 할애하는 시간이 가장 적은 국가에 속한다.

인간의 본능은 인정과 유대와 같은 소통감정을 얻을 수 있는 곳으로 찾아가도록 되어 있다. 인정과 유대를 충족시킬 수 없는 곳에서는 미련 없이 떠나고 만다. 반면 인정과 유대가 충족되는 곳에서는 더 머무르며 친구와 동료들까지 불러 모은다. 한국의 경우, 이제 소통감정의 충족은 취향의 영역이 되고 있다. 취향의 영역은 나의 의지로 가장 접근하기 쉬우면서도 내게 필요한 가치 있는 정보를 획득할 수 있는 공간이다. 대표적인 예가 콘텐츠와 가상공간이다. SNS에서, 게임에서, 음악에서, 드라마에서, 유튜브에서, 사람들은 인정과 유대를 얻고 또 새로운 사람과의 우연한 마주침을 얻는다. 음악을 듣고 게임을 하는 이유는 재미이지만, 그 재미를 심층적으로 분석하면 결국 인정과 유대로 귀결된다. 같은 음악을 듣고 같은 게임을 하면 감동적인 순간들을 타인과 공유할 수 있다. 이들에게 가장 감동적인 순간은 노래를 부르는 스타에게 위로를 얻으며 취향을 함께하는 친구나 유저들에게 인정받을 때다. 취향을 함께하는 스타와 동료, 유저와 공존하는 유대감을 느낄 때 개인은 몰입의 상태로 진입하며, 그곳에서 새로운 세계가 펼쳐진다.

　새로운 규칙으로 만들어진 공동체가 부여한 인정과 존중을 얻으면 기존의 계급적 제약에서 일정 부분 벗어날 수 있는 에너지를 얻는다. 개인이 '예외적 개인'으로 재탄생하는 것이다. 이 예외적 개인의 취향을 기반으로 학교와 지역에서 취향 그룹이 수만 개 만들어지면 한국사회의 고질병인 서열화도 해체의 수순에 접어들 수 있다. 변방의 개인들에게 넘치는 자신감은 동기와 능력의 시너지를 낳고 경제 성장과 지역 성장을 위한 동력을 만들어낼 것이다. 그 자신감의 효과는 비선형적이어서 어떤 분야로 전진해갈지 아무도 모른다. 그러나 그 효과는 확산적이어서, 사회 전체의 활력을 가져오고 개인의 성장을 가져오는 것은 분명하다.

| 참고문헌 |

구선아·장원호, 〈느슨한 사회적 연결을 원하는 취향공동체 증가 현상에 관한 연구〉,
  《인문콘텐츠》, 2020.
김두환, 〈한국의 대학에서 직업교육의 문제〉, 《지역사회학》 21(3), 2020.
김문조, 《한국사회통합론》, 다산출판사, 2019.
김미현, 《한국영화의 성장과 산업정책의 제도적 성과》, 연세대 행정학과 박사학위논
  문, 2021.
김은미 외, 《SNS 혁명의 신화와 실제》, 나남, 2011.
김종길, 《피핑톰 소사이어티》, 집문당, 2013.
김혜영·유승호, 《게임디스티그마》, 커뮤니케이션북스, 2020.
남기범, 〈보통도시로서 포용도시 논의와 서울의 과제〉, 《대한지리학회지》, 53(4), 2018.
남영, 〈한국 온라인게임 산업의 출현: 기술의 공생 발생〉, 《한국과학사학회지》 36(3),
  2014.
류설리, 《집합적 음악 창작 과정에 관한 연구》, 서강대 신문방송학과 박사학위논문,
  2014.
류설리, 〈집합적 음악 창작 과정에 대한 네트워크 분석 연구: 인디 음악 커뮤니티를
  중심으로〉, 《미디어 경제와 문화》 14(4), 2016.
문병상, 〈내외재적 미래목표, 과제도구성 지각과 자기조절학습전략의 구조적 관계분
  석〉, 《교육심리연구》 25(2), 2011.
박정수 외, 《비즈니스모델 혁신 관점에서 본 서비스업 발전을 위한 중장기 로드맵 연
  구》, 산업연구원, 2020.

박종열, 〈업사이클 산업의 국내외현황〉, 한국환경산업기술원, 2017.

박형신, 《에바 일루즈》, 커뮤니케이션북스, 2018.

석승혜·유승호 외, 《패닉 소사이어티》, 가쎄아카데미, 2020.

송헌재, 〈과연 모든 것의 가치를 객관적으로 측정할 수 있는 기준이 있을까?〉, 국회도
    서관 금주의 서평, 2021.

신윤희, 《팬덤3.0》, 스리체어스, 2019.

우상권, 《베블런의 소유개념에 대한 연구》, 서울대 사회학과 석사학위논문, 2017.

유승호, 《아르티장》, 가쎄아카데미, 2017.

윤혜수, 〈새로운 소상공인의 취향과 공간적 실천: 2010년대 연남동의 사례연구〉, 《문
    화와 사회》 22호, 2016.

이익주, 〈모던적 증상으로서 낭만주의 그로테스크 미학과 영화이미지〉, 《그로테스크
    와 현대사회 컨퍼런스》, 강원대 사회통합연구센터, 2020,

이혜수, 〈한국 팬덤의 민족주의 정체성 전략에 관한 연구〉, 《사회사상과 문화》 22(2),
    2019.

정의준·유승호, 《해석수준 이론과 거리감 효과》, 커뮤니케이션북스, 2015.

조미란, 《혼밥족의 혼밥자발성, 혼밥동기 및 사회심리적 특성이 혼밥만족도에 미치
    는 영향》, 이화여대 문헌정보학과 석사학위논문, 2018.

최희봉, 〈감정과 취미에 관한 흄의 견해〉, 《동서철학연구》 42호, 2006.

하홍규, 《조지 허버트 미드와 정신의 사회적 구성》, 철학탐구, 2011.

한국리서치, 〈학습하지 않는 사회 속 공부하는 한국인〉, 컨슈머리포트, 2018.

홍석호, 〈경제적 부담과 건강 문제를 겪는 노인들의 여가만족 요인에 관한 연구〉, 《한
    국노년학》 40(1), 2020.

가스통 바슐라르, 《공간의 시학》, 곽광수 옮김, 동문선, 2003,

닉 서르닉, 《플랫폼 자본주의》, 심성보 옮김, 킹콩북, 2020.

대니얼 리그니, 《은유로 사회 읽기》, 박형신 옮김, 한울아카데미, 2018.

댄 애리얼리, 《상식 밖의 경제학》, 장석훈 옮김, 청림출판, 2018.

데이비드 흄, 《섬세한 취미와 섬세한 정념에 대하여》, 김동훈 옮김, 마티, 2019

라르스 스벤젠, 《외로움의 철학》, 이세진 옮김, 청미, 2019.

라이어널 찰스 로빈슨,《과학으로서의 경제학이 지닌 속성과 중요성》, 이규상 옮김, 지만지, 2019.

랜들 콜린스,《사회적 삶의 에너지》, 진수미 옮김, 한울, 2009,

레이 올든버그,《제3의 장소》, 김보영 옮김, 풀빛, 2019.

로버트 라이시,《슈퍼자본주의》, 이시형 옮김, 김영사, 2008.

로버트 치알디니·더글러스 켄릭·스티븐 뉴버그,《사회심리학》, 김아영 옮김, 웅진지식하우스, 2020.

로버트 킨슬·마니 페이반,《유튜브 레볼루션》, 신솔잎 옮김, 더퀘스트, 2018.

로버트 퍼트넘,《우리 아이들》, 정태식 옮김, 페이퍼로드, 2017.

리베카 헨더슨,《자본주의 대전환》, 임상훈 옮김, 어크로스, 2021.

리처드 세넷,《무질서의 효용》, 유강은 옮김, 다시봄, 2014.

리처드 세넷,《짓기와 거주하기》, 김병화 옮김, 2019, 김영사.

리처드 윌킨슨,《불평등 트라우마》, 이은경 옮김, 생각이음, 2019.

마누엘 카스텔,《정체성 권력》, 정병순 옮김, 한울아카데미, 2008.

마누엘 카스텔,《커뮤니케이션권력》, 박행웅 옮김, 한울아카데미, 2014.

마크 모펫,《인간무리: 왜 무리지어 사는가》, 김성훈 옮김, 김영사, 2020.

막스 베버,《경제와 사회》, 박성환 옮김, 문학과지성사, 1997.

맬컴 글래드웰,《아웃라이어》, 노정태 옮김, 2019, 김영사.

발터 벤야민,《아케이드 프로젝트1》, 조형준 옮김, 새물결, 2005.

발터 벤야민,《일방통행로/사유이미지》, 김영옥 외 옮김, 길, 2007.

베네딕트 앤더슨,《상상된 공동체》, 서지원 옮김, 길, 2018.

센딜 멀레이너선·엘다 샤퍼,《결핍의 경제학》, 이경식 옮김, 알에이치코리아, 2014.

소스타인 베블런,《유한계급론》, 이종인 옮김, 현대지성, 2018.

슬라보예 지젝,《삐딱하게 보기》, 김소연 옮김, 시각과언어, 1995.

아비지트 배너지·에스테르 뒤플로,《힘든 시대를 위한 좋은 경제학》, 김승진 옮김, 생각의힘, 2020.

안토니오 네그리,《예술과 다중》, 심세광 옮김, 갈무리, 2010.

안토니오 네그리·마이클 하트,《공동체: 자본과 국가 너머의 세상》, 정남영·윤영광 옮김, 사월의책, 2014.

알랭 드 보통,《뉴스의 시대》, 최민우 옮김, 문학동네, 2014.

에리히 프롬·라이너 풍크,《나는 왜 무기력을 되풀이하는가》, 장혜경 옮김, 나무생각, 2016.

에버렛 M. 로저스,《개혁의 확산》, 김영석 외 옮김, 커뮤니케이션북스, 2005.

엘리너 오스트롬,《공유의 비극을 넘어》, 윤홍근·안도경 옮김, 랜덤하우스코리아, 2010.

울리히 벡,《위험사회》, 홍성태 옮김, 새물결, 1997,

이타노 칼비노,《보이지 않는 도시들》, 이현경 옮김, 민음사, 2007.

조르주 바타유,《라스코 혹은 예술의 탄생》, 차지연 옮김, 워크룸프레스, 2017.

조지 애커로프·로버트 쉴러,《야성적 충동》, 김태훈 옮김, 알에이치코리아, 2009.

존 어리,《모빌리티》, 강현수·이희상 옮김, 아카넷, 2014.

지그문트 바우만,《고독을 잃어버린 시간》, 오윤성 옮김, 동녘, 2019.

카롤린 엠케,《혐오사회》, 정지인 옮김, 다산초당, 2017.

클리이튼 크리스텐슨 외,《당신의 인생을 어떻게 평가할 것인가》, 이진원 옮김, 알에이치코리아, 2012.

피에르 부르디외,《과학의 사회적 사용》, 조홍식 옮김, 창비, 2002.

피에르 부르디외,《구별짓기(상)》, 최종철 옮김, 새물결, 2005.

허버트 조지 웰스, 〈눈먼 자들의 나라〉,《세계문학단편선6》, 현대문학, 2014.

A. 매킨타이어,《덕의 상실》, 이진우 옮김, 문예출판사, 1997.

Van Eijck and DeGraff,《비인지적 특성과 사회경제적 성과》, 안태현·고형근 옮김, 한국노동연구원, 2016.

Ainsworth MS, "Infant-mother Attachment", *American Psychologist* 34(10), 1979.

Bayley N and Schaefer ES, "Relationships Between Socioeconomic Variables and the Behavior of Mothers Toward Young Children", *The Journal of Genetic Psychology* 96(1), 1960.

Byron Reeves and Clifford Nass, *Media Equation*, Center for the Study of Language and Inf., 1996.

DiMaggio P and Louch H, "Socially Embedded Consumer Transactions: For

What Kinds of Purchases Do People Most Often Use Networks?", *American Sociological Review*, 1998.

Lancaster KJ, "A New Approach to Consumer Theory", *Journal of Political Economy* 74(2), 1966.

Lefkowitz M, Blake RR, and Mouton JS, "Status Factors in Pedestrian Violation of Traffic Signals", *The Journal of Abnormal and Social Psychology* 51(3), 1955.

Matrix and Sidneyeve, "The Netflix Effect: Teens, Binge Watching, and On-demand Digital Media Trends", *Jeunesse: Young People, Texts, Cultures* 6(1), 2014.

McGuire M and Slater D, "Consumer Taste Sharing is Driving the Online Music Business and Democratizing Culture", Gartner Group and Harvard Law School Berkman Center for Internet & Society Report, 2005.

Pines AM and Keinan G, "Stress and Burnout: The Significant Difference", *Personality and Individual Differences* 39(3), 2005.

Ryan B and Gross NC, "The Diffusion of Hybrid Seed Corn in Two Iowa Communities", *Rural Sociology* 8(1), 1943.

Rosen BC, "Social Class and the Child's Perception of the Parent", *Child Development*, 1964.

Zelizer V, "Circuits in Economic Life, Economic Sociology", *The European Electronic Newsletter* 8(1), 2006.

Zuckerman M, Ribback BB, Monashkin I, and Norton Jr JA. "Normative Data and Factor Analysis on the Parental Attitude Research Instrument", *Journal of Consulting Psychology* 22(3), 1958.